JN261859

ウィリアム・ペティの租税論

吉田克己

八千代出版

はしがき

　イギリス史上、1485年から1603年にわたるテューダー朝の時代は、最も絢爛たる時代であったといわれている。これにつづく、ジェームズ一世の即位から1688年の名誉革命に至るステュアート朝の時代は、イギリスが、思想、政治、経済などのあらゆる面において、その特殊性を発揮し、先進国としての地位を確固たるものとした時代であった。経済史あるいは経済学説史のうえでは、いわゆる重商主義と呼ばれる時代である。

　他方では、17世紀に、多くの内憂・外患がイギリスを襲い、増大する公共経費にいかに対応するのかが大きな問題となった。徴税権をめぐる国王と議会との間の対立は、この時代の最も華やかな歴史的側面であった。こうした状況を反映して、17世紀のイギリスでは、実践的性格の濃厚な租税についての議論が、多くの財政経済分野の著述家によって展開された。そうした中で、ウィリアム・ペティによって展開された租税論は、その考察方法において、また体系的・理論的な面において他を抜きんでるものであった。

　本書は、科学としての租税論の出発点をペティに求め、その特質と時代的意義を明らかにしようとするものである。ペティの展開した租税論では、資本主義における租税をめぐる主要な問題が提起されており、なんらかの形態をもって一応の解答が与えられている。また、今日における租税をめぐる多くの議論は、ペティにその淵源をもっており、原型が与えられている。その意味では、本書は、ペティの展開した租税論の現代的意義を再確認しようとするものでもある。

　本書では、ペティの主要著作に直接取り組み、また当時におけるイギリスの政治、経済、社会および国際関係などの現実的背景を踏まえて、かれが意図したところをくみ取ることに意を注いだ。しかし、周知のように、ペティの租税に関する所論は、『租税および貢納論』と『賢者には一言をもって足る』を中心に、その他の著作においても、幅広く財政経済全般の問題に関連させつつ展開されている。いうまでもなく、このようなペティの租税論につ

いて論じる場合には、当然にそれと密接な関連をもつかれの財政経済全体についての所論の解明を必要とする。このことを前提として、はじめてかれの租税論の内容を正しく捉えることができるものと思われる。しかし、こうしたペティの財政経済論を総体として論じることは、浅学非才な私の能力を超えている。そこで、本書では、ペティの租税論に限定して論じることとした。しかし、租税論だけにしぼっても、かれの論点は多岐にわたっており、本書でかれの租税論全体を十分に論じきっているとはいいがたい。それでも、ペティの展開した租税論の基本的枠組みと特質だけは描き出すことができるように努めたつもりである。

また、本書では、ペティが諸著作の各所において表明している租税に関する所論を、今日の租税論における基本的な問題領域に即して再構成し、論述した。しかし、『ペティ経済学著作集』の編集者C・H・ハルが正しく指摘しているように、一定の理想に基づき実践的目的をもって書かれているペティのいくつかの著作に散在している叙述内容を、特定の主題の下に再構成する試みは、かれの真意を曲解する恐れがあり、危険である。かれの租税に関する議論が、多岐にわたって幅広く複雑に展開されていることを考えると、なおさらである。それにもかかわらず、本書において、あえてこのような方法をとっているのは、ペティの租税論の近代租税論に対する先駆性を浮かびあがらせたかったからである。しかし、そのために、本書の異なった主題によって構成されている章・節において、その論述内容に多少の重複を招いたことは否めない。この点についても、あらかじめご了承願いたい。

なお、本書は、旧著『イギリス重商主義とウィリアム・ペティ─近代的租税論の先駆─』を基礎として、その後に発表した論文を加筆整理し、纏めたものである。すなわち、本書では、第5章と第12章が新稿であり、また第4章と第9章には新たに節を追加した。さらに、その他の諸章においても、旧著に対して削除、追加、修正など、大幅な内容の変更を行った。

本書は、未熟で不満足な研究成果ではあるが、著者は、これまでの研究過程において多くの人々の御教示と御協力を得ることができたことに心から感謝しなければならない。著者が租税財政の研究領域に足を踏み入れることに

なったのは、日本大学において故小林幾次郎先生のゼミナールに所属することが許され、さらに大学院での研究へと導いていただいたことによる。同じく日本大学の故大淵利男先生には、イギリス重商主義期の租税財政論研究へと誘っていただき、長年にわたって御指導を賜った。まずは、両恩師の示してくださった厳しくも温かい御指導に感謝申し上げるとともに、本書の内容が御二人の期待に沿えないものであることに対してお詫び申し上げたい。故井手文雄先生と故杉山忠平先生には、租税財政領域における学説史・思想史的研究への関心の重要性と、その場合に求められる厳しい学問態度について御教示いただいた。香川大学名誉教授の山﨑怜先生には、1995年12月に岡山大学で開催された日本財政学会第52回大会において、著者の拙い研究発表の討論者を務めていただき、鋭い批判と有益なコメントを多く頂戴した。また、その後も、山﨑先生には変わることなく研究の進行について励ましの御言葉をいただいている。以上に御名前を挙げた方々に、直接教えを乞うことができたことは、著者にとって望外の喜びである。また、心からの御礼を申し上げる。その他、ここに逐一御名前を挙げることのできない多くの方々から受けた御恩は計り知れない。ここに記して感謝を申し上げたい。

　最後になったが、本書刊行の機会を与えてくださった八千代出版社長の森口恵美子氏に対して、深く感謝申し上げたい。研究書の出版事情がきわめて困難な状況の中で、このような著書を公刊することができたのは、ひとえに森口氏のご尽力によるものである。また、面倒な原稿の整理と校正に当たっていただいた御堂真志氏にも、感謝の意を表したい。

　なお、本書の中に多くの不備と誤りのあることが懸念される。それはすべて著者の責任であり、大方の叱正を得て、今後漸次改善を加えていきたい。

　　2014 年 6 月

　　　　　　　　　　　　　　　　　　　　　　　　　　吉田　克己

目　　次

はしがき　i

序　章　イギリス重商主義経済思想の系譜とペティ ……………………1

第1章　ペティの生涯と学問的活動 ……………………………………11
　第1節　ペティの生涯とその時代　11
　第2節　主要著作と学問的評価　18

第2章　ペティ租税論の歴史的背景 ……………………………………35
　第1節　イギリス経済の動向　35
　第2節　イギリス政治の動向―課税権をめぐる対立―　40
　第3節　イギリスを取り巻く国際情勢　48

第3章　イギリス重商主義期の財政収入体系 …………………………65
　第1節　絶対王政期の財政収入形態　65
　第2節　市民革命と近代的租税の創設　71

第4章　ペティ租税論の課題 ……………………………………………91
　第1節　『租税および貢納論』の構造と意図　91
　第2節　『賢者一言』の構造と意図　97
　第3節　『政治算術』の構造と意図　99

第5章　ペティ租税論の基礎的視角―国富の増進― ………………111
　第1節　富に関する見解　111
　第2節　富の源泉としての労働重視　116

第6章　ペティ租税論の方法的基礎―「政治算術」― ……………127
　第1節　「政治算術」の生成と確立　127
　第2節　「政治算術」の特徴と意義　139

第 7 章　公共経費の再検討—租税制度改革の前提— 151
第 1 節　公共経費の種類—国家の諸機能—　151
第 2 節　公共経費の調節—「安価な政府」の要請—　154

第 8 章　税外収入論—「租税国家」の要請— 161
第 1 節　中世的・封建的特権収入論　161
第 2 節　公債収入論　166

第 9 章　租税収入論（1） 175
第 1 節　租税根拠・負担配分論　175
第 2 節　租税原則論　180
第 3 節　租税体系論—各種租税の比較検討—　186
第 4 節　租税転嫁論　195

第 10 章　租税収入論（2）—内国消費税の推奨— 209
第 1 節　内国消費税の負担公平論　209
第 2 節　内国消費税の経済的作用論　212
第 3 節　内国消費税の構造論　218

第 11 章　『賢者一言』における戦時租税論 225
第 1 節　戦時における租税体系　225
第 2 節　『賢者一言』における租税論の特質と意義　232

第 12 章　ペティにおける租税政策の実践的性格 241
第 1 節　イギリス資本主義の促進　241
第 2 節　租税制度改革における社会的合意の形成　249

終　章　ペティ租税論の歴史的意義 261

参 考 文 献　275
人 名 索 引　304
事 項 索 引　308

序　章
イギリス重商主義経済思想の系譜とペティ

　15世紀末ないし16世紀初頭から18世紀の60、70年代までの、西ヨーロッパ諸国の経済政策とその基礎をなすところの経済的な見解は、経済学説史あるいは経済史のうえで、重商主義（Mercantilism, mercantile system, commercial system）と呼ばれている[1]。この重商主義と呼ばれる時代は、経済学説史ではフランスの重農主義（Physiocracy, Physiocrate）やイギリスの古典学派（Classical School）に先立つ段階、経済史では資本主義の形成期、政治史では近代的統一国家の形成期に当たる。さらに、これを思想史上の時期という点から見ると、近代自然法思想の展開として示される。

　重商主義は、世界史的には多少の時代的順序をもって、スペイン、オランダ、フランス、イギリスおよびドイツなどに見られ、またこれらの国の経済的・政治的構造などの差異によって特殊性を示した[2]。しかし、その政策が最も成功を収めたのはイギリス（イングランド）においてであった。イギリスにおいて、重商主義の経済政策が支配した時期は、大体、1485年のテューダー絶対王政の成立期から、17世紀の内乱（Civil War）や名誉革命（Glorious Revolution）などの市民革命をへて、18世紀60、70年代の産業革命開始期に至る時期である。とりわけ、16世紀後半から18世紀中葉ごろまでが支配的な時期であったといってよい。この時期は、いうまでもなく、中世封建社会から資本主義社会への移行期であり、むしろ資本主義の生成期であった。

　重商主義経済思想についても、各国において、それぞれに特色をもって発展を遂げた[3]。しかし、重商主義関係の文献が豊富に存在し、重商主義経済思想が最も顕著な発展を遂げたのは、イギリスにおいてであった。イギリスにおいては、15世紀以来、一貫して重商主義的な経済政策が行われ、在英外国商人の特権の打破、鋳貨制度の問題、囲い込み（enclosure）の拡大と農民階級の没落、穀物法（Corn Law）と輸出奨励金（bounties）の下付、航海法

(Navigation Acts) の制定、とくにオランダと比較した場合の物価騰貴の遅れに基づく輸入決済の困難と正貨の流出や為替相場の低落、大貿易会社による貿易の独占に対する抗争、イングランド銀行の創設 (1694 年) など、その解決が迫られたからである[4]。そればかりでなく、イギリスにおいては、諸外国におけるのとは異なって、当時すでに商工業者や農業者が公共の分野に相当能動的に参画しており、したがって実際的な努力が成功を収めるには一般民衆の世論に訴えることが必要とされ、その結果として経済問題に関する活発な議論を喚起することが多かったためである。こうして、この時代のイギリスほど、経済論者が国家の経済的な発達や経済政策の経過と密接な関係をもっていた国はほかにはない。それは、かれらの多くが商人の間から出て、多かれ少なかれ貿易・植民会社の創設や運営ないし政府の産業・貿易行政に関与していたためである[5]。

イギリスにおいて、最も早く統一的な見地に立って経済問題を論じたのは、議会政治家であり評論家でもあったジョン・ヘイルズ (John Hales) であった。かれが対話形式で 1549 年に執筆し、1581 年に出版した『イングランド王国の繁栄についての一論』(*A Discourse of the Common Weal of this Realm of England*)[6]は、イギリスにおける重商主義経済思想の最初の文献であるといわれており、この時期の重商主義論の典型ともいうべき著作である[7]。ヘイルズにつづいては、トーマス・グレシャム (Thomas Gresham)、ハンフリー・ギルバート (Humphrey Gilbert)、ジョージ・ペッカム (George Peckham)、リチャード・ハクリュート (Richard Hakluyt)、トーマス・ウィルソン (Thomas Wilson)、フランシス・ベイコン (Francis Bacon) などが、重商主義経済思想の初期的段階を代表する者である。

しかし、イギリスにおける重商主義経済思想が本格化してくるのは、重商主義政策が貿易差額政策を枢軸とするに至る 17 世紀に入ってからのことである。17 世紀初頭における重商主義的論客の論議の中心をなしたのは冒険商人組合 (Merchants Adventurers Company) の独占権をめぐってであり、とりわけ 1600 年に設立された東インド会社 (East India Company) にかかわる問題が「外国為替論争」とか「経済論争」と呼ばれる論争を引き起こし、この時

期の重商主義経済思想の進展に一層大きな刺激を与えた。この時期を代表する重商主義経済論者としては、ジョン・ウィーラー（John Wheeler）、ウォルター・ローリー（Walter Raleigh）、ダッドリー・ディッグズ（Dudley Digges）、トーマス・ミルズ（Thomas Milles）、ジェラル・ド・マリーンズ（Gerard de Malynes）、エドワード・ミッセルデン（Edward Misselden）、トーマス・カルペパー（Thomas Culpeper）などの名を挙げることができる。そして、この時期の重商主義経済思想に関連する政治哲学者トーマス・ホッブズ（Thomas Hobbes）も含めてよいであろう[8]。

しかし、17世紀前半におけるイギリス重商主義経済思想の論客として最も著名であるのは、『外国貿易によるイングランドの財宝』（*England's Treasure by Forraign Trade; or, The Ballance of our Forraign Trade is the Rule of our Treasure,* 1664）[9]をもって、イギリス貿易政策の重金主義（bullionism）ないし取引差額主義（balance of bargain system）から全般的貿易差額主義（general balance of trade system）への移行の必要性を洞察し、それに理論的根拠を与えようとした、トーマス・マン（Thomas Mun）である。マンは、重農主義のフランソワ・ケネー（François Quesnay）、古典学派のアダム・スミス（Adam Smith）と並んで、重商主義を代表する位置にあり、かれの貿易差額論は流通領域における商業資本の立場を代表する古典的な重商主義論者であった[10]。マンにつづく世代の重商主義経済論者としては、ルイス・ロバーツ（Lewis Roberts）、ヘンリー・ロビンソン（Henry Robinson）、エドワード・コーク（Edward Coke）、サミュエル・フォートリー（Samuel Fortrey）、トーマス・マンリー（Thomas Manley）、ウィリアム・テンプル（William Temple）、アンドリュー・ヤラントン（Andrew Yarranton）、ジョサイア・チャイルド（Josiah Child）などの名を挙げることができる。

イギリスの重商主義政策が一定の発展段階に達し、近代的産業の発達と資本の蓄積が行われるようになると、産業はもはやそれを助成してきた諸統制を桎梏と感じ、統制に代わって自由を希求するようになり、富の主要源泉も流通部面とりわけ外国貿易よりもむしろ国内産業の方面へと移行した。こうした変化に照応して、思想的にはそれまでの重商主義的経済政策の影像を残

しながらも、外国貿易という流通的側面を重視する立場に批判的態度をとり、しだいに生産的側面を重視して議論を進めていく者が現われた。イギリスにおいて、このような傾向が現われてくるのは、大体において17世紀末葉といってよい。その代表的な経済論者が、ニコラス・バーボン（Nicholas Barbon）、ダッドリー・ノース（Dudley North）、ウィリアム・ペティ（William Petty）、ロジャー・コーク（Roger Coke）、ジョン・ロック（John Locke）、グレゴリー・キング（Gregory King）、カーター（W. Carter）などである[11]。これらのうち、バーボンとノースは外国貿易を一層広い見地に立って考察した点において、またペティとロックは一層理論的な考察方法を採用した点において、従来の重商主義の経済論者とは趣を異にしていた。とくに、ペティは、国家財政の財源を求めて、考察の対象を流通から生産の領域に移しつつ、経済諸関係を数量的かつ全体的に把握しようとした。

17世紀の末葉から18世紀の初頭にかけて、重商主義への批判的な思想として自由主義的傾向が台頭するようになると、重商主義的な体系は確かに貿易差額的な形態としてはしだいにその力が弱まっていたが、産業保護主義（protectionism）あるいは労働差額主義（balance of labour）への重点の転換を図ることによって、重商主義はいぜんとして実際の政策のうえに影響力をもちつづけていた。こうした事実に照応して、思想のうえでも、重商主義に対して批判的な態度をとり、自由主義への傾向を示しつつもいまだ重商主義を完全に克服するまでには至らず、なお重商主義的な傾向をもつ者が現われた。この時期の思想的系譜を示す代表者は、チャールズ・ダヴナント（Charles D'avenant）、ジョン・ロー（John Law）、ジョン・ポレックスフェン（John Pollexfen）、ジョン・ケアリー（John Cary）、チャールズ・キング（Charles King）、ダニエル・デフォー（Daniel Defoe）、エラズマス・フィリップス（Erasmus Philips）、ウィリアム・ウッド（William Wood）、トーマス・バストン（Thomas Baston）、ジョシュア・ジー（Joshua Gee）、マシュー・デッカー（Mathew Decker）、キャンベル（R. Campbell）、ジェームズ・ステュアート（James Steuart）などである[12]。ステュアートは、18世紀のイギリス重商主義のうちで、最も重要な経済論者であるといってよい。ステュアートは、「重商主義

の体系家」と称されているように、1767年の主著『経済の原理』(*An Inquiry into the Principles of Political Oeconomy*) において、重商主義の諸原理の全部を統合し、豊富な材料に基づいて体系的に考察した(13)。

　18世紀に入っても、実際の経済政策上はいうまでもなく、思想上においても重商主義はなお根強い力をもっていた。しかし、その反面で、17世紀末に台頭していた重商主義に対する批判的な思想が、18世紀に入ると、一層明確な形をとって現われてきて、自由主義への道を歩みはじめた。18世紀初頭における自由主義的経済思想をもつ論者の代表者として、バーナード・マンデヴィル (Bernard Mandeville) が、また中葉における代表者としてジェイコブ・ヴァンダーリント (Jacob Vanderlint)、ジョージ・バークリ (George Berkeley)、フランシス・ハチスン (Francis Hutcheson)、デイヴィッド・ヒューム (David Hume)、ジョサイア・タッカー (Josiah Tucker)、リチャード・カンティロン (Richard Cantillon)、ジョセフ・ハリス (Joseph Harris)、ベンジャミン・フランクリン (Benjamin Franklin)、アダム・ファーガスン (Adam Ferguson) などが挙げられる(14)。これらの経済論者の多くに共通していたのは、濃淡はあるが、一面において重商主義を脱却しようとする自由主義的傾向とこれを基礎づける科学的思考を示しながら、しかし他面において完全には重商主義を脱却するところまでは至っていなかったことである。このことはまた、経済理論的認識において優れていた者が自由主義的思考を欠いていることが珍しくなく、反対に自由主義的傾向をもっていた者がしばしば理論的認識において未熟なところを残していたことを意味するものである(15)。こうした、自由主義原理と理論的認識とのいわば乖離あるいは不一致ということが、この時期における経済論者の特色であった(16)。

　イギリスの重商主義期には、多くの経済論者によって、農業、商業、植民地、貿易、為替、工業、怠惰、勤労、賃金、貨幣、利子、地代、人口、奢侈、租税など、さまざまな問題についての議論が展開された。そうしたイギリス重商主義期のさまざまな議論の中で、最も普遍的に見られたのは、貨幣不足の主張とその対策のための論議であった。この議論は、論者の直面していた経済事象とその置かれていた立場に応じてさまざまな形態をとって現われた。

しかし、それらの主張は、基本的にはすべて広い意味での貿易差額論に集約されるものであった、といってよい[17]。

　イギリス重商主義期に見られたもう一つの中心的な議論は、労働力不足とその対策についてのそれであった。この議論は、人口増加による直接的な労働力の確保とともに、生活を全面的に労働のみに依存する遊休貧民を労働せざるをえない状況に追い込むという、多人口賛美論と低賃金経済論という形で展開された。また、この議論は、当時のイギリスにおける労働集約的な産業資本生成期を反映して、国富の基礎を人々の労働に求める考え方に起因していた[18]。

　以上におけるように、イギリス重商主義の時代には、貿易政策、労働雇用などの諸問題が勝れて関心の的であった。こうした中にあって、ペティは、経済諸現象のより抽象的で科学的な観察および分析方法を利用することによって、それら以外の国民経済の対象にも立ち向かった。それは、当時のイギリスが直面していた焦眉の急を告げる財政再建の問題＝租税制度改革問題であった。当時イギリスは、国内商工業の発展にともない関税その他の貿易政策が表面化する段階に入り、近代的立憲制度への歩みが明確になりつつあった。それと同時に、国家財政も、この時期に、中世以来の伝統的な王領地収入や王権に基づく特権的収入に代って、近代的な関係に基づく関税その他のいわゆる間接税を主とする近代的租税制度が漸次導入されざるをえない状況にあった。すなわち、国家財政は、次第に成長発展してきた市民社会の商品経済的富を基礎とすべき時期が到来していたのである[19]。こうして、ペティがとくに論じたテーマは、近代国家の発展とともにその重要性を増しつつあった租税である。1662年に匿名で出版されたペティの最初の著作『租税および貢納論』（*A Treatise of Taxes and Contributions*）は、その表題が示す通り、もっぱら租税について論述されている。同書の中で、ペティは、はじめて国民の担税力を体系的に把握することを試みた。また、ペティは、租税はいかなる経済的作用をもつのか、いかなる租税が最良のものであるのかを明示しようとした。ペティは、これに結びつけて、いかなる課税が実施されるべきか、いついかなる方法でそれらは徴収されるべきか、等々について提案を

行ったのである[20]。

注

（1）重商主義の本質についての解釈には、これまでにさまざまな見解が出されている。くわしくは、以下の文献を参照せよ。Hjalmar Schacht, *Der theoretische Gehalt des englischen Merkantilismus,* Berlin, 1900, S. 1-13. 川鍋正敏訳『イギリス重商主義理論小史』未来社、1963年、9-27頁；Kurt Zielenziger, *Die alten deutschen Kameralisten: Ein Beitrag zur Geschichte der Nationalokonomie und zum Problem des Merkantilismus,* Jena, 1941, Nachdruck, 1966, S. 5-41.; Pierre Deyon, *Le mercantilisme,* Paris, 1969, pp. 82-89. 神戸大学・西洋経済史研究室訳『重商主義とは何か』晃洋書房、1975年、103-125頁；矢口孝次郎「重商主義概念解釈史の概要」（社会経済史学会編『社会経済史学の発達』岩波書店、1944年、所収）、567-592頁；小林昇「重商主義の解釈に就いて」、『商学論集』（福島高商）第13巻第1・2号、1947年1月、34-67頁；吉川要・水田洋「重商主義」（一橋大学新聞部編『経済学研究の栞』春秋社、1953年、所収）、21-27頁；大淵利男『イギリス財政思想史研究序説―イギリス重商主義財政経済論の解明―』評論社、1963年、32-64頁。とくに、わが国における諸学者の重商主義解釈の見解については、矢嶋道文『近世日本の「重商主義」思想研究―貿易思想と農政―』御茶の水書房、2003年、11-28頁を参照せよ。

（2）しかし、これら各国における重商主義には、その本質とも見るべき、顕著な共通的性質を見出すことができる。重商主義の一般的な特徴を要約すれば、第1に、金・銀などの貴金属をきわめて重要視したことである。商業が発達し、貨幣経済が確立するにともなって、貨幣を所有することは富を所有することであると考えられるに至った。しかも、信用制度の未発達な当時においては、金・銀こそが唯一の貨幣素材であったため、金・銀の獲得をもって富の獲得であるとされ、国家を富強ならしめる最良の方法であると思考されたのである。第2は、金・銀獲得の方法については、自国領土内に豊富な金・銀鉱山を所有する国を除いては、これを外国貿易の有利な差額に依存しなければならなかった。すなわち、できうるかぎりの輸出を増加し、輸入を制限または禁止することによって、プラスの貿易差額（balance of trade）を維持し、その貿易差額を金・銀によって受けとろうとしたのである。第3には、これを実現させるために、海上権を確保し、貿易上の地位を強固にするとともに、国内産業、とくに輸出産業を振興させる必要があった。そこで、各国は、あらゆる手段を動員して外国貿易を助成し、国内産業の保護育成を行っ

たのである。また、人口問題についても、人口の稠密であることをもって国家を富強ならしめる要因であると考えられたが、これもようするに労働力の大であることが、国内産業の発達を可能ならしめる重要な要素であると考えられたからにほかならない。第4は、国家を富裕ならしめるための前記のような手段は、国家自身の手によって行われなければならないと信じられていたことである。すなわち、国家の強力な統制力によってのみ、国内産業を振興させ、貿易を有利にし、金・銀の国内への流入を可能にすることができると考えられた。この意味において、重商主義は、国民的意識を強く反映した国家主義であり、強力な経済的統制主義であったといってよい。吉田啓一『近代社会経済思想史』北隆館、1949年、2-3頁。

（3）16世紀から18世紀の中葉までの西ヨーロッパ諸国で展開された重商主義経済思想は、次の4つの主要なグループに分けることができる。第1は、スペイン・イタリアグループである。スペインとイタリアの重商主義経済論者の関心は、とくに貨幣の問題と同様に人口と産業構造の問題に集中された。しかし、それと同時に、これらの国は引き続きキリスト教会の思想や中世の伝統の重荷に苦しめられ、さらにイタリアは国民的な不統一に悩まされた。第2は、オランダ・イギリスグループである。オランダとイギリスの重商主義経済論者は、一層自由な商工業の形態に傾き、またむしろ広い意味における貿易差額すなわち国際収支勘定の形成に着眼した。のみならず、かれらは、王侯などよりも一般民衆に直接に訴えるような議論を展開することを特色とした。第3は、フランスグループである。フランスの重商主義経済論者は、コルベール主義（Colbertism）として知られている、工業第一主義を標榜する国家による統制経済の体制に傾いた。かれらにあっては、重金主義思想や貿易差額説よりも、むしろ国民的な自給自足の理念が議論の表面に滲み出ていることが特色であった。第4は、ドイツ・オーストリアのグループである。ドイツやオーストリアの重商主義経済論者は、一般に官房学者（Kameralisten）と呼ばれているように、専制的な福祉国家の官僚の立場から見た経済行政の問題に関心を寄せた。大野信三『全訂　経済学史』（上）、千倉書房、1963年、123頁。

（4）大野信三、前掲書、135-136頁。

（5）同上書、136頁。

（6）本書は、原書にしてわずか百数十頁の小冊子ながら、経済学史のうえでしばしば検討の対象とされてきたのみならず、イギリス経済史のうえでも一つの重要な研究資料として注視されてきた。オンケンは、本書を、「農業保護を

も含んだイギリス重商主義政策の根本原理の明確な表現」として特徴づけて0
いる（August Oncken, *Geschichte der Nationalokonomie*, Leipzig, Teil 1, 1902, S.
215）。また、ヘクシャーは、「全体として成熟せる重商主義の見地を示す最初
の著作である」と位置づけている（E. F. Heckscher, *Mercantilism*, Stockholm,
1931, trans. by M. Shapiro, Vol. II, London, 1935, 2nd ed., 1995, rpt. New York,
1983, p. 227）。

（7）ヘイルズは、王室財政への顧慮と絶対主義的見地をかなり濃厚に含みつつ、
農業および製造業を二本柱として、その保護奨励のうえにイギリス国民経済
の発展を図ろうとした。Cf. John Hales, *A Discourse of Common Weal of this Realm
of England*, London, 1581, ed. by Elizabeth Lamond, Cambridge, 1893, rpt. 1954,
pp. 53-55, 92-93. 松村幸一・尾崎芳治・武暢夫・山田浩之・山下博訳『イン
グランド王国の繁栄についての一論』（出口勇蔵監修『近世ヒューマニズムの
経済思想——イギリス絶対主義の一政策体系——』有斐閣、1957年、所収）、57－
59、99-100頁。くわしくは、次の文献を参照せよ。渡辺源次郎「イングラン
ド王国の福祉についての一論——国民経済の早期的把握——」（同『イギリス初期
重商主義研究』未来社、1954年、所収）；出口勇蔵監修、前掲書、所収、「解
説」；加藤一夫「ジョン・ヘイルズの『福祉論』の研究（1）」、『秋田大学学芸
学部研究紀要　社会科学』第7輯、1957年3月。

（8）白杉庄一郎『経済学史概説』ミネルヴァ書房、1973年、35-36頁。

（9）アダム・スミスは、マンのこの著書の表題は、イギリスのみならず当時に
おける他のすべての商業国の経済政策の根本原理になったと評価している。
Cf. Adam Smith, *An Inquiry into the Nature and Causes of the Wealth of Nations*,
London, 1776, ed. by Edwin Cannan, Vol. I, London , 1904, 2nd ed., 1920, p. 401.
大内兵衛・松川七郎訳『諸国民の富』（I）、岩波書店、1973年、652頁。

（10）マンは、富の主要形態である金・銀、貨幣は貿易差額を確保することに
よって増加することができるとして、次の諸方策を提示している。①国土の
開発、②外国品の消費の抑制、③隣国人の必要とする物資の輸出、④自国船
による輸出、⑤自国に産出する自然の富の消費節約、⑥漁業の振興、⑦中継
貿易、⑧遠国との貿易、⑨貨幣の輸出、⑩外国産原料を使用した製造品に対
する輸出税の免除、⑪国産品に対する輸出税の軽減その他の関税政策、⑫工
業の尊重。Cf. Thomas Mun, *England's Treasure by Forraign Trade. or, The Ballance of
our Forraign Trade is the Rule of our Treasure*, London, 1664, rpt. New York, 1910, pp.
9-18. 渡辺源次郎訳『外国貿易によるイングランドの財宝』東京大学出版会、
1965年、20-30頁。くわしくは、次の文献を参照せよ。張漢裕『イギリス重

商主義研究―国民主義的生産力保有体系の一類型その基盤・政策及び論説―』岩波書店、1955 年、第 1 章、第 5 章；相見志郎『イギリス重商主義経済理論序説』ミネルヴァ書房、1960 年、第 3 章第 5 節；田中敏弘『イギリス経済思想史研究―マンデヴィル・ヒューム・スミスとイギリス重商主義―』御茶の水書房、1984 年、「付論」；渡辺源次郎『イギリス初期重商主義研究』未来社、1959 年、第 5 章；鈴木勇『イギリス重商主義と経済学説』学文社、1986 年、第 2 章第 2 節。
(11) 白杉庄一郎、前掲書、48 頁。
(12) 同上書、63 頁。
(13) むしろ、ステュアートは、「重商主義の殿将」と呼ばれるように、重商主義の立場を保守的に徹底して、貿易のみならず全経済過程の国家的統制を主張した。
(14) 白杉庄一郎、前掲書、69 頁。
(15) 同上書、70 頁。
(16) たとえば、マンデヴィル、バークリ、カンティロンなどは重商主義的思考の枠組に規制されていたが、ヴァンダーリント、ヒューム、ハリスなどは自由主義的思考を大きく前進させていた。遊部久蔵・小林昇・杉原四郎・古沢友吉編『講座　経済学史Ⅰ―経済学の黎明―』同文舘、1977 年、124-126 頁を参照せよ。
(17) 生越利昭『ジョン・ロックの経済思想』晃洋書房、1991 年、53 頁。
(18) この主張は、国富を国防と一体のものとして考えて、兵力の確保によって戦力の強化を図ろうとする軍事上の必要による側面ももっていた。
(19) 時永淑『経済学史』（第一分冊）、法政大学出版局、1962 年、113 頁。
(20) Hjalmar Schacht, a.a.O., S. 23-24.　邦訳、47-48 頁。

第1章
ペティの生涯と学問的活動

第1節　ペティの生涯とその時代

　ペティは、1623年5月26日、南西イングランドのハンプシャー州（Hampshire）にあるラムジー（Rumsay, Romsey）という小都市で、貧しい羊毛織元の第3子として生まれた[1]。この1623年は、ステュアート朝初代の国王ジェームズ一世の死の2年前で、財政問題や宗教問題を通じて、国王対議会の対立がしだいに先鋭化してゆくころである。また、ラムジーの町は、当時イギリス国民産業の中軸といわれ、初期資本主義展開の推進力になっていた毛織物マニファクチュアによって栄え、その毛織物の輸出を介して外国との交流に刺激されて、広い国際的視野と進取的な性格を帯びていた地方都市である。

　少年ペティは、好きなことには打ち込む性格で、地元の学校に通い、ギリシャ語、フランス語、数学、実用幾何学、天文学などに関心を示し、これらの課業に身を入れた。とりわけ、家業である織工の仕事はもちろんのこと、鍛冶職、時計師、大工、指物師等々の工匠の仕事を見ていることが最大の楽しみで、12歳頃には、そのどれかで働こうと思えば働けるほどの技術的な知識を会得していた[2]。

　ペティは、1636年（13歳）頃、わずかばかりの小銭を懐にフランス通いのイギリス商船のキャビン・ボーイとなり、10か月ほど働いた。しかし、翌年の3月ごろに、極度の近視が原因で足を負傷して歩くことができなくなり、かれの早熟な才能をねたんでいた船員たちによって、フランスのカーン（Caen）市にほど近いノルマンディ（Normandie）の海岸に放置されてしまった。そのため、ペティは、当時のフランス人に航海術や英語を教えたり、偽宝石

の行商人をしたりして生計の糧を得る一方で、当時ヨーロッパの教会施設として最高といわれていたイエズス会の学院に入学し、一般教養を身に付けるとともに、フランス語にも習熟した[3]。

　1621年頃に、ペティは故国イギリスに戻って海軍に入隊した。しかし、まもなくして、それまでの国王と議会との対立が頂点に達し、内乱が勃発した。内乱が白熱化するにおよんで、ペティは、1643年に難を避けてオランダに渡った。このころ、オランダはその絶頂期を迎えようとしていた。16世紀を通じて、強猛な王権の下、旧教の守護国をもって任じていたスペインの圧政から自らを解放し、宗教の自由を奉じて共和国連邦制をとり、世界貿易と金融の中心にのしあがっていたのである。学問の領域においても、新興の意気に燃えていた。ペティは、オランダに約2年間滞在し、ユトレヒト大学、ライデン大学およびアムステルダム大学で、主として医学と数学の研究に没頭した。この当時、オランダの医学は、まさに近代科学として、すなわち解剖学と生理学を基礎として著しく発展しつつあった。こうした中で、ペティは、解剖の技術を身につけるかたわら、オランダ社会の構造にも強い関心を示した。このときに体得した研究の手法とオランダ観察とは、後にかれが財政経済学上の諸著作をものする際に、大いに役立てられることになる[4]。

　1645年11月、ペティはオランダを離れ、パリに赴いた。このとき、かれは、当地に亡命していたイギリスの偉大な哲学者で政治学者でもあった、ホッブズの知遇を得た。これは、かれが、オランダを去る前にアムステルダム大学で数学を教えていたイギリス人数学者のジョン・ベル（John Bell）からホッブズへの紹介状を受けていたことによる。ホッブズは、ペティがそれまでの人生において出会った「最初の偉大な人物」[5]であった。二人は、数学、光学、解剖学などについて意見を交わした。また、近世科学のいわば最初のページを開いたとされている人文学者であり有能な解剖学者でもあったアンドレアス・ヴェサリウス（Andreas Vesalius）の、解剖学の古典である『人体の構造について』（*De Humani Corporis,* 1543）[6]を二人で読んだ。パリでのホッブズとの出会いは、ペティ自身が後年に「自分は、25歳以後、書物というものを読まず、ホッブズ氏の心をわが心としていた」[7]と語っているよ

うに、ペティに対してきわめて大きな影響を与え、おそらく社会を構造的・全体的に把握することの重要性を学んだものと思われる。ペティの研究者としてのその後の歩みは、このときのホッブズとの出会いによって大きく方向づけられたといっても過言ではないであろう。また、ペティは、パリ滞在中に、ホッブズを介して、当時知的潮流の最前線を担っていた学僧マラン・メルセンヌ（Marin Mersenne）の自然科学サークルにも加わった。このサークルで、ペティは、多くの著名な国際的科学者と交わって、医学、数学、実験科学の各分野における専門的知識に一層の磨きをかけた[8]。

ペティは、母国での内乱が小康を取り戻した1646年に、故郷のラムジーに帰り、大陸滞在中に死亡した父の仕事に従事するかたわら、複写機の発明に没頭した。1647年3月頃に、この複写機を完成させ、同年の11月頃に、これを販売する目的でロンドンに出たが、売行きはかんばしいものではなかった。しかし、かれは、ロンドンで実践的社会改革思想家のサミュエル・ハートリブ（Samuel Hartlib）と知り合いになり、ベイコンの提唱した実験科学の方法を信奉する学芸愛好家たちのサークル「ロンドン理学協会」（London Philosophical Society）のメンバーになった。このサークルで、ペティは、化学者ロバート・ボイル（Robert Boyle）、数学者のジョン・ウォリス（John Wallis）やジョン・ウィルキンズ（John Willkins）などの当時のイギリスを代表する科学者を知ることとなった。

1648年に、ロンドン理学協会の主要メンバーがロンドンからオックスフォードに移ったため、ペティもその後を追った。ロンドンに来てまもなくして、ペティはオックスフォード大学に迎えられ、解剖学教授クレイトン（Thomas Clayton）の代講を行うこととなった。そして、1649年3月には医学博士の学位を取得し、1651年1月には同大学の解剖学教授となった。また、このころ、かれはブレイズノーズ・カレッジ（Brasenose College）の評議員に選任され、さらにこのカレッジの副学長となり、同時にロンドンのグレシャム・カレッジ（Gresham College）の音楽教授をも兼任した[9]。こうした公式の活動とは別に、ペティは、オックスフォード大学の人々を中心として学外に組織されていた私的なサークル「オックスフォード理学協会」（Philosophical

Society of Oxford)[10]での研究活動にも参加した。このサークルでは、主として、物理学、解剖学、幾何学、天文学、航海学、静力学、化学、力学、磁気学および自然実験に関する諸問題が論じられた。

　1649年1月にチャールズ一世が処刑され、同年5月に共和国（Commonwealth）が成立し、オリバー・クロムウェル（Oliver Cromwell）によって護民官政治（Protectorate）が行われた。

　1651年の終わりころに、ペティは、共和国政府からアイルランド派遣軍の軍医に任命され、翌年、アイルランドに渡った。アイルランドは、アングロ・ノルマンの侵略以来何世紀にもわたってイングランドの侵入を受け、激しい抵抗を続けていた。とりわけ、1641年以来、アイルランドの旧教徒を中心勢力とする反乱が何年も続いていた。これに対して、クロムウェルは、史上類例のないほどの徹底的な弾圧を加え、またたくまに全島を征服してしまった。こうして、アイルランドは、まったくイングランドの植民地と化すことになったのである[11]。

　ペティは、1659年までの約7年間をアイルランドで過ごしたが、それは軍医としてではなく、土地測量家・行政官としてであった。というのは、クロムウェルによって反乱が鎮圧された後のアイルランドでは、反徒の所有していた土地は、そのほとんどすべてが共和国政府によって没収された。そして、その土地を複雑な権利関係を有する各層の人々に、どのように公平に分配するのかが、大きな問題として残されていた。ペティは、この大きな問題の解決を引き受けることとなったのである。ペティは、この仕事の根本は土地を丈量し、その地図を作成することであると洞察した。そして、まず共和国政府が没収した土地を、それまでの方法とはまったく異なった、ダウン・サーヴェイ（Down Survey）と呼ばれる新しい土地測量方法に基づいて測量した[12]。このペティの採用した新しい方法は、幾何学的に土地を実測し、縮尺して地図に仕上げるという科学的方法によるものであって、かれの少・青年時代から身につけていた広範な数学的知識が大いに活用されたものと思われる[13]。つづいて、ペティは、没収地を各層のイングランド人に分配し、土地の所有権を確定するという大規模な難事業を主宰し、これをほとんど独力で

完成させた。このとき、ペティ自身も、アイルランドに広大な土地を得て、大土地所有者となった[14]。また、クロムウェル一族の助力によってアイルランド議会の下院議員にも選出された。いずれにせよ、ペティがこのときアイルランドで前後数年間を費やして行った土地測量・没収地分配事業は、とりもなおさず、アイルランド社会という政治体（Body Politick）を観察し解剖することを意味するものであり、これを契機としてかれの関心は自然科学的研究から社会科学的研究へと大きく転回されることとなった[15]。

　1658年に、クロムウェルが没し、それにつづいて共和国政府も崩壊した。これによって、クロムウェルの庇護を受けていたペティも、一切の社会的地位を失って失意のうちにロンドンに帰り、1660年の王政復古（Restoration）を迎えることとなった。繁忙な公職を辞したペティは、学問の世界に没入し、精力的に著述活動を展開した。ペティの名を不朽のものとした財政経済学上の著作は、すべてこの王政復古期に執筆されたものである。そして、それらは、いずれも当時のイギリス社会が直面していた問題を正面から取りあげ、大胆清新な方法によって問題を科学的かつ根本的に解決しようとするものであった。

　1687年11月に、ペティはロンドンで病を得、名誉革命に向かって高まってゆく歴史の足音を聞きながら、同年12月16日、ピカデリー（Picadilly）の自宅でその生涯を閉じた。

　以上において見たように、ペティは、17世紀のイギリスに生きた人である。それは、大著『諸国民の富の性質と原因に関する研究』（*An Inquiry into the Nature and Causes of the Wealth of Nations*, 1776）（以下、『諸国民の富』と略称）をもって「経済学の父」と呼ばれているアダム・スミス（Adam Smith）の、ちょうど1世紀前の時代に当たる。ペティの生涯は、きわめて変化に富み、多面的なものであった。この時代に活躍した数多くの天才たちの中で、「ペティほどその経歴が多岐多様にわたった人は稀である」[16]といわれている。ペティの子孫のランズダウン（Marquis of Lansdowne）に従って要約してみれば、ペティはその少年時代から、次々に、商船のキャビン・ボーイ—偽宝石の行商人—海軍水兵—発明家—医者—ブレイズノーズ・カレッジの評議員および副学長、

オックスフォード大学の解剖学教授—グレシャム・カレッジの音楽教授—土地測量家—下院議員—大土地所有者—哲学者・統計学者および経済学者、という人生行路を歩いた[17]。

　ペティがその生涯を送った17世紀のイギリスは、国内外ともに、激動期・転換期であった。対内的には、国王の王権を中心とする封建的勢力と議会を中心とする新興市民階級との闘争時代で、イギリス政治史上稀に見る動揺の時代であった。国王と議会との対立は、チャールズ一世においてその極に達した感があり、長期議会（1640-1660年）—内乱（1642-1647年）—共和政治（1649-1655年）—護民官政治（1655-1660年）—王政復古（1660年）—専制（1660-1688年）など、めまぐるしいほどの政治的変換であった。また、視野を国外に転じると、17世紀はヨーロッパにとって「最悪の世紀」という言葉に表わされているように、イギリスでは、大陸諸国との宗教戦争・国家戦争などにより幾多の波乱が惹起された。まず、30年戦争（Thirty Year' War）であるが、ペティが経験したのは、その第2段階（1625-1629年）、第3段階（1630-1635年）、第4段階（1635-1648年）である。さらに、1624-1630年および1655-1659年の対スペイン戦争と、前後3回にわたる対オランダ戦争がある。対オランダ戦争は、第1回が1652-1654年、第2回が1665-1667年、第3回が1672-1674年である。この3回の対オランダ戦争は、当時「黄金時代」(De Gouden Eeuw) を迎えていたオランダの商業覇権を打破するという、富を追求する国家的利己主義によって誘発された、まさに、「重商主義の悲劇」(tragedy of mercantilism)[18]そのものであった。こうして、ペティが生きた17世紀は、かれの母国イギリスが、内には内乱や王政復古などの激動を通じて、同時に外には連続的な戦争をともなう貿易競争を戦い抜きながら、いち早く産業革命になだれ込んでゆく土台を築いた時代であった。

　また、ペティの生きた17世紀は、イギリスの重商主義が、その学説においても現実政策においても大きく転換する重要な時代であった。まず、重商主義学説のうえでは、1622年からペティの生まれた翌年にかけて、「ブリオニズムの最重要な代表者」[19]と目されているマリーンズと、「指導的な重商主義者」[20]で「貿易差額」(balance of trade) の最初の提唱者であるミッセルデン

との間で、重金主義と貿易差額論、すなわち「半中世的経済統制と端緒的自由放任との間における根本的な論争」[21]が展開された[22]。両者の論争の直接的契機となったのは、この当時のイギリスが直面した経済問題である貿易とくに毛織物輸出の不振と、それによる国内産業の不況であった。王立為替委員会の委員であり貿易商人でもあったマリーンズは、当時の多くの重商主義者に共通に見られた貨幣的富の国内への流入をいかにして増大せしめるかという観点から、不況の解決策を為替重視論を中心に提示しようとした。マリーンズが提示した諸方策は、いってみれば、古い重金主義の諸政策の復活と再建を図るものであったといってよい[23]。これに対して、冒険商人組合の有力なメンバーで東インド会社の委員を務めた経験のあるミッセルデンは、いまだ十分とはいえなかったが、不況の問題をより一般的な外国貿易のうえに考えようとしたのである。そして、ミッセルデンは、ペティが生まれたまさにその年に公刊され、また公刊著作に"balance (ballance) of trade"という言葉を用いた『商業の円、または自由貿易擁護のための貿易差額』(*The Circle of Commerce, or the Ballance of Trade in Defence of free Trade*, 1623) において、いわゆる貿易差額論を展開した[24]。結局、不況の原因とその対策をめぐってマリーンズとミッセルデンとの間で行われたこの論争は、ミッセルデンの事実上の勝利で終結した[25]。そして、ミッセルデンによる貿易差額論はこの後、重商主義の巨頭マンにより、その不朽の名著『外国貿易によるイングランドの財宝』における、「わが貿易が均衡を保つかぎり、わが国から貨幣が運び出されようともそれは心配ない。なぜなら、それは再びわが国に戻ってくるからであり。そうして、われわれが失う貨幣は、わが国の全般的貿易の不足額だけ、いいかえれば、われわれが国産商品を輸出する以上に外国商品を費消する額だけなのである」[26]との文言によって、全般的貿易差額論にまで高められ、確定されることになる[27]。こうして、ペティが生きた時代には、貨幣としての金・銀を極度に重視し、それの国内への流入を確保するために個々の取引についての出超を図り、海外への流出を防止して国内に蓄蔵しようとする重金主義から、個々の国との貿易は比較的自由に行うことを許すが、総貿易の出超を確保するために輸出を増大し輸入を抑制しようとする、貿易

差額主義へと変容した[28]。

　さらに、ペティの時代には、現実の重商主義政策のうえでも大きな転換が見られた。イギリスの重商主義は、すでに述べたように、ほぼ絶対王政ないし絶対主義国家の形成から、市民革命を経て産業革命に至る時期に行われた。その場合に、政策主体は、形式的には国家であり、また当時の国家構造に即していえば、君主であった。しかし、実質的には、この国家を支配し、君主を支えている支配層であった。その支配層の内容は、初期の絶対主義国家においては、封建勢力、具体的には、昔ながらの中世的・伝統的・保守的な方法で土地を所有・利用していた封建的領主と、不合理な価格差である純然たる投機的独占譲渡利潤に依存している前期的商人であった。しかし1642年の内乱によってはじまった市民革命によって絶対王政が打倒され、新たに初期市民国家が誕生した。いまや、政権を掌握するのは市民勢力であった。この新しい勢力は、新しい近代的・改良的・進歩的な方法で土地を所有＝利用する近代的地主と、不合理な独占譲渡利潤だけにたよることをやめ、同時にまた生産利潤をも得ようとしている商人製造業者、さらにこれと結びついた貿易商人であった[29]。こうして、ペティが活躍したイギリスの17世紀中葉は、封建的勢力に基盤を置いた絶対君主が主体である絶対主義的重商主義あるいは王室重商主義（royal merchantilism）から、新たな市民勢力に支えられた議会が主体である議会的重商主義（parliamentary merchantilism）へと転換する、その重要な時期でもあったのである。

第2節　主要著作と学問的評価

　ペティは、64年の生涯において、実際的にも学問的にもきわめて多面的な活動を展開した。しかし、ペティが後世にまでその名をとどめているのは、いうまでもなく学者としてであり、またかれの著作によってである。

　ペティの著述活動は、内乱前夜の1636年から、かれの死の1687年つまり名誉革命の前年までの、約半世紀にわたって展開された。そして、この著述活動は、1660年の王政復古後に、きわだって旺盛となった[30]。その成果と

しての公刊著作は少なくなく、さらに膨大な未公刊の手稿が1921年におけるダブリンの公記録所の火災によって消失してしまったが、なおペティの子孫ランズダウン家やその他において数多くの手稿が現存している(31)。しかしながら、19世紀の中葉に至るまで、ペティの著作は、容易に手にすることができないものであった。ドイツ歴史学派のウィルヘルム・ロッシャー (Wilhelm Roscher) は、ペティについての研究を進めていたときに、かれの全集が存在していないことを遺憾としている(32)。また、カール・マルクス (K. H. Marx) は、「ペティの諸著作は古本屋の取引の稀覯本であって、劣悪な古版本として散在しているにすぎない」(33)と嘆いている。

しかし、19世紀の末葉に、ハル (Charles H. Hull) によって『ペティ経済学著作集』(*The Economic Writings of Sir William Petty, together with the Observations upon the Bills of Mortality, more probably by Captain John Graunt*, 2 vols., 1899) が、また、20世紀の20年代には、ランズダウンによって『ペティ未刊論文集』(*The Petty Papers, Some unpublished Writings of Sir William Petty*, 2 vols., 1927) が、それぞれ公刊された。前書は、公刊されてはいるが入手が困難なペティの財政経済に関する主要著作12編を校訂編集したものである。後書は、ペティの膨大な未公刊の遺稿の中から重要であると思われるもの163編を選んで、部門別に編集したものである。これらの2書は、20世紀末に公刊された、『ペティ全集』(*The Collected Works of Sir William Petty*, 8 vols., 1997) に収録されている。また、同じく20世紀末に、『イギリス経済思想史』(*History of British Economic Thought: British Seventeenth and Eighteenth-Century Economic Thought*, 8 vols., 1992) に含められて、統計に関する著作6編が収められている『政治算術数論』(*Several Essays in Political Arithmetick*, 1992) が公刊された。

ペティの膨大な著作のうち、これまでに公刊されたものは、重版書および翻訳書を除いて、わずかに34部である。これらの、公刊されたペティの著作の中で、経済学的統計学的著作として一般に高く評価されているものは、次のものであるといってよいであろう(34)。執筆年代によって区分すれば、まず、1660年代の著作としては、労働価値理論がはじめて展開された『租税および貢納論』(*A Treatise of Taxes and Contributions*, 1662)、およびその2年後に執

筆されペティの死後に公刊された『賢者には一言をもって足る』(*Verbum Sapienti,* 1691)（以下、『賢者一言』と略称）である。これらは、いずれも財政について論じたものである。前書は、共和政体が倒され、王政復古成立後の財政的諸事情に、後書は、チャールズ二世の第二次対オランダ戦争にともなう莫大な戦費調達の問題に、それぞれ刺激されて執筆されたものである。

次に、1670年代の著作としては、「政治算術」(Political Arithmetic) が定式化された『政治算術』(*Political Arithmetick,* 1690) および『アイルランドの政治的解剖』(*The Political Anatomy of Ireland,* 1691)（以下、『政治的解剖』と略称）である。これら二著作の主題はそれぞれ違っているが、執筆時期はほぼ同じ時期、すなわち1671年頃より1676年頃と推定されている。イギリスにおけるこの時期は、チャールズ二世治下の中葉に当たり、第三次対オランダ戦争の直前から戦後にわたる。この時期におけるイギリスの国際関係を特徴づけるのは、主たる対抗国がオランダからフランスに転じてきたことであって、この第三次対オランダ戦争は、その転換を明確に示し、三国の国際関係の推移を示す歴史的性格をもつものであった。『政治算術』と『政治的解剖』は、こうした歴史的推移がやがて見られようとする時期に、その政治情勢を反映して執筆されたものである。すなわち、『政治算術』は、オランダ、フランスとの関係におけるイギリスの国際的地位および国内事情についての悲観論を論駁するために著わされたものである。また、『政治的解剖』は、当時イギリスの植民地となりつつあったアイルランドをいかにして富裕ならしめ、イングランドの平和と豊富とに役立たしめるかの観点からアイルランド社会に分析のメスを入れたものである。このような両著作の政治的政策的意図を見るならば、いずれも重商主義政策ないし意思に即したイギリス資本主義の世界市場制覇を目標とする性格をもつものということができる[35]。

最後に、1680年代の著作としては、『貨幣小論』(*Quantulumcunque concerning Money,* 1695)、『アイルランド論』(*A Treatise of Ireland,* 1899) および数多くの政治算術論が挙げられる[36]。『貨幣小論』は、ペティの貨幣論の全貌を知ることができるものであるといってよい。当時、イギリスにおいてはクロムウェルの改革につづいて王政復古が行われ、この間貨幣制度は一大混乱に陥り、銀貨

の大多数は磨損毀損してその名目価値通りに維持されていなかった。その結果、イギリスの為替に対する評価が著しく低下していた。こうした憂うべき通貨の状態に対して、それを誰の負担において改鋳すべきかは、イギリスにとって解決すべき重要な問題となっていた。そこで、ペティが、自己の経験を基礎としてこの貨幣改鋳問題に対してかれの一家言をものしたのが、この一書である[37]。もう一つの『アイルランド論』は、先の『政治的解剖』と同じ目的をもって執筆されたものである。また、政治算術についての多数の諸論策は、都市の人口問題を統計的に取り扱ったもので、その目的は、イギリスの富強の増大ということであった。ペティにおいては、一国の富強の要素として人口が重要な意義を有し、したがってイギリスの富強を念願したペティは、当然にイギリスの人口の変動に関心を寄せることとなり、ロンドンとパリ、ローマなどの人口を比較し、ロンドンの人口の優位を確認することを通じて、イギリス国民に自信を与えようとしたものである。その場合に、ペティは、これらの諸論策において、単に主要各都市の人口を統計的に比較しただけではなく、その論述内容はさらに政治および経済の方面にも及んでいる[38]。以上においてわかるように、各年代において公刊されたペティの諸著作は、大体において、それぞれの年代ごとに共通した独自のテーマを有している。1660年代に執筆された著作は、ともに財政関係のものである。1670年代の著作は、統計的研究を示すものであり、そして1680年代の著作は、『貨幣小論』および『アイルランド論』を除いて、人口統計の範囲に含まれるものであるといってよいであろう[39]。

　なお、ハルは、ペティの生前または死後に公刊された諸著作のうち特定分野のものの一部を、厳密な校訂をほどこして編集した『ペティ経済学著作集』の序文の冒頭で、ペティの全著作を次の三つの部類に大別している。第1の部類は護民官政治下のアイルランドにおける土地測量家としてのかれの諸活動に関するもの、第2の部類は医学に関する論策および数学・物理学・力学のなんらかの題目についての諸論策、第3の部類は経済学的統計学的諸著作、である[40]。ハルによるこの三つの分類を見ると、ペティの関心が相当に広範で多岐な問題領域にわたっていることがうかがえる。ペティの恐ろ

しく広範多岐にわたる関心は、ランズダウンの『ペティ未刊論文集』に一層よく示されている。この論文集には、断片的な小論文などが163編収められているが、ランズダウンは、これらを内容に即して次の26項目に分類して編集している[41]。①統治、②ロンドン、③アイルランド、④アイルランドの土地登記、⑤宗教、⑥辞典、⑦統計、⑧産業交易、⑨利子、⑩国王ジェームズ二世、⑪教育、⑫哲学、⑬人間の増殖、⑭軍事、⑮戦時における羊毛利用法、⑯ダブリン理学協会、⑰アメリカ植民地、⑱植林、⑲ポンプ、⑳海水の甘化法、㉑郵便馬車、㉒医学、㉓雑、㉔諸観察、㉕詩、㉖著作目録、である。こうして、ペティは、自然科学・技術の領域はもとより、各種の産業・諸物品・貨幣・人口および自然法・諸法律などについての科学的知識のすべてに関心を向けていたのである。ランセロット・ホグベン（Lancelot Hogben）が、ペティを評して、「うむことを知らぬ多芸多能とむさぼるような好奇心に満ちていた」[42]といい、また、アンソニー・パウエル（Anthony Powell）が「無限といってよいほどの関心をもっていた人物」[43]といっているのは、まさに的を射たものである。

　ペティがその諸著作においてなしとげた学問的成果は、同時代者からきわめて高く評価された。学芸愛好者であったジョン・イーヴリン（John Evelyn）によれば、ペティは、「あらゆることを精査し吟味する能力において第一人者」[44]で、「あらゆることを洞察する奇智に富んだ天才」[45]であった。また、ダヴナントは、政治算術を創始したペティを、「政治算術とは統治に関する事柄を数字に基づいて推論する術である。……この術をとくに収入と交易の対象領域に適用したのは、サー・ウィリアム・ペティが最初である」[46]として、高く評価している。ペティの学問的成果に対する同時代者の中で、外交家で親友でもあったロバート・サウスウェル（Robert Southwell）の次の立言、ペティは「哲学（理学）・医学・航海術・詩・土地観量術・計算および政治算術の才能において当時の第一人者であった」[47]は、最も包括的な評価といってよいであろう。

　ペティは、19世紀の中葉以降においては、諸科学の確立にともなって、人文地理学・近世統計学・経済学・財政学の創始者または先駆者の一人とし

て評価され位置づけられている。ペティを、「人文地理学の先駆者」として評価したのは、ゴブレ（Y. M. Goblet）である。ゴブレが、ペティにこのような評価を与えたのは、共和政治時代のアイルランドでペティが主宰した土地測量とその成果としてのアイルランド地図の作成および諸著作を、長年にわたって研究した結果である(48)。ペティを近世統計学の始源的地位に立つ者として高く評価したのは、ロッシャーである。ロッシャーは、「ペティの統計的著作は、当時の参考資料が総て甚だ不完全であったことを示していると同じく、かれ自身の識見が天才的に周到かつ明晰であったことも示している」(49)、「観測は統計の右の眼であり、比較はこれの左の眼である。そして何れの点においてもペティは驚異に値する」(50)として、ペティをこの分野の最も優れた創造者として讃えている。また、エリック・ロール（Eric Roll）は、「ペティが経済学の姉妹科学である統計学を最も大きく発展させた」(51)と賞讃している。わが国においても、大内兵衛が、統計学者としてのペティについて論評するに当たって、「新たなる社会的認識の一大実例を示した功績は否定できないのであって、後世における人口、道徳、経済に関する社会統計一般の先例はたいていペティの内に求めうるのである」(52)としている。

　しかしながら、ペティがその創始者として最も高い評価を受けたのは、経済学の分野においてであった(53)。このような評価は、ジョン・ラムジー・マカロック（John R. McCulloch）やロッシャーなどによって、それぞれの立場においてなされた。マカロックは、経済学上の諸文献を取りまとめるに際し、ペティの『租税および貢納論』を、「経済学のいかなる分野においても、初期の論作のうちでもっとも注目すべきもののひとつである」(54)、「ペティは、本書において、きわめて有益かつ重要な種々の主題について触れている」(55)と評価している。また、ロッシャーは、イギリスの経済学説史について論述するに当たり、ペティのために独立した一章を設け、ペティの著述の根底に横たわっている価格・利子・地代・賃金・人口・貨幣・富・消費などの経済学上の諸見解を、いずれも高く評価している(56)。ペティの経済学説史上の評価については、その他の多くの者によってもなされている。クレーク（G. L. Craik）は、ペティを同時代者チャイルドおよびマンとともに、重商主義期

における「経済学の最もすぐれた代表者」[57]と呼んでいる。マイツェル（C. Meitzel）は、ペティが、労働および土地は富の二根本要素であるとの見解を表明したことをもって「重農学派の先駆者」[58]、また分業論を展開したことをもって「アダム・スミスの先駆者」[59]としている。しかし、ペティの経済学説史上における地位を決定的なものにしたのは、マルクスによる評価であった。周知のように、マルクスは、経済学の歴史を17世紀の中葉から批判的に追究しようとした際に、ペティを「近代経済学の建設者」（Begrüder der Modernen Politischen Ökonomie）[60]として評価した。また、「最も天才的で最も独創的な経済学研究者」[61]として評価した。マルクスが、これほどまでにペティを高く評価したのは、経済学における最も基礎的かつ重要な理論である価値理論の創唱者と考えたからである[62]。ペティは、経済学の分野において、計量経済学の先駆者としても位置づけられている。ペティをもって、計量経済学の先駆者として評価したのは、ヨゼフ・シュンペーター（J. A. Schumpeter）である。シュンペーターは、イギリスの政治算術家（Political Arithmetician）をはじめとして、アダム・スミス以前のフランスにおけるボアギュベール（Pierre le Pesant de Boisguillebert）、カンティロンおよび重農主義の経済学者の一群を、「かれらがすべて共通の或もの—数量的分析の精神がこれである—をもっており、かれらを関連のある一団にまとめることが望ましい。かれらは計量経済学者（Econometrician）であった」[63]として、ペティをその始源に置いている。シュンペーターは、また、ペティは「国民所得に関して、……その分析的重要性を認識しており、それを計算しようと試みた。この意味では現代の所得分析は、かれに淵源するともいえよう」[64]として、ペティを国民所得論の創始者であるとも評価している[65]。

　最後に、ペティは、財政学の先駆者として評価されている。通常は、ジャン・ボーダン（Jean Bodin）の1557年の作とされている『国家論六巻』（*Les six livres de la république*）をもって、体系的に財政論を展開した最初の文献と考えられている。これに対して、ペティは、ボーダンの著作よりも約1世紀の後の1662年に、『租税および貢納論』を公刊し、内容的には、はるかにボーダンをしのぐような体系的な財政論を展開した。ボーダンの財政論が多分に王室

経済論的であって、その後の行政学的・技術論的なドイツ官房学（Kameralwissenschaft）に強く影響を与えたのに対して、ペティのそれは、租税現象の近代的な把握を基調としつつ、経費論から租税論を導出し、それらを詳細に検討して、古典学派の始祖アダム・スミスの財政論に大きな影響を与えた[66]。さらには、今日の財政論のレベルより見ても、多くの示唆に富む内容を包含している[67]。こうした点を重視して、ウィリアム・レトウィン（William Letwin）は、ペティを財政学の先駆者として高く評価している[68]。井手文雄も、ペティの財政論のアダム・スミスへの継承を重視して、「ペティは経済学説史上において、古典学派の先駆者であるとともに、財政学説史上においてもまたしかりであるといってよいであろう」[69]としている。さらには、「ペティは、体系的な財政論を発表した者である。……内容的に見るならば、ペティをもって、近代財政学の始祖と呼ぶことができる」[70]と高く評価している。また、ペティの財政論は、従前のそれに比して、社会の富を単一な価値として計算し、それを量的な大きさにおいて比較考慮するとともに、経済学の諸理論に関連させつつ、一層広い見地から展開されている。こうしたペティの財政論の特質をもって、大内兵衛は、「国家財政のあらゆる問題を、比較考慮しうるようにしたかれの功績は、独創的である。マルクスはかれを『近代経済学の創設者』と名づけたのは、むろん、ペティが労働価値説の創設者であったからだが、そういう経済学のうえに財政論を樹立したということからいえば、われわれは、ペティを『近世財政学の創設者』と呼んでいい。近世財政学は近世経済学のうえに立つものであるからである」[71]と、ペティの財政論を評価している。

　ペティの『租税および貢納論』は、国家財政の全般、すなわちその公共経費および国家収入などの諸方面にわたり、きわめて体系的かつ詳細に論述を試みたものであって、まさに近代以前における財政論の白眉と称するに足りるものであると考えられる[72]。対象をイギリス租税学説史に限定するならば、ペティの地位はより決定的なものとなる。ペティは、イギリスにおいて租税に関する問題全般を体系的に取り扱った最初の人物である。より具体的にいえば、ペティは、独立した租税論についての著作を最初に公刊した人物

である。租税転嫁論に大きな足跡を残したエドウィン・セリグマン（E. R. A. Seligman）は、その著『租税転嫁論』（*The Shifting and Incidence of Taxation,* 1899）において、「ペティは租税を主題とする著書を著わした最初の英国学者として有名である」（Petty has the distinction of being the first English writer to devote an entire work to the subject of taxation）[73]と評している。また、経済学史家ルイス・ヘネー（L. H. Haney）も、その著『経済思想史』（*History of Economic Thought,* 1920）において、「ペティは租税に関する英国最初の科学的著者と呼ばれている」（Sir William Petty has been called the first English scientific writer on taxation）[74]と評している。一般に、まるまる租税に捧げられた最初の労作は、1790年に公刊された匿名書『租税原理の研究』（*Enquiry into the Principles of Taxation*）であるといわれており、この書に対して与えたペティの『租税および貢納論』の影響を考えたとき、セリグマンとヘネーのペティに対する評価は、あながち過大なものとはいえない[75]。

注

（1）ペティの生涯については、さしあたり次の文献を参照せよ。John Aubrey, *Sir William Petty,* in O. L. Dick, ed., *Aubrey's Brief Lives,* London, 1950, 3rd ed., 1958, pp. 237-241.; W. L. Bevan, "William Petty: A Study in English Economic Literature", in *Publication of the American Economic Association,* Vol. 9, No. 4, 1894, Chap. I・II.; Edmond Fitzmaurice, *The Life of Sir William Petty 1623-1687,* London, 1895, rpt. 1997.; do., "Petty, Sir William（1623-1687）", in *Dictionary of National Biography,* Vol. 15, London, 1909.; Samuel Pepys, *The Diary of Samuel Pepys, with an Introduction and Notes by G. Gregory Smith,* London, 1920.; C. H. Hull, *Petty's Life,* in C. H. Hull, ed., *The Economic Writings of Sir William Petty,* Vol. I, Cambridge, 1899.; Tony Aspromourgos, "The Life of William Petty in Relation to His Economics: A Tercentenary Interpretation", *History of Political Economy,* Vol. 20, No. 3, 1988.; Ted McCormick, *William Petty: And the Ambitions of Political Arithmetic,* Oxford, 2009, Chap. I.；藤本幸太郎「ペチーとグロントの生涯」、『統計学雑誌』第617号、1937年11月；同「ペチーとグロントの生涯（続き）」、『統計学雑誌』第620号、1938年2月；大内兵衛「ペッティーの生涯と業績」（同訳『政治算術』第一出版、1946年、所収）；松川七郎「サー・ウィリアム・ペティの生涯」、『経済研究』（一橋大学）第1号、1951年1月；同『ウィリア

ム・ペティ―その政治算術=解剖の生成に関する一研究―（増補版）』岩波書店、1967年、第1章–第3章。
（2）松川七郎、前掲「サー・ウィリアム・ペティの生涯」、59-60頁。後に、ペティは、その著作の中で分業の利益について論述する際に、懐中時計の製造を例として取りあげている。
（3）同上論文、60頁。
（4）田添京二「政治算術家ペティー」（大河内一男編『経済学を築いた人々―ペティーからシュンペーターまで―』青林書院新社、1963年、所収）、19-20頁。
（5）Erich Strauss, *Sir William Petty: Portrait of a Genius,* London, 1954, p. 28.
（6）この書物は、解剖理論の教科書であると同時に、精妙な図版を満載した解剖の手引書でもあった。
（7）John Aubrey, *op. cit.,* p. 241.
（8）メルセンヌのサークルの常連は、近世総合幾何学の創始者、ジラール・デザルグ（Girard Desargues）、数学者のピエール・ド・フェルマ（Pierre de Fermat）、ジル・ペルソンヌ・ド・ロベルヴァル（Gilles Personne de Robervall）、クロード・ミドルジュ（Claude Mydorge）、神学者のブレーズ・パスカル（Blaise Pascal）、哲学者のガッサンディ（Pierre Gassendi）などであった。また、哲学者ルネ・デカルト（René Descartes）も直接間接にこのサークルに参加した。外国からこのサークルを訪れた者には、イギリスから数学者のジョン・ペル（John Pell）、化学者のロバート・ボイル（Robert Boyle）、ホッブズのほか、神学者で数学者のセス・ウォード（Seth Ward）、政治家で哲学的著作家のケネルム・ディグビー（Sir Kenelm Digby）などがいた。また、イタリアからは、天文学者のガリレオ・ガリレイ（Galileo Galilei）やジョヴァンニ・カッシーニ（Giovanni D. Cassini）、物理学者のエヴァンジェリスタ・トリチェリ（Evangellista Torricelli）、数学者のボナヴェントーラ・カヴァリエリ（Bonaventura Cavalieri）などがいた。さらに、オランダの物理学者のクリスチャン・ホイヘンス（Christian Huygens）、ドイツの神学者・数学者のセオドア・ハーク（Theodore Haak）、ポーランド出身のサミュエル・ハートリブ（Samuel Hartlib）などがいた。Cf. Martha Ornstein, *The Rôle of Scientific Societies in the Seventeenth Century,* Chicago, 1913, 3rd ed., 1938, pp. 140-141. 松川七郎、前掲書、121-122頁。
（9）Edmond Fitzmaurice, *op. cit.,* pp. 16-20.
（10）主たるメンバーは、オックスフォードに移ったロンドン理学協会の人々の

ほかに、数学者のウォード、歴史家のアントニー・ウッド（A. A. Wood）、医学者のバサースト（R. Bathurst）、天文学者で建築家のクリストファー・レン（Christopher Wren）などであった。松川七郎、前掲論文、62頁。
(11) くわしくは、松川七郎、前掲書、第3章を参照せよ。
(12) このときにペティが用いた新しい土地測量方法は、その後におけるこの種の測量の範となった。また、19世紀の経済学史家ロッシャーは、ペティが作成した測量地図は、「今日に至るまで、アイルランドでは法律上の実証力をもっている」といっている（Wilhelm Roscher, *Zur Geschichte der englischen Volkswirtschaftslehre im sechzehnten und siebzehnten Jahrhundert*, Leipzig, 1851, S. 67. 杉本栄一訳『英国経済学史論——一六・一七両世紀に於ける——』同文館、1929年、142頁）。
(13) 松川七郎、前掲論文、63頁。
(14) このときに得たアイルランドの土地は、それ以後のペティの一生における苦労の種となった。なぜならば、当時のアイルランドの徴税請負人は、ペティの土地に対しても重税を課したが、その多くの場合かれの考えるような公平なものではなかった。そこで、ペティは、この問題をアイルランドにおける行政の問題として取りあげ、その不当と考える課税に対して常に頑強な抵抗を試み、しばしば本国の政府と争った。しかも、この問題は、ペティの思い描くように容易に解決しないばかりか、かれ自身のこのことに関する裁判事務の面倒が増すばかりであった。
(15) 松川七郎、前掲書、321-333頁を参照せよ。
(16) David Ogg, *England in the Reign of Charles II*, Vol. I, Oxford, 1934, p. 733.
(17) Marquis of Lansdowne, ed., *The Petty Papers, Some unpublished Writings of Sir William Petty*, Vol. I, London, 1927, rpt. New York, 1967, p. xiii.
(18) E. F. Heckscher, *Mercantilism*, Stockholm, 1931, trans. by M. Shapiro, Vol. II, London, 1935, 2nd ed., 1955, p. 26.
(19) Eric Roll, *A History of Economic Thought*, London, 1938, 2nd ed., 1945, p. 71. 隅谷三喜男訳『経済学史』（上）、有斐閣、1951年、79頁。
(20) *Ibid.*, p. 57. 邦訳（上）、60頁。
(21) E. A. J. Johnson, *Predecessors of Adam Smith: The Growth of British Economic Thought*, London, 1937, rpt. New York, 1965, p. 45.
(22) この論争の内容の展開については、吉田克己『イギリス重商主義とウィリアム・ペティ—近代的租税論の展開—』八千代出版、2012年、55-57頁を参照せよ。

(23) Cf. Gerard de Malynes, *The Maintenance of Free Trade*, London, 1622, rpt. New York, 1979, p. 84.
(24) Cf. Edward Misselden, *The Circle of Commerce. or The Ballance of Trade*, London, 1623, rpt. New York, 1971, pp. 69-97.
(25) 周知のように、このマリーンズとミッセルデンとの間で行われた論争は、わが国でも重商主義経済学史研究史上重大な論争点の一つを形成してきた。そもそも、両者の間での論争は、当時のイギリス経済の状況分析とその対策をめぐって展開されたものであるが、経済学説史的に見てこの論争の帰趨を決定するもとになったのは、外国貿易に対する把握の仕方の違いであったと考えられる。なお、この論争を取り扱った研究の主要な文献に、次のものがある。E. A. J. Johnson, "Gerard de Malynes and the Theory of the Foreign Exchanges", *American Economic Review*, Vol. 22, No. 3, 1933.; do., *Predecessors of Adam Smith: The Growth of British Economic Thought*, London, 1937, rpt. New York, 1965.; J. D. Gould, "The Trade Depression of the Early 1620's", *Economic History Review*, Vol. 7, No. 1, 1954.; do., "The Trade Crisis of the Early 1620's and English Economic Thought", *Journal of Economic History*, Vol. 15, No. 2, 1955.; B. E. Supple, "Thomas Mun and the Commercial Crisis 1623", *Bulletin of the Institute of Historical Research*, Vol. 27, 1954.; R. W. K. Hinton, "The Mercantile System in the Time of Thomas Mun", *Economic History Review*, 2nd ser., Vol. 7, No. 3.; L. R. Muchmore, "Gerard de Malynes and Mercantile Economics", *History of Political Economy*, Vol. 14, 1969.; H. W. Spiegel, *The Growth of Economic Thought*, Durham, 1971.; L. H. Officer, "The Purchasing-Power: Parity Theory of Gerard Malynes", *History of Political Economy*, Vol. 14, No. 2, 1982.；相見志郎『イギリス重商主義経理理論序説』ミネルヴァ書房、1960年、第3章；渡辺源次郎『イギリス初期重商主義研究』未来社、1959年、第4章；山下宇一「マーカンティリズム為替論の経済史的解釈」、『松山商大論集』（松山商科大学）第3巻第2号、1952年6月；宮田美智也「『外国為替』論争と金融構造の変化——七世紀初期イギリス信用制度に関する一視角—」、『金融経済』（金融経済研究所）178号、1979年10月；鈴木勇『イギリス重商主義と経済学説』学文社、1986年、第2章第2節。
(26) Thomas Mun, *England's Treasure by Forraign Trade: or, The Ballance of our Forraign Trade is the Rule our Treasure*, London, 1664, rpt. New York, 1910, p. 57. 渡辺源次郎訳『外国貿易によるイングランドの財宝』東京大学出版会、1965年、76頁。

(27) マンの経済論説については、さしあたり次の文献を参照せよ。W. J. Ashley, ed., *England's Treasure by Forraign Trade,* New York, 1903.; Charles Wilson, "Treasure and Trade Balances: Further Evidence", *Economic History Review,* 2nd ser., Vol. 4, No. 2, 1951.; R. W. K. Hinton, *op. cit.;* B. E. Supple, *op. cit.;* L. Muchmore, "A Note on Thomas Mun's England's Treasure by Foreign Trade", *Economic History Review,* Vol. 23, No. 3, 1979.；白杉庄一郎「トーマス・マンの『財宝論』」、『経済論叢』（京都大学）第56巻第3号、1943年3月；張漢裕『イギリス重商主義研究―国民主義的生産力保有体系の一類型その基盤・政策及び論説―』岩波書店、1955年、第1論文；相見志郎、前掲書、第3章第5節；渡辺源次郎、前掲書、第5論文；大淵利男『イギリス財政思想史研究序説―イギリス重商主義財政経済論の解明―』評論社、1963年、第2章：鈴木勇、前掲書、第2章第2節、付論Ⅰ・Ⅱ；小林通『国際分業論前史の研究―主としてイギリス重商主義諸説を中心として―』時潮社、1997年、第1章第2節。
(28) 重商主義の歴史的発展段階については、いくつかの見解がある。大淵利男、前掲書、83-89頁を参照せよ。
(29) 林達・長谷川幸生『経済教室Ⅰ―重商主義・重農主義・古典学派―』学文社、1968年、7-9頁。
(30) 王政復古後におけるペティの諸著作については、松川七郎「王政復古後におけるPettyの公刊諸著作概観」、『経済研究』（一橋大学）第21巻第3号、1970年7月、276-279頁を参照せよ。
(31) Cf, Marquis of Lansdowne, *op. cit.,* Vol. I, pp. xvii-xx.
(32) Vgl. Wilhelm Roscher, a.a.O., S. 68.　邦訳、145頁。
(33) K. H. Marx, *Zur Kritik der Politischen Ökonomie,* Berlin, 1859, in *Karl Marx-Friedrich Engels Werke,* Bd. 13, Berlin, 1978, S. 234.　武田隆夫・遠藤湘吉・大内力・加藤俊彦訳『経済学批判』岩波書店、1980年、60頁。
(34) Cf. C. H. Hull, ed., *op. cit.,* Vol. I, Vol. II.; Edomond Fitzmaurice, *op. cit.,* p. 185.; Wilhelm Roscher, a.a.O., S. 68.　邦訳、144-145頁；高野岩三郎「社会科学者としてのペッティー」（同『社会統計学史研究（改訂増補）』栗田書店、1942年、所収）、44-47頁；大内兵衛、前掲論文、52-72頁。
(35) 時永淑『経済学史』（第一分冊）、法政大学出版局、1962年、109-110頁。
(36) 政治算術に関する諸論文は、以下のものである。①『ロンドンの拡大に関する政治算術』（*Another Essay in Political Arithmetick concerning the Growth of the City of London,* London, 1683）、②『ダブリンの死亡表に関する観察』（*Observations*

upon the Dublin-Bills of Mortality, 1681, and the State of that City, London, 1683)、③『ダブリンの調査に関する観察続論』(Further Observation upon the Dublin-Bills: or, Accompts of the Houses, Hearths, Baptisms, and Burials in that City, London, 1686)、④『ロンドンおよびパリの人口、居住、病院その他に関する二つの政治算術論文』(Two Essays in Political Arithmetick, concerning the People, Housing, Hospitals, & c. of London and Paris, London, 1687)、⑤『ロンドンおよびローマ両市に関する観察』(Observations upon the Cities of London and Rome, London, 1687)、⑥『政治算術に関する五論』(Five Essays in Political Arithmetick, London, 1687)。

(37) 大内兵衛、前掲論文、66 頁。
(38) 井手文雄『古典学派の財政論（増訂新版）』創造社、1960 年、22 頁。
(39) 同上書、23 頁。
(40) C. H. Hull, *op. cit.*, p. vii.
(41) Cf. Marquis of Lansdowne, *op. cit.*, pp. v–xii.
(42) Lancelot Hogben, "Prolegomena to Political Arithmetic", in do, ed., *Political Arithmetic*, London, 1938, p. 23.
(43) Anthony Powell, *John Aubrey and his Friends*, New York, 1948, p. 261.
(44) John Evelyn, *The Diary of Evelyn, with an Introduction and Notes by Austin Dobson*, London, 1908, p. 298.
(45) *Ibid.*
(46) Charles D'avenant, *Discourses on the Public Revenues, and on the Trade of England*, London 1698, in Sir Charles Whitworth, col. and rev., *The Political and Commercial Works of that Celebrated Writer Charles D'avenant, LL. D.*, London, 1771, rpt. Franborough, Hants, 1967, Vol. I, p. 144.
(47) Marquis of Lansdowne, *The Petty-Southwell Correspondence 1676-1687*, London, 1928, rpt. New York, 1967, p. 333. なお、このサウスウェルの言辞は、ペティの死に際してかれが用意した墓碑銘の一部であるが、結局実現はしなかった。
(48) Y. M. Goblet, *La transformation de la géographie politique de l'Irlande au XVIIe siècle dans les cartes et essais anthropogéographiques de Sir William Petty*, Vol. II, Paris, 1930, p. 359.
(49) Wilhelm Roscher, a.a.O., S. 68–69. 邦訳、147 頁。
(50) Ebenda, S. 70. 邦訳、149 頁。
(51) Eric Roll, *A History of Economic Thought*, London, 1938, 2nd ed., 1945, pp. 100–101. 隅谷三喜男訳『経済学史』（上）、有斐閣、1951 年、103 頁。
(52) 大内兵衛、前掲論文、82–83 頁。

(53) 近代経済学は誰によって創始されたのかは、経済学説史上における一つの大きな問題である。通説では、近代経済学の創始は、アダム・スミスによってなされたとされている。このほかにも、リチャード・カンティロン（Richard Cantillon）、フランソワ・ケネー（François Quesnay）、ジェームズ・ステュアート（James Steuart）、デイヴィッド・リカード（David Ricardo）をもって、近代経済学の創始者とする見解もある。稀に、アンソニー・モンクレティアン（Anthoyne de Montchrétien）やアンドリュー・ヤラントン（Andrew Yarranton）の名を挙げる者もいる。

(54) J. R. McCulloch, *The Literature of Political Economy: A Classified Catalogue of Select Publications in the Different Departments of That Science, with Historical, Critical, and Biographical Notices,* London, 1845, rpt. Fairfield, 1991, p. 319.

(55) *Ibid.*

(56) Vgl. Wilhelm Roscher, a.a.O., S. 76-85. 邦訳、160-180 頁。

(57) G. L. Craik, *A Compendious History of English Literature, and of the English language, from the Norman Conquest, with numerous specimens,* Vol. II, London, 1861, 4th ed., New York, 1897, p. 189.

(58) C. Meitzel, *William Petty,* in Johannes Conrad, et al. eds., *Handworterbuch der Staatswissenschaften,* Bd. 5, Jena, 1890, 2. Aufl., 1900, S. 145.

(59) Ebenda, S. 146.

(60) K. H. Marx, *Theorien Über den Mehrwert,* Stuttgart, 1805, in *Werke,* Bd. 26, Berlin, 1976, S. viii. 長谷部文雄訳『剰余価値学説史―資本論第 4 部―』青木書店、1958 年、6 頁。

(61) Friedrich Engels, *Herrn Eugen Dühring Umwälzung der Wissenschaft,* Stuttgart, 1894, in *Werke,* Bd. 20, Berlin, 1962, S. 286. 栗田賢三訳『反デューリング論―オイゲン・デューリング氏の科学の変革―』（下）、岩波書店、1974 年、144 頁。

(62) ペティの労働価値説にいち早く関心を寄せたのは、シューアルである。シューアルは、ペティの名前を挙げつつ、次のようにいっている。「経済科学への前進は、17 世紀の経験主義の著作家の仕事がなかったならば、不可能であった」(H. R. Sewall, *The Theory of Value before Adam Smith,* New York, 1901, rpt. 1968, p. 69. 加藤一夫訳『価値論前史―アダム・スミス以前―』未来社、1972 年、90 頁)。ベーアも、ペティが提唱した労働価値説がそれまでの効用価値説に代わる新たな学説であったことに注目して、ペティを「イギリス古典派経済学の創始者」(the initial of English classical economics) と呼んでいる (Max Beer, *Early British Economics from the XIIIth to the Middle of the XVIIIth*

Century, London, 1938, rpt. New York, 1967, p. 168)。
(63) J. A. Schumpeter, *History of Economic Analysis,* London, 1954, rpt. 1976, p. 209. 東畑精一訳『経済分析の歴史』(2)、岩波書店、1956年、435-436頁。
(64) *Ibid.,* p. 213. 邦訳(2)、446頁。
(65) ヒックスも、ペティを、カンティロンやケネーの『経済表』(*Tableau Économique,* 1758) に対する影響に注目して、「社会会計の父」としている (J. R. Hicks, "The Social Accounting of Classical Models", in J. R. Hicks, ed., *Classics of Moderns: Collected Essays on Economic Theory,* Vol. III, Oxford, 1983, p. 17)。
(66) とくに明記すべきことは、財政思想の経済理論への接近である。具体的には、第1に、富をもって「過去の労働の結果」とし、「現存する諸々の能力」と異ならないとの観点から、国富の所収 (proceed) と人民の労働の所収とをもって総所得と総支出とを構成させ、経済生活において富と労働とは基本的な関連性を有することを明らかにしている。第2に、ペティはこの総支出額、換言すれば総所得額の経済循環構造における財政の介入とその再帰過程、財政の産業に及ぼす影響などについて、素朴的な図式的表現を私的部門と公共部門に分けて、しかも経済現象の数量的把握を行っていることである。租税論についていえば、第1に、租税収入をもって財政収入の中核に据え、第2に、財政収入が常に公共経費によって制約されるとの均衡理論を提唱し、第3に、課税の原則を提示し、第4に、合理的租税制度の確立を提唱していることである。
(67) 井手文雄、前掲書、13-14頁。
(68) Cf. William Letwin, *The Origins of Scientific Economics: English Economic Thought 1660-1776,* London, 1963, rpt. Westport, 1975, p. 142.
(69) 井手文雄、前掲書、15頁。
(70) 同上書、13-14頁。
(71) 大内兵衛「ウィリアム・ペティ『租税及び貢納論』の学説史的意義」(東京大学経済学会編『古典学派の生成と展開』有斐閣、1952年、所収)、71-72頁。
(72) 高野岩三郎、前掲論文、45頁。
(73) E. R. A. Seligman, *The Shifting and Incidence of Taxation,* New York, 1899, 5th ed., 1927, rpt. 1969, p. 30. 井手文雄訳『租税転嫁論』(第1部)、実業之日本社、1950年、37頁。
(74) L. H. Haney, *History of Economic Thought: A Critical Account of the Origin and Development of the Economic Theories of the Leading Thinkers in the Leading Nations,* New York, 1920, rpt. 1923, p. 128. 大野信三訳『経済思想史』(上)、而立社、

1923 年、13-14 頁。
(75) Cf. E. R. A. Seligman, *Essays in Economics,* New York, 1925, p. 69.

第2章
ペティ租税論の歴史的背景

第1節　イギリス経済の動向

　ペティが活躍した17世紀は、イギリス史において、国内的にも国際的にも、また経済面においても政治面においても、大きな転換期あるいは激動期であった。まず、国内の経済面では、イギリスは、16世紀後半からペティの生まれた17世紀初頭にかけて、幾度かの不況に見舞われた。レイモンド・ルーヴァー（Raymond de Roover）によれば、イギリスは、1564年、1576年、1586-1588年などに不況に見舞われているが、1620年から4年ないし5年間続いた不況は、最も激しいものであった[1]。ペティが生まれた1623年は、まさに「イギリスの歴史において最も記憶されるべき」[2]大不況の最中であり、「輸出は3分の1に減少し、羊毛価格は下落し、失業が全国的規模にわたって認められた」[3]時期であった。そして、この不況は、経済史家リプスン（Ephraim Lipson）の指摘するところによれば、「飢餓によって増悪された1629-1631年の業況不況」[4]とともに、1614年以後における「オルダーマン・コケイン計画」（Alderman Cockayne's Project）の失敗によって増幅された、初期ステュアート朝における慢性的不況の頂点をなすものであった。

　周知のように、イギリスの羊毛工業は、1066年のノルマンの征服以降にはじまり、その発展の歴史はイギリス工業の発展の歴史でもあり、また縮図でもあるといわれている。14世紀後半から15世紀にかけては、イギリスの羊毛工業にとって大きな転換期となった[5]。それは、主として原料としての羊毛の輸出国であったイギリスが、14世紀中頃のエドワード三世の保護育成政策による毛織物工業の発展により、毛織物輸出国に転換したことである[6]。16世紀後半から17世紀にかけて、イギリスの毛織物輸出貿易は著し

く増大した。それは、経済的ナショナリズムの影響を受けた外国貿易商人の締め出しによる旧来のプロシアとイベリア半島との貿易の増大と、地理上の発見にともなうトルコ、ロシアなどヨーロッパの遠隔地や、アジア、北アメリカ大陸など、貿易先の新たな開拓によるものであった。これらの新しい地域との貿易には、独占権を与えられて新たに設立された特許会社が当たったが、ロシア会社（Russian Company）、レヴァント会社（Levant Company）、ヴァージニア会社（Virginia Company）など、そのほとんどは毛織物輸出を主として取り扱っていた(7)。こうして、この時期に、毛織物は、イギリスの外国貿易の主要な輸出品となり、国民的輸出産業としての地位を確立したのである。

　しかし、1620年5月に入って、拡大をたどっていた毛織物輸出貿易が急激に衰退する事態となり、一般的不況の形となって瞬く間にイギリス全土に広がり、同国の全経済にとってきわめて深刻な状況を引き起こした。そこで議会は、この毛織物輸出の衰退による不況のもつ影響を考慮して、その原因と対策とを検討するための委員会を設置した。この委員会は、すみやかに不況の原因についての検討を行い、1622年6月に7項目からなる対策を示した。その中の一つが、羊毛の輸出禁止措置であった(8)。こうした対策によって、毛織物輸出貿易は徐々に改善されたものの、不況そのものはいまだ回復されなかった。そこで、議会は新たな委員会を設置して一層の対策について検討を進め、1624年7月に、①冒険商人組合は組合員を制限してはならない、②カージー等および染色仕上済梳毛織物（new draperies）と呼ばれるすべての製品の貿易は完全に自由にすべきである、③染色、仕上げされた毛織物の貿易の自由、などを内容とする改革を行った(9)。ペティが生まれた翌年の議会によって行われたこの改革は、先の羊毛の輸出禁止とともに、イギリスの重商主義政策の歴史に一段階を画するものであった。

　他方で、17世紀の前半のイギリスでは、「初期産業革命」(10)と呼ばれる産業のめざましい発展があった。経済史家ジョン・ネフ（J. U. Nef）は、この初期産業革命の事実を、「イギリスにはかつて1度ならず2度の産業革命があった。最初のものは、1536年と1539年の修道院解散に続く100年間に起

こった。……1547 年に終るヘンリー八世の治世、イギリスは、フランスを含む大部分の大陸諸国と比べると、産業上停滞状態にあった。両国のこうした形勢は、それに続く 80 年間に逆転している。それは、イギリスで 16 世紀の 40 年代にはじまり、ほぼ 1575 年から 1620 年にかけて最も速やかであった産業上の一大発展の結果であった。1625 年から 1642 年に至るチャールズ一世の治世にはすでに、イギリスは鉱業や重工業において、いまだなおりおおせたわけではなかったとしても、まさに、ヨーロッパの指導的国家にならんとしていた」[11]と指摘している。また、同じく経済史家のフレデリック・フィッシャー（F. J. Fisher）も、この初期産業革命について、「ひとつだけ十分はっきりしていることがある。それは、16・17 世紀はイギリスの農業・工業生産高が増加した時代であったということで、これは疑う余地のないことである。……鉱物の生産高も、石炭は目覚しい増加を見せていたし、鉄、鉛、塩の場合も着実な伸びを示していた。第 2 次産業の分野も、新毛織物の導入とか、木綿・絹織物・ガラス製造・製紙・真鍮製造、製糖といった各業種のほか、これまではなっても微々たるものであったその他の業種などが、いずれも発展したために著しく幅の広いものとなった」[12]といっている。ここに引用したネフとフィッシャーの叙述の中に、初期産業革命と呼ばれるこの時代のめざましい経済発展の様子が、よく示されている。こうして、ペティが生まれた 17 世紀前半のイギリスは、不況を繰り返しながらも、初期産業革命に支えられて、めざましい経済発展を実現した時代であったのである。

　また、ペティの青春時代に当たる 17 世紀中葉も、イギリス経済史のうえで、特筆すべき時期であった。経済史家は、この時期におけるイギリス経済の変化を「新情況」[13]と呼んでいる。それは、主として人口、物価、賃金などの動向の変化によってもたらされた。すなわち、この時期に、それまで増加傾向にあった人口が停滞し、上昇傾向にあった物価も安定し、さらに農産物価格の下落もあって、実質賃金の上昇がもたらされた[14]。こうした変化は、イギリス経済の成長パターンを大きく転換させることになった。この成長パターンの変化の内容は、川北稔によれば、「1620 年代から 17 世紀中

葉までの期間は、いわば『16世紀型』の経済成長のパターンが破産し、転型してゆく転換期にあたっている。すなわち、激しい人口増加の圧力を受けて、総体としての国民経済の規模は膨張を続けながら、一人当たり実質所得は、実質賃金の激減に象徴されるように、ほとんど上昇しない16世紀型の成長から、逆に一人当たり所得がかなり急速に向上したと思われる17世紀中期以降の成長型へ転換が起こった」[15]というものであった。

さらに、この時期に、貿易構造の面においても、「貿易革命」[16]あるいは「商業革命」[17]と呼ばれる大きな変化が生じた。その一つは、再輸出（中継）貿易の増大である。イギリスでは、1640年頃から貿易全体が拡張傾向を示したが、とりわけ再輸出が大きく伸張した。これは、主として北アメリカ大陸やアジアからの輸入の著しい増大を反映して、これらの地域からの産物の再輸出のためであったが、全輸出の30％ほどを占めるに至った[18]。この時期に、イギリスの貿易は、いまや全体として大幅にヨーロッパ以外の地域に依存するようになったのであり、再輸出の重要品目は、タバコ・キャリコ・リネン・絹などであった[19]。貿易構造面における大きな変化のもう一つは、各種製造業の発展にともなう製造品輸出の多様化であった。長い間、羊毛工業に特化していたイギリスの製造業は、この時期に、「初期産業革命」の成果を示しはじめ、他方では植民地市場の成長に刺激されて、絹・綿・亜麻・皮革・石鹸・ろうそく・ガラス・金物などの雑工業品の輸出を増大させはじめた。こうした、毛織物輸出の相対的な比重の低下と、それ以外の製造品輸出の比重の上昇は、今日でいうところの原基工業化（プロト工業化）による製造業の多角的成長を反映したものであるといってよいであろう[20]。このように、17世紀のイギリスでは、中継貿易の顕著な成長、毛織物輸出の相対的比重の低下と雑工業品輸出の比重の上昇、ヨーロッパ貿易の増大など、貿易構造面において大きな変化が現われてきた。このことは、この時期が、イギリス貿易史において、一つの大きな転換期であったことを示しているといってよい。

17世紀の中葉のイギリスでは、チャールズ・ウィルソン（Charles Wilson）が「形勢一変」[21]といっているように、政治面においても市民革命が発生

して、政治権力が絶対君主たる国王から議会へと移行し、政治制度上の大きな変化が起きた。後述するように、1642年にはじまった市民革命は、直接的には、絶対王政の遅れた封建的・専制的な政治権力機構の排除を目指すものであった。しかし、リプソンが指摘しているように、この市民革命は、「伝統的な社会機構を維持しようとする国王とこれに対して攻勢的進歩的中産階級との間の決戦」[22]であった。また、それは、「単に国王対議会……の問題ではなく、経済上の機能を制限的ではあるが秩序ある基礎のうえに基づかしめようとする共同体と、ただひとり自己の途を切り開こうとする企業家との対立の問題であった」[23]のである。すなわち、市民革命は、絶対王政の専制的権力構成を破壊して議会政治を確立しようとするものであったのであるが、それはまた、進歩的なジェントリ・大地主あるいは新興ブルジョアジーが促進する、初期資本主義の自由な発展の障害となっていた伝統的・共同体的な産業統制を排除しようとするものでもあったのである[24]。市民革命の過程の中で、イギリス資本主義の自由な発展の道を閉ざす絶対王政の封建的・専制的権力構成と、国家の伝統的・共同体的な産業統制を排除し、進歩的なジェントリや独立自営農民・手工業者、産業資本家層を中核とする立憲君主制による議会権力が確立されたのである[25]。この意味において、市民革命は、「企業家の進路を妨害していた一つの障害を取り除いた」[26]のであり、「イギリスにおける資本主義発展の転回点」[27]となったのである。

　まず、農業面においては、1656年の議会による囲い込み制限法の不承認、1670年の穀物法の導入が挙げられる。これらは、大土地所有と資本家的農業経営を促進する目的で、地主や資本家的借地農の利益を図る政策として行われたものである。また、商業の面においては、1651年と1660年に航海法が、また1663年には貿易促進法が、それぞれ制定された。これらは、重商主義政策の重要な柱である植民地政策に基づくものであって、直接的には商業資本のための政策であったが、他方では、原料を確保して本国産業を育成・振興するという面ももっていた[28]。こうして、市民革命は、「国家の統制が緩和されたという点において、きわめて重要な経済的意義が存する」[29]のである。

第2節　イギリス政治の動向―課税権をめぐる対立―

　ペティがその生涯を送った17世紀のイギリスは、国王を中心とする封建的勢力と議会を中心とする市民階級との間に闘争が繰り広げられた、イギリス政治史上稀に見る動乱の時代であった。このような国王と議会との対立抗争の基底には、イギリス経済の発展にともなう進歩的な市民階級の台頭という思潮が存したのであるが、直接的には議会に対する国王の財政的要求があったのである。財政問題における、国王を中心とする封建勢力と議会を中心とする市民階級との間の対立は、古くはヘンリー一世治世下1100年の「自由憲章」（Charter of Liberties）[30]、ジョン王治世下1215年の「マグナ・カルタ」（Magna Carta）[31] および「1287年エドワード治世の法」（the Statute de Tallagio non Conedendo）[32] をはじめとして活発に行われ、「課税は代表をともなう」（representation should accompany taxation）ものとして、議会の課税に関する権威はしだいに確立され、14世紀には、直接税であると間接税であるとを問わず、原則として議会の承認なくしていかなる租税も課されないことが示されるに至った。しかし、後に王権が伸張するに従い、この課税に関する議会の権威は崩壊し、租税の賦課は国王の権威をもって裁量的に行うことができ、議会の承認を必要としないとされるようになった。その典型的な表われが、ジェームズ一世治世下の1606年に、関税の増徴に対してトルコ商人のベイト（John Bate）が非合法課税であるとしてその支払いを拒否して告訴されるに至った、いわゆるベイト事件（Bate's Case）と呼ばれるものである[33]。このベイト事件は、審理を担当した財務府裁判所（Court of Exchequer）が国王大権は慣習法によって拘束されないゆえに絶対的であるとの判決を下したことによって、関税の増徴が完全に合法的であることが確認され、徹底的に国王側の有利のうちに終幕した。このようにして、議会の承認を必要とせず国王大権の恣意的発動に基づいて徴収される付加的な関税は、その後もその合法性・違法性をめぐる激しい論争を惹起し、国王を中心とする封建勢力と議会を中心とする市民階級との間の対立を激化させた[34]。しかし、そ

の後、イギリスが、1618年以来フランスとの間に30年戦争をはじめるに及んで、国王の財政的必要はますます増大をきわめ、財政的窮乏のために、議会に対して妥協的態度をとることを余儀なくされるに至ったのである。

　国王と議会との対立は、チャールズ一世治世下においてその極に達した。1621年に、ジェームズ一世はおよそ7年ぶりに議会を召集した。その目的は、ヨーロッパ大陸で30年戦争に巻き込まれていた女婿フリードリッヒ五世（プファルツ選帝侯）に援軍を派遣するために必要な戦費を調達することであった。当時、ボヘミアの国王として迎えられていたフリードリッヒ五世は、スペインによってプファルツを侵略されていた[35]。しかし、議会は、この戦費調達のために補助金を国王に与えることには批判的であった。最終的には、議会はこれまでの慣例に従って補助金を国王に与えることを承認したが、このことは、ただちに議会の国王への屈服を意味するものではなかった[36]。なぜなら、議会は、承認の後に、国王大権に基づく独占を廃止することに懸命な努力を傾けたからである。そして、この過程で、議会は国王の行政活動を監視・規制できる独立した権限をもつ機関として自ら認識を深め、そうした認識の下に行動するようになったのである。いわば、議会は、中世的な身分制議会から近代的な議会へ脱皮をなしとげつつあったといってよいであろう。こうした事態は、王権神授説を固く信じていたジェームズ一世にとって、不快きわまりないものに映ったであろうことは容易に想像できる。したがって、このころから国王と議会との関係が急速に悪化していくことになるが、それに国王の大権に対する慣習法の優位を宣言することになる独占禁止法の議会での審議の進行が拍車をかけた[37]。1624年に召集された議会も、対スペイン戦争遂行のための戦費調達のためのものであったが、この戦争のあり方をめぐって国王と議会との対立が表面化した。この議会で、ジェームズ一世は、補助金による100万ポンドの戦費調達を求めたが、議会が承認したのは30万ポンドにすぎなかった。しかも、議会は、その30万ポンドの使途を、イギリス本土の防衛、アイルランドの安全、対スペイン戦争で戦っているオランダの援助および海軍の装備の充実という四つに限定し、その支出は議会の中に設けられる軍事委員会の指示に従ってなされるべきことを条件とし

た⁽³⁸⁾。

　1625年3月に即位したチャールズ一世が、同年6月にはじめて召集した議会の目的も、前議会でのジェームズ一世におけるのと同様に、対スペイン戦争のための戦費調達であった。しかし、このときの議会も、補助金の承認にきわめて強い難色を示した。チャールズ一世は、100万ポンドの戦費を補助金で賄うことを求めたが、議会が承認したのはおおよそ12万ポンドにすぎなかった。しかも、前議会が与えた戦費の支出状況を軍事委員会の帳簿によってこと細かに検査し、その一部は違法なものであったことを認定したうえでのことであった。さらに、議会は、それまで新しい治世のはじまりに当たって新国王に与えられることが慣例となっていたトン税・ポンド税 (tonnage and poundage) を、一年かぎりに制限してしまった。こうして、チャールズ一世は、即位後ただちに、議会承認の財政的裏づけを欠いたまま対スペイン戦争を遂行せざるをえない状況に陥ったのである。加えて、チャールズ一世が、1624年に起きたユグノー教徒の反乱に介入したため、イギリスはフランスとも戦わなければならない状況に追い込まれた。そのため、チャールズ一世は、これまで以上に戦費調達の必要に迫られたが、1626年の議会は補助金の承認をまったく拒否した。そこで、チャールズ一世は、議会の承認を得ない、トン税・ポンド税の徴収、公債を国民に強制的に割り当てるいわゆる強制公債 (forced loan)、および船舶税 (Ship Money) の徴収など、非合法的な方法によってこの窮状を脱しようとした。ここで、とくに問題となったのは、強制公債と船舶税であった。

　強制公債は、一応は公債という形式をとってはいるが償還されるのかどうかについては不確実で、しかも引き受け拒否者に対しては枢密院への喚問、逮捕、投獄、軍隊への強制徴募をするなど強権的なものであった⁽³⁹⁾。したがって、当然に、強制公債反対運動が、グロスターシャー (Gloucestershire)、リンカンシャー (Lincolnshire)、ノーサンプトンシャー (Northamptonshire) などをはじめとして、イギリス各地で展開された。中でも、人口のおよそ3分の2に721ポンドが割り当てられたエセックス (Essex) で展開された反対運動は、その規模においても階層的な広がりにおいても最大のものであった⁽⁴⁰⁾。

しかし、このような反対運動は、チャールズ一世の硬軟両用の懐柔工作によってそのほとんどが抑え込まれ、1627年末までに初期の目標額に近い27万ポンドが調達された。しかしながら、この短期的な財政政策的成功は、長期的には大きな政治的代償を支払わなければならなかった。というのは、強制公債の強引な割り当ては、議会と国民の自由が危機にさらされていることをイギリス国民にはっきりと知らしめて、国民の政治的忠誠の対象が国王から議会に急速に転換していくことになったからである[41]。

　チャールズ一世が施行した強制公債は、一定の財政的成功を収めはしたが、これをもって1627年末における財政状況が完全に改善されたわけではなかった。1627年のユグノー反乱にともなうフランス出兵による負債が10万ポンドを超え、翌年には20万ポンドが見込まれていた。さらに、フランス・スペインによる襲撃の危機下にあった南部イギリスでは軍隊の民家宿営が行われ、その費用を用意する必要があった。そのうえ、除隊した兵士が未払い給与分のすみやかな支払いを求めていた。その間に、政府は、ロンドン・シティから2万ポンドの資金の貸し付けを受け、さらには2万ポンドの追加的貸し付けをシティに求めていた[42]。そこで、チャールズ一世は、1628年に再び議会を開き、脅迫的な言動をもって自らの要求を実現しようとした。これに対して、議会は、この時代の最大の法学者であり王座裁判所長であったエドワード・コーク（Edward Coke）が中心となって、議会の承認を得ずに公債または租税を課さないこと、軍法によって国民を裁判しないこと、みだりに国民を逮捕したり投獄したりしないこと、などを内容とする全11条からなる「権利の請願」（Petition of Rights）[43]を起草し、同年6月に議会の決議としてチャールズ一世に提出した[44]。チャールズ一世は、1629年に議会を解散することによってこれに対抗し、以後1640年までの11年間議会を開くことなく純然たる絶対王政の政治を強行した。いわゆる、無議会政治＝親政（personal rule）と呼ばれるものである。

　しかし、海軍の増強を目的として、1634年に導入された船舶税は、国民の国王からの離反をもたらした。旧来、イギリス国王は緊急時に海港から船舶を徴用して事態に対処していたが、このチャールズ一世によって導入され

た船舶税は、金銭提出によるものであり、これに連動して海港のみならず、内陸地域にも賦課が拡大された。しかも、一回的に要求されるはずであったものが、1634年から1639年にかけて6回も連続して賦課された。こうした、船舶税の金納化・全国化・継続化は、船舶徴用・海港限定および、一回的という従来のあり方と大きく異なるものであった。しかも、賦課するに際しては、あくまでも従来と同様に船舶徴用であって租税ではないという擬制がなされたが、その金納化・全国化・継続化から見るかぎり、明らかに租税そのものであった[45]。このような船舶税賦課に対する曖昧さや疑義、あるいは苛酷な課徴は、同税に対する国民的な反対行動を惹起することになった。船舶税に対する批判あるいは反発は、最初は不公平な査定・割り当てに対する不満の表明にとどまっていたが、しだいに国民的な拒否運動へと進行していった。こうした中で、1637年に、内陸州であるバッキンガムシャー(Buckinghamshire)の議員ジョン・ハムデン(John Hampden)が、自領のストーク・マンデヴィル(Stoke Mandeville)に課せられたわずか20シリングの船舶税納入を拒否して、財務府裁判所に告発されるという事件が起きた。いわゆる、ハムデン事件(Hampden's Case)と呼ばれるものである[46]。裁判では、船舶税の合法性をめぐって国民の財産権の保全と国家的危機に対処する国王固有の大権について審理が行われたが、最終的にはハムデン有罪の判決が下された[47]。無議会という状況下で出されたこの判決は、国民からの大きな不満を受けるものであって、船舶税に対する批判は地域的にも階層的にも一層広範なものとなり、国民の国王からの離反を決定的なものとし、後に起きた内乱の軽視できない原因となった。

　チャールズ一世は、スコットランドへの遠征費を得る必要に迫られて、1640年4月にやっと議会を召集したが、このとき、船舶税の問題をはじめとして11年間にわたる無議会親政で国民の間にたまっていた不満が一挙に爆発した。この議会で、チャールズ一世は、船舶税の廃止と補助金の承認とを取り引きする提案を行ったが、議会が応じなかったため、わずか3週間で解散してしまった。そのため、この議会は短期議会(Short-Parliament)と呼ばれている。しかし、スコットランド軍の北部イングランド占領という事態

に直面して、チャールズ一世は休戦条約を結び、要求された賠償金の支払いのために再び議会を召集せざるをえなくなった。この1640年11月に召集された議会は、1657年までの18年もの長い会期をもち、長期議会（Long-Parliament）と呼ばれている[48]。この議会は、ひとりイギリスのみならず世界の政治史上に一つの大きな転換期を印したものであった。この議会によって、国民の代表者たる下院（庶民院）が政治上の最重要機関であるとの原則が確立されたのである。また、この議会は、チャールズ一世の専断政治の失敗が原因になって開かれたものであったため、議員は自信と勇気をもって国王の意向とは関係なく、自由に発言することができた。そのため、議会は多くの根本的改革を決議し、1640年から翌年にかけて、①議会は自らの決議なくして解散しない、②議会は少なくとも3年に1度は会合をもつ、③議会の承認のない課税を違法とする、などの議案を次々に成立させた[49]。その後、議会では、改革はこれをもって十分であるとする者と、一層の改革が必要であるとする者とに分裂し、国王支持派が議会から離脱するに至り、国王派と議会派の対立がはじまった。このような両陣営の対立に、宗教的対立がからみ、さらには、1641年10月のアイルランドにおけるカトリックの反乱で、これを鎮圧するための軍隊を徴募する国王の大権をめぐって、対立が一層激化した。1641年1月に、議会における反国王派の指導者であるハムデン、ジョン・ピム（John Pym）たちを国王が逮捕しようとしたことを直接の契機として、議会派と国王派の武力闘争は決定的なものとなった。

　1642年6月、議会は「19か条の提案」（the XIX Propositions）をチャールズ一世に提出して、軍隊統帥権、行政監督権、教会支配権を要求し、議会が国家の主権を掌握することを宣言した。つづいて、同年7月に、議会は軍隊の組織を決議した。他方、チャールズ一世も、8月22日に議会に宣戦を布告した。ここに、イギリス国民は、議会派と国王派の両陣営に分裂して戦いを開始し、内乱に突入した。議会派は、新興ジェントリ、進歩的貴族、独立自営農民、商人、手工業者、産業資本家層をその社会的基盤とし、国王派は、封建的貴族、封建的保守的ジェントリ、これと結びついた農民層をその社会的基盤としていた。また宗教上では、議会派は清教徒、国王派は国教徒で

あった[50]。

　内乱は、はじめのうちは実戦や質でまさる軍隊をもっていた国王派に有利に展開したが、やがて経済力と人材に富む議会派が優勢となり、クロムウェルによる強力な新型軍 (New Model) の創設と、その活躍によるネイズビーの戦いで勝利を決定づけ、1646年6月にチャールズ一世は降伏し、ここに第一次の内乱は終結した。この間に、議会派は、大別して、プレスビテリアン (Presbyterian)、急進的なインデペンデント (Independent) およびレヴェラーズ (Levellers) の三派に分裂し、はじめはプレスビテリアンが優位を占めていた。プレスビテリアンは、もともと絶対王政の専制に反対し議会の権利を主張はしていたが、君主制そのものに反対していたわけではなかったので、第一次内乱の終結の段階で満足し、それ以上に進むことを恐れ、1646年7月に「ニューキャッスル提案」(Propositions of Newcastle) を提出して国王との妥協を望んだ。他方で、レヴェラーズは、ジョン・リルバーン (John Lilburne) などの指導の下に集結し、民主化への政治運動を展開した。このレヴェラーズの思想と運動は軍隊にも浸透した。そうした中で、監禁されていた国王がスコットランドに逃亡し、軍隊内の分裂に乗じて、国王派がプレスビテリアンとの妥協を策しつつ、1648年に反革命のために蜂起した。ここに、第二次内乱がはじまったが、国王派の完敗で終わった。第二次内乱では、チャールズ一世と内通したプレスビテリアンが、レヴェラーズと和解したクロムウェルらのインデペンデントに敗れ、プレスビテリアンは議会から追放されてしまった。そして、1649年1月31日に、インデペンデントの議員だけからなる残余議会 (Rump Parliament) がチャールズ一世を処刑し、同年5月に共和国成立を宣言したのである[51]。

　しかし、共和政治の開始とともに、議会内における結束が再び破れ、政局が混乱した。そこで、クロムウェルは、1653年12月に「統治章典」(Instrument of Government) を発布し、後に護民総監 (Lord Protector) に就任して、1655年1月から絶対的な支配者として独裁政治を行った。しかしながら、1658年9月のクロムウェルの病没によって、イギリス人一般の間に軍事独裁に対する嫌悪と反革命の気運が濃厚となり、国内には自由議会の叫び

が広がった。そこで、プレスビテリアンの主導によってオランダに亡命していたチャールズ二世が呼び戻され、再び王政が樹立された。この王政復古は平和裡に行われ、国王と貴族院（上院）と庶民院（下院）との3者が主権を構成した。しかし、その後、チャールズ二世は議会を軽視し、時勢に逆行して絶対王政への道を進んだ。また、1685年2月に王位を継続したジェームズ二世も反動政治を行い、国民の間に激しい反感と恐怖を巻き起こした。このように、情勢が急激に悪化しつつあったとき、ジェームズ二世の2度目の妃に王子が生まれ、これをきっかけとして世論がしだいに革命の方に向かっていった。議会が、オランダの統領であるオレンジ公ウィリアム（William the Silent）にイギリス国民の自由を保護してもらうことを要請し、1688年11月にオランダ軍がイングランドに上陸するに及んで、ジェームズ二世はフランスへの逃亡を余儀なくされた。1689年2月には、仮議会がウィリアム三世とメアリーをイギリスの共同の王に推戴することを決議し、両名は議会が提出した「権利の宣言」（Declaration of Rights）に署名して王位につき、ここに名誉革命がなされたのである[52]。ペティの死の2年後のことであった。先の「権利の宣言」は、1689年12月に、「イギリス人民の権利と自由を宣言しならびに王位相続を定める法律」すなわち「権利章典」（Bill of Rights）[53]として発布されたが、これは、実に長きにわたる国王対議会の葛藤に終止符を打つものであった。同時に、イギリス近代史の出発点ともなるものであった。この権利章典に定められている全13か条は、いずれも、国民の権利の尊重と国王に対する議会の地位確保を根本精神とするものであった。その内容とするところは、①先王ジェームズ二世が古来の法律あるいは自由を束縛した幾多の事例を列挙してその不当を指摘し、②ウィリアム三世に対して、租税その他の義務を国民に課しまたは権利を制限する場合の手続きと限度を示し、③王位継承権の順序などを規定している[54]。とりわけ、財政処理の問題については、議会が承認を与えた場合よりも長期にわたって、またこれと異なった方法をもって国王のために金銭を徴収する際、特権を理由として議会の承認を得ない場合は、違法である旨を明記している[55]。こうして、権利章典によって、イギリス財政史上において重大な問題とされてきた国王

第2章　ペティ租税論の歴史的背景　47

と議会との間における課税権をめぐる問題に、一応の決着がつけられたのである。

第3節 イギリスを取り巻く国際情勢

　1603年に即位したジェームズ一世の外交政策の相手国は、まずスペインであった。16世紀の末葉には、イギリスとスペインとの関係は非常に悪く、両国の艦隊がしばしば衝突した。その最大規模のものが、1588年におけるスペインの無敵艦隊（Invincible Armada）とイギリス艦隊との海戦であった。しかし、ジェームズ一世はさらなる戦争へ進むことを避けるために、スペインに対し和親の政策をとった。まず、ジェームズ一世は、即位した翌年の1604年にスペインと講和を結んだ。しかも、ジェームズ一世は、その後さらに、スペインとの関係を親密にするため、スペイン王フェリペ三世の娘マリア・アナ（Maria Ana）を王子チャールズの妃に迎えようとする、いわゆる「スパニッシュ・マッチ」を進めようとした。この「スパニッシュ・マッチ」を完成させるため1623年にチャールズ自身がバッキンガム公（George Villiers, 1st Duke of Buckingham）とともにスペインを訪問したが、屈辱的な失敗に終わった[56]。そこで、ジェームズ一世は、今度は同じくカトリックのフランス王女アンリエッタ・マリア（Henriette Marie）とチャールズを結婚させようとした。これは、1624年に開かれた議会の圧力を受けたスペイン包囲作戦の一環としてのものであったが、実現された。同時に、この年に、ジェームズ一世はやはり議会に強いられてスペインに対して開戦した。このような、ジェームズ一世の消極的な外交政策は、前世紀に苦労して築いたイギリスの対外的地域を喪失させる結果を招いた[57]。1625年3月に、チャールズ一世が即位したが、かれの課題の一つは、前国王ジェームズ一世の外交政策の失敗によって引き継がれたスペインとの戦争を遂行することであった。さっそくチャールズ一世は、1625年9月から11月にかけて、カディス遠征（expedition to Cadiz）を行ったが、さしたる成果をあげることができず、その報復の懸念を残すだけとなった。それだけにとどまらず、チャールズ一世は、

フランスにまで戦争を拡大せざるをえなくなった[58]。

　1627 年に、イギリスは、ユグノー（Huguenot）の反乱に干渉してラ・ロシェル（La Rochelle）の町を支援する名目で対岸のレ島に出兵したが、失敗に帰した。そればかりでなく、ラ・ロシェル沖にスペインとフランスの合同艦隊が展開してイギリスに圧力を加えてきた。これは、イギリスのスペイン・フランス離間策の失敗を意味し、ユグノーの支援はおろかイギリス本土への侵攻すら懸念される事態になった。さらに、このころ、ヨーロッパ大陸の中央で戦われていた「最後の宗教戦争」あるいは「最初の国際戦争」と呼ばれる 30 年戦争が新たな局面を迎え、その影響が海上にまで及ぶようになり、イギリスはバルト海での貿易活動を保全する必要に迫られた。加えて、イギリスとオランダとの関係も微妙なものになり両国の対立が表面化してきた[59]。オランダは、1579 年にスペインから独立を果たした共和国で、小国ながら連邦制をとり、すこぶる民主的な国家であった。したがって、オランダは、政治的にはけっして強固な統一国家ではなかったが、17 世紀の初頭には、航海術・造船術の著しい進歩と資本の豊富な蓄積が見られ、さらに政府による世界商業活動への積極的な援助によって、漁業・海運業・外国貿易などの面で急速な発展を遂げ、イギリスをはるかに凌駕していた。そのため、イギリスは、海外活動において、各所でオランダの圧迫を受けた。

　しかし、イギリスは、海外活動においてオランダの圧迫を受けつつも、けっして座視していたわけではなかった。オランダのイギリス近海での漁業に対しては、早くから対抗的な態度を表明していた。オランダにとって、北海の鰊漁やアイスランドの鱈漁は、他国における農業と同じくらいに重要であったが、それだけにかれらのこの分野での活動は精力的で、イギリス沿岸においても大胆不敵に振る舞っていた。このようなオランダの不遜な漁業活動は、イギリスにとってまことに腹立たしく、またこのうえもない屈辱的なものに映った。とくに、オランダの「金鉱」（Gold-mijn）と呼ばれた北海の鰊漁は、イギリス人を大いに刺激した[60]。そこで、1609 年に、ジェームズ一世は、オランダに対して、今後イギリス近海で漁業を営む場合には認可書が必要である旨の布告を出した。これに対して、オランダの法学者フー

ゴー・グロティウス（Hugo Grotius）は『海洋自由論』(Mare Liberum, 1609) の公刊をもって、これに反論した[61]。この漁場問題と海上主権をめぐるイギリスとオランダとの対立は、チャールズ一世の時代にも引き継がれ、一層激化した。

まず、1634年には、国務卿ジョン・コーク（John Coke）の提案によって、外国人の無許可漁業を禁止してイギリスの鰊漁独占を図るため、「イギリス漁業組合」(the Society of the Fishery of Great Britain and Ireland)[62] が設立された。また、同年に、法務長官ウィリアム・ノイ（William Noy）と海事裁判所判事ヘンリー・マートン（Henry Marton）によって、北海・アイルランド海・イギリス海峡にはイギリス国王の主権が存する、同海域での外国人による漁業は免許制にする、などを内容とする「ナロウ・シーズの定め」(Reglement for the Narrow Seas) が作成された[63]。さらに、1635年に、海洋法学者ジョン・セルデン（John Selden）が、チャールズ一世の求めによって『海洋封鎖論』(Mare Clausum seu de Dominio Maris) を公刊し、1609年に出されたグロティウスの『海洋自由論』に反論を加えた。また、1651年に、ロンドン塔記録官ジョン・バラ（John Burrough）もチャールズ一世に命じられて『イギリス領海の主権』(The Sovereignty of the British Sea) を公刊し、イギリス近海におけるイギリスの主権を法的に根拠づけようとした[64]。

海運業と外国貿易においても、オランダは、17世紀中葉までに世界貿易を掌中に収めて覇権国となっていた。オランダのこの分野での成功は、海軍力の整備はもとよりであるが、アムステルダムの金融市場の発達に支えられた中継貿易を軸とするもので、1630年頃には、ほとんどヨーロッパ諸国の全船舶数に匹敵するといわれた商船隊を有していた。したがって、イギリスは、比較的早いころから外国貿易の分野に進出しようと企図していたのであるが、世界貿易のいずれの地域においてもオランダの後塵を拝していた[65]。イギリスの劣勢が最も著しかったのは、バルト海貿易においてであった。この貿易は、オランダによってまったく独占されて、「母なる貿易」(moeder commercie) とさえいわれるほどであった。地中海・レヴァント貿易は、バルト海におけるほどではなかったが、オランダが安価に輸送できる大型船を

用いてこの貿易を支配していたため、イギリスにとっては満足のいく活動を営むことができなかった。スペイン貿易においては、オランダは、1648年のウエストファリア条約 (Peace of Westphalia) により競争力を一層強化して、それまで以上に排他的に銀を輸入するようになった。東インド貿易は、東インド産香料に対するヨーロッパでの需要が大きかったので、イギリスがオランダと互角に競うことができると考えられたが、オランダ東インド会社 (Vereenigde Oost-Indische Compagnie) が貨物の集散地をバタヴィア (Batavia) に移転させたころから、ここでもオランダが取引を支配するようになった。イギリスが、毛織物の販売市場として、また材木や海軍軍需品の供給地として求めた北アメリカ大陸との大西洋貿易でも、オランダの支配力は1650年に至るまで日ごとに増大した。西インド貿易もオランダ西インド会社 (Nederlandsche West-Indische Compagnie) によって独占されていた。これだけにとどまらず、オランダは対イギリス貿易そのものにおいても優位に立っていた。すなわち、1651年以前の数年間にロンドンとイングランド東海岸に位置する港で取引した商船のうち、オランダ人所有のものが4分の1から2分の1ちかくを占めていた。また、貿易差額においても、1663年に至るまでは、イギリスのオランダからの輸入額が輸出額のおよそ2倍であった[66]。

　以上において見てきたように、イギリスは、17世紀初頭に、スペインに代わって世界市場支配の実権を握っていたオランダに対して、それを突き崩すためのさまざまな挑戦を試みたが、それらの試みもほとんど効果がなかった。しかし、オランダの目には、イギリスが将来の恐ろしい競争相手として映りはじめていた。イギリスとオランダとの対抗関係は、漁業や外国貿易の面における競合に加えて、オランダがフランスとの友好関係を深めたことによって一層激化し、また深刻なものとなった。

　1624年に、オランダは、対スペイン戦の戦費の援助をフランスから受け、その見返りとしてフランスが翌年にユグノーの反乱制圧のための船舶をオランダから借り受けた。このようなオランダとフランスの連携は、イギリスにとっては危険なものであり、1627年10月のバッキンガム公によるユグノー支援のためのレ島遠征時におけるフランス軍との交戦によって、イギリスと

オランダとの関係は一層険悪化した[67]。オランダとフランスとの連携は、スペイン領フランダースに対する両国の領土的圧迫と、スペイン・フランダース間の海軍の妨害という形でも現われた。イギリスは、フランスを占領してアルザスに侵攻し、12月にはライン川にまで進出していた。一方、オランダは、増強された海軍力をもってイギリス海峡でイギリス船舶の航行の安全を脅かしていた。オランダとフランスは、衰退するスペインが領有するフランダースへの侵攻を企図したのである。フランダースへの侵攻は、1632年8月のオランダによるマーストリヒト占領とフランダース沿岸の封鎖、および翌年4月のフランダース分割に関するオランダ・フランス間の秘密合意によって、いよいよ現実的なものとなった。1635年には、フランスとオランダの議会が、フランダースへの共同攻撃とその分割に関する正式の条約を結んだ[68]。

　他方で、イギリスにおいては、イギリス海峡の対岸が強大な大陸国家によって領有されることを阻止することが、長年の外交原則であった。すなわち、ヨーロッパにおける勢力均衡と海外の植民地と貿易の拡大こそが、イギリス外交の二つの基本的立場であった。オランダとフランスによるフランダース侵攻の危機に直面したイギリスにとって、大陸の戦争には関与せずとの中立政策堅持、または厳しい財政状況から見て、オランダ・フランスへの領土的侵攻は非現実的な方策であった。そこで、イギリスは、1630年11月のマドリッド条約（Treaty of Madrid）によってスペインと和を結んでいたことを踏まえて、第1にスペインのフランダースへの軍事物資の海上輸送を援護する、第2にスペインとの間に互恵的な航海条約を結ぶ、という対抗策をとった。これによって、イギリスは、フランスとオランダを間接的に牽制するとともに、オランダが主導権を握っていた南北ヨーロッパ間の中継貿易に割り込んでいくことができた[69]。その意味では、イギリスの対オランダ・フランス対抗策は、フランダースの現状維持と有利な中継貿易への参入という二つの目的を同時に満足させるものであったといってよい[70]。チャールズ一世が、1634年に導入した船舶税の目的は、まさに、イギリス領海でのオランダ・フランスの無断航行を抑止すること、自国の漁業と外国貿易を保

護・拡大すること、さらにスペインを側面援助して台頭するオランダ・フランスを牽制することによって、ヨーロッパにおける勢力均衡を図ることにこそあったのである。そして、この国民的課題は、チャールズ一世から共和政治下のクロムウェルへと受け継がれていくことになる[71]。

　共和政治の時代に入り、イギリスとオランダとの武力衝突は、いよいよ避けられないこととなった。クロムウェルは、その支配する商業地域から断然オランダを駆逐することを決意し、1651年に航海法を制定したのである。この法令の眼目とするところは、いうまでもなくオランダの手中にあった海運を奪うことであり、この法令によって、ヨーロッパ以外の植民地から商品をイギリス本国やその属領に搬入する場合には、イギリスの船員が乗っている船舶を利用しなければならなくなった。また、ヨーロッパ大陸の商品は、イギリスの船舶あるいはその商品を搬出する国の船舶による以外搬入できないことになった[72]。こうした、イギリス本国とその植民地の双方からオランダの貿易業者と海運業者とを排除することを企図したこの法令の発布は、当然に、ライバル国であるオランダに対する事実上の宣戦布告を意味するものであった。こうした中で、1652年5月に、イギリス海峡を航行中のオランダ艦隊がブレーク提督率いるイギリス艦隊に「降旗敬礼」の礼をとらなかったことに端を発して、双方が砲火を交えるという事件が起きた。ここに、ついに第一次対オランダ戦争（First Dutch War）の火蓋が切られたのである[73]。各所において海戦が行われ、当初は双方互角の状態であったが、しだいにイギリスが優勢となっていった。また、この戦争によって貿易に受ける打撃は、オランダの方が大きかった。オランダは、財政的にもこの戦争に耐えられなくなり、1654年4月にウエストミンスター条約（Treaty of Westminster）をイギリスと結んで講和した。こうして、第一次対オランダ戦争は終結したが、両国の対立関係は以前と変わらず、そのまま残された[74]。しかし、イギリスは、対外的立場において、その従来の地位を高めることに成功した。共和国政府がオランダと有利な条件で和睦した後、スペインに対する攻撃を開始し、1654年にブレークなどの率いる艦隊が地中海に進出して華々しい成功を収め、イギリスのこの地域における地位は、これ以降不動

のものとなったのである。一方、別の艦隊が西インド諸島方面に赴き、ジャマイカ島を奪い、これがイギリスの西インドにおけるその後の発展の大きな足場となった。さらに、共和国政府は、1655 年にフランスと和親通商条約を結び、スペインに対して宣戦布告を行い、1658 年にはイギリス・フランス連合軍がダンケルクを占領した。こうして、イギリスの国際的地位はますます高められていった[75]。

　1660 年に、チャールズ二世が即位して、王政が復活した。王政復古のはじめにおいては、共和政治の時代からオランダとの競争に勝利することが、イギリスにとってまず取り組むべき重要な課題であった。共和政治の時代に行われた第一次対オランダ戦争は、両国の係争問題をほとんど解決していなかったのである。そのため、王政復古後に、チャールズ二世もまた共和国政府の対外政策を継承し、1660 年に第 2 回航海法を発布して、海運、外国貿易および北海の漁業権の確保を図った。さらに、「列挙品」条項を付け加え、植民地は本国産業に必要な原料の供給地であるから、その原料は本国によって独占されるべきものであり、他国に自由に輸出することを禁止する旨を規定して、イギリス本国における工業のための原料確保を図った。また、1663 年の貿易促進法において、海軍および外国貿易の確保とともに、海外市場の確保をも図った[76]。他方で、第一次対オランダ戦争後に、オランダは、その国内の政治的事情からさらに一層イギリスとの対立を深めるようになっていた。このころ、オランダでは、オレンジ公を中心として中央集権的な政治を志向するオレンジ党と、民主主義の名の下に貴族共和主義を標榜する一種の貴族共和党が併立していた。オレンジ党は、オレンジ家とイギリス王室とが親戚関係にあったためイギリスに好意的であったが、このころ政権を担当していた貴族共和党はイギリスに敵対的な政策をとっていた。とりわけ、この党の実力者であったヨハン・デ・ウィット（Johan de Witt）は、第一次対オランダ戦争の後に商工業をますます発展させ、またこの戦争の経験に鑑みて、海軍を再建・強化し、海外発展に努めた[77]。

　こうして、イギリスで王政復古が成立すると、両国は各所で再び衝突するようになった。1665 年 3 月 4 日に、ついに、ウィルソンが「経済的競争か

ら生じた戦争の古典的実例」[78]といい、またジェームズ・ウィリアムソン (J. A. Williamson) が「イギリス史における最初の純粋な植民地争奪戦」[79]と呼んだ、第二次対オランダ戦争 (Second Dutch War) がはじまった。両国は、第1回の戦争のときと同様に世界の各地で交戦したが、オランダが新しく海軍を増強して準備を整えていたため、イギリスは苦戦を強いられた[80]。しかも、この激しい戦争の最中に、イギリスは二つの不運にも襲われた。一つは、ロンドンを発生源とする1665年9月の全国的なペストの大流行 (Great Plague) であり、もう一つは、1666年9月に発生した歴史上稀に見るロンドンの大火災 (the Great Fire of London) である。これらの災厄は、イギリス国民の戦意を著しく低下させる原因となった。さらに加えて、同年の1月には、フランスとデンマークがイギリスに宣戦布告をし、翌2月には、この両国にブランデンブルクを加えた三国がオランダの同盟国を形成した。このことも、戦争を継続するうえでの不利な材料となり、イギリス国民の戦う気力を喪失させた[81]。しかし、これら以上にオランダとの戦争を継続することを困難にしたのは、巨額の戦費支出による国家財政の窮乏であった。戦争開始直前の1665年2月に、戦争のための補助金約250万ポンドが議会で承認され、さらに1666年9月に新たに約125万ポンドの補助金が追加承認されたが、これほどの金額を国民から徴収することはきわめて困難であると思われた。ついに、イギリスは、1667年に和平交渉に入ることを余儀なくされ、7月21日にブレダ条約 (Treaty of Breda) が締結されてオランダとの和睦が成立した。そして、この和睦によって、海外における両国の活動範囲が取り決められた。北アメリカ大陸では、オランダがイギリスに譲歩してニュー・アムステルダムがイギリス領となった。しかし、南洋諸島においては、イギリスの権益を全面的にオランダに譲ることになった。また、イギリスは、航海法の規定を緩和して、ドイツ方面におけるオランダ船舶の活動を容認した[82]。

　他方において、このころから、イギリスは、フランスの重圧をひしひしと感じるようになった。フランスは、枢機卿リシュリュー (Armand Jean du Plessis de Richelieu) の方針によって中央集権主義と軍国主義を徹底し、しかも、ちょうどイギリスの王政復古期にルイ十四世の親政がはじまって、いよ

いよ世界政策に参入しはじめ、ヨーロッパ諸国の新しい脅威となった。こうしたフランスの動向は、イギリスにとっても大いに警戒を要するところとなっていた。そこで、イギリスは、このフランスに対抗するために、ウィリアム・テンプル（William Temple）の活躍を得て、オランダ・スウェーデンとの間に三国同盟を結んだ(83)。しかし、この同盟は、チャールズ二世が自らの希望でフランス王と妥協したため、わずか2年で破綻してしまった。この時代のイギリス国民は、オランダよりもむしろフランスの方が危険であると考えていたのであるが、個人的にフランスに好意をもっていたチャールズ二世はむしろオランダを敵とする道を選んだのである(84)。チャールズ二世は、1670年に、秘密裡にフランスと、①イギリスはオランダを援助しないこと、②フランスはイギリスに対して財政的援助を与えること、③イギリスが必要とするときには出兵してこれを支援すること、などを内容とするドーヴァーの密約（Secret Treaty of Dover）を締結した(85)。しかし、この密約が結ばれるやいなや、フランスはオランダへの侵略をはじめ、イギリスもまたその密約に従ってフランスを支援することとなった。

　1672年に、ついに第三次対オランダ戦争（Third Dutch War）が勃発した。この戦争では、オランダは海上ではイギリスの海軍を、そして陸上では当時世界最強といわれたフランスの陸軍を相手にすることになった。イギリスでは、国民の多くがチャールズ二世のはじめたこの戦争に批判的で、戦費調達のために議会を開けば必ず大きな反対が起こる情勢であった。当初は、フランス王からの資金援助があったが、戦争が進むにつれて財政が非常に逼迫してきたため、イギリスはスペインの仲裁で1674年にオランダとウエストミンスター条約（Treaty of Westminster）を締結するに至った(86)。そして、これによって海外における両国の活動範囲が再び画定された。すなわち、北アメリカ大陸では、この戦争によってオランダが占領した地域がイギリスに返還され、またアジアにおいてはインドが明確にイギリスの活動範囲とされた。そのほかに、オランダは200万グルデンの賠償金をイギリスに支払うこととされた。こうして、共和国時代のクロムウェルによって本格的にはじめられた海外におけるオランダの支配を打破するという政策は、ついに実現したの

である。それはまた、世界政策におけるオランダの優位がイギリスに移りはじめたことを意味した。同時に、この時代に、イギリスは、オランダを敵とした時代から、しだいにフランスを新たな敵とする時代へと移っていくことになる。ペティが没した2年後の1689年には、はやくも第1回の対フランス戦争が起きた。17世紀におけるイギリスを取り巻く国際情勢は、国際的な商業活動をめぐって、スペイン、オランダ、フランス、イギリスがあい争った、まことに緊迫した時代であったのである。そして、それは同時に、イギリスにとって、断続的な戦費調達が求められ、国家財政の悪化をもたらす大きな要因となった。

注

（1） Cf. Raymond de Roover, *Gresham on Foreign Exchange: An Essay on Early English Mercantilism with the Text Sir Thomas Gresham's Memorandum for the Understanding of the Exchange*, Cambridge, 1949, p. 45.
（2） Ephraim Lipson, *The Economic History of England*, Vol. III, London, 1912, 5th ed., 1948, p. 305.
（3） *Ibid*.
（4） *Ibid.*, p. 311.
（5） 鈴木勇『イギリス重商主義と経済学説』学文社、1986年、24-26頁。
（6） 内容は、羊毛の輸出禁止、毛織物の輸入禁止、国産織物の使用奨励、外国人技術者の招聘などであった。
（7） 田中敏弘『イギリス経済思想史研究―マンデヴィル・ヒューム・スミスとイギリス重商主義―』御茶の水書房、1984年、199頁。
（8） 他の六つは、以下のものであった。①毛織物の品質管理の強化。②毛織物に対する重い賦課金を取り除き、羊毛仲買人の統制を強化する。③管理貿易には反対せず、冒険商人組合や他の会社の人数の制限を緩和し、入会金を下げる。④貨幣の流出を防止するため、英貨が外国貨幣と平等になるようにその価値を保つ。⑤見返りの商品の不足に対して、外国商品がその産地の国に属する船舶以外の外国船舶によって輸入されるのを禁止する。⑥国産毛織物の使用強制。Cf. Astrid Friis, *Alderman Cockayne's Project and the Cloth Trade: the Commercial Policy of England in its Main Aspects 1603-1625*, Copenhagen and London, 1927, pp. 417-423.
（9） *Ibid.*, pp. 423-430.

(10) J. U. Nef, *Industry and Government in France and England 1540-1640*, New York, 1957, p. 176. 紀藤信義・隅田哲司訳『十六・七世紀の産業と政治―フランスとイギリス―』未来社、1958年、206頁。
(11) *Ibid.*, p. 11. 邦訳、13頁。
(12) F. J. Fisher, "The Sixteenth and Seventeenth Centuries: The Dark Ages in English Economic History?", *Economica*, new ser., No. 93, 1957, p. 15. 浅田実訳『十六・七世紀の英国経済』未来社、1971年、17頁。
(13) D. C. Coleman, *The Economy of England 1450-1750*, Oxford, 1977, p. 91.
(14) 林達『重商主義と産業革命』学文社、1989年、181-193頁を参照せよ。
(15) 川北稔『工業化の歴史的前提―帝国とジェントルマン―』岩波書店、1983年、21頁。
(16) W. E. Minchinton, "Editor's Introductions", in *The Growth of English Overseas Trade in the 17th and 18th Centuries*, London, 1969, p. 93.
(17) Ralph Davis, *A Commercial Revolution: English Overseas Trade in the 17th and 18th Centuries*, London, 1969, p. 3.
(18) 林達、前掲書、199頁。
(19) D. C. Coleman, *op. cit.*, p. 139.
(20) 林達、前掲書、15頁。
(21) Charles Wilson, *England's Apprenticeship 1603-1763*, London, 1965, p. 139.
(22) Ephraim Lipson, *The Growth of English Society: A Short Economic History*, Glasgow, 1949, 3rd ed., London, 1954, p. 191. 天川潤次郎訳『イギリス社会経済史』（上巻）、日本合同通信社、1952年、191頁。
(23) *Ibid.* 同上。
(24) 鈴木勇、前掲書、124頁。
(25) 同上書、126頁。
(26) Ephraim Lipson, *op. cit.*, p. 176. 邦訳（上巻）、194-195頁。
(27) *Ibid.* 邦訳（上巻）、194頁。
(28) 鈴木勇、前掲書、126-135頁。
(29) Ephraim Lipson, *op. cit.*, p. 176. 邦訳（上巻）、194頁。
(30) 全文については、次の文献を参照せよ。W. S. Mckechnie, *Magna Carta: A Commentary on the Great Charter of King John, with an Historical Introduction*, Glasgow, 1905, 2nd ed., 1914. 禿氏好文訳『マグナ・カルタ―イギリス封建制度の法と歴史―』ミネルヴァ書房、1987年、「付録」。
(31) ラニミードの法（the Statute of Running Mead）とも呼ばれるこのイギリ

ス法令書の最古のものは、もともとラテン語で書かれた勅許状の一つで、はじめはなんら特別の名称とてなく、ただ単に量的に大部なる勅許状というほどの意味で「カルタ・マーヨル」と呼ばれていたものである。その原案となったものは、ジョン王の専政に対してその本来の封建的慣習法に基づく封建的既得権をあくまでも擁護しようとした当時の諸侯たちにより国王に提示された、「諸侯要求条項」にほかならず、その本質においては、まったく封建諸侯の利害を中心とした文書であった。そして、古来より有名な第12条において、国王の身代金・国王の長男の騎士叙任・国王の長女の婚姻という三つの特別・緊急事態を除いて、王国の共通の助言なしに楯金（scutage）や補助金（aid）を徴してはならないとしている。Cf. W. J. Jones, *Politics and the Bench: The Judges and the Origins of the English Civil War,* London, 1971, p. 126. なお、全文については、W. H. Mckechnie, *op. cit.,* pp. 185-480. 邦訳、189-517 頁を参照せよ。

(32) ここでも、いかなる租税（Tallage）も議会の承認なく課せられないとされている。

(33) 1606 年に、ジェームズ一世は、それまでのメアリー一世およびエリザベス一世治世下の関税政策を承継して、タバコに対する関税を1ポンドにつき2ペンスから6シリング10ペンスに、乾葡萄に対するそれを2シリング6ペンスから7シリング6ペンスに引き上げた。隅田哲司『イギリス財政史研究―近代租税制度の生成―』ミネルヴァ書房、1979 年、116-117 頁。

(34) 同上書、109-111 頁。

(35) Godfrey Davies, *The Early Stuarts 1603-1660,* Oxford, 1932, 2nd ed., 1959, pp. 55-56.

(36) 補助金は、ヘンリー七世によって導入され、エリザベス一世時代に慣習化・固定化された議会の承認を得て徴収される直接税である。課税標準は、不動産所得に対しては1ポンド当たり4シリング、動産に対しては1ポンド当たり2シリング8ペンスであった。Cf. F. C. Dietz, *English Government Finance,* Vol. I, London, 1921, Chap. xiii.

(37) 常行敏夫『市民革命前夜のイギリス社会―ピューリタニズムの社会経済史―』岩波書店、1990 年、215-217 頁。

(38) 同上書、236-237 頁。

(39) Richard Cust, *The Forced Loan and English Politics 1626-1628,* Oxford, 1987, pp. 2-3.

(40) Cf. William Hunt, *The Puritan Moment,* Cambridge, 1983, p. 195.; J. T. Cliffe,

The Puritan Gentry, London, 1984, pp. 152-153.; Richard Cust, *op. cit.*, pp. 115-118, 146.
(41) 常行敏夫、前掲書、242 頁。
(42) 戦費として 70 万ポンドが見積もられたが、議会は 12 万ポンドの補助金を承認したにすぎなかった。Cf. Conrad Russell, *Parliaments and English Politics 1621-1629*, Oxford, 1979, p. 227.
(43) この「権利の請願」は、形式的には「請願」という形をとっているが、実質的には人権の宣言であって、アメリカ革命の「独立宣言」やフランス革命の「人権宣言」に匹敵するものであった。しかし、これらのように抽象的な自然権の思想に基づいておらず、イギリス慣習法の歴史的な権利を基礎としているところに、大きな特色がある。
(44) 全 11 条の内容については、次の邦語文献を参照せよ。大石義雄編『世界各国の憲法―資料の集大成とその系統的解説―』三和書房、1952 年、35-37 頁；人権思想研究会編『世界各国人権宣言集』巌松堂書店、1954 年、59-67 頁。
(45) 酒井重喜『チャールズ一世の船舶税』ミネルヴァ書房、2005 年、「まえがき」、i-ii 頁。
(46) 船舶税とハムデン事件については、次の文献を参照せよ。D. K. Keir, "The Case of Ship Money", *Law Quarterly Review*, No. 52, 1936.; Ian Fevrier, "Ship Money Reconsidered", *British Tax Review*, No. 5, 1984.; P. Lake, "The Collection of Ship Money in Cheshire during the Sixteen - Thirties", *Northern History*, No. 17, 1981.；酒井重喜、前掲書、同『混合王政と租税国家―近代イギリス財政史研究―』弘文堂、1997 年。
(47) 1627 年および 1638 年の船舶税裁判では、おおよそ次の五つの論点をめぐって審理が進められた。すなわち、①国王はイギリス防衛の義務履行につき、いかなる手段を有しているのか。②国王の通常の財源が不十分であった場合、緊急事態に対処する国王の権力はどの程度、またいかなる方法で拡大されうるのか。③この追加的な権力が議会の合意なしで国民の財産を侵害するものであった場合、国民の財産権を保護する法の支配はどうなるのか。④当該案件について緊急事態が現存していることの証明は十分になされたのか。⑤国王の緊急時の権力が要求したものは伝統と法に則るものであったのかどうか。また、この裁判は、12 名の裁判官が担当したが、そのうち、ジョーンズ（William Jones）、ヴァーノン（George Vernon）、ウェストン（François Weston）、トレヴァー（Thomas Trevor）、フィンチ（John Finch）、クロー

リー（Edward Crawley）、バークリ（Robert Berkeley）の7名が国王有利の、ブラムストン（John Bramston）、ダヴェンポート（Humphrey Davenport）、クルック（George Croke）、ハットン（Richard Hutton）、デナム（John Denham）の5名がハムデン有利の判決を行った。Cf. D. K. Keir, *op. cit.*, pp. 546-547.；酒井重喜、前掲『チャールズ一世の船舶税』、291-292、305頁。

(48) この議会において、船舶税は、「不当・不法な租税」として廃止されることになった。
(49) 今井登志喜『英国社会史』（上）、東京大学出版会、1953年、227-228頁。
(50) 大野真弓編『イギリス史（新版）』山川出版社、1975年、150頁。
(51) 同上書、159-160頁。
(52) 今井登志喜、前掲書（上）、266-268頁。
(53) これは、1215年の「マグナ・カルタ」、1628年の「権利の請願」の二つとともに、イギリスの憲法を決定させる三つの最も基礎的な文献の一つであり、また後にアメリカ合衆国やその他の国々で制定された憲法の標準になったものである。
(54) 13か条の全文については、大石義雄編、前掲書、37-43頁；人権思想研究会編、前掲書、60-67頁を参照せよ。
(55) 原純夫『英国予算制度の法制―金銭法案解説―』大蔵省主計局、1934年、148頁。
(56) Godfrey Davies, *op. cit.*, pp. 63-65.; Derek Hirst, *Authority and Conflict: England, 1603-1658,* London, 1986, pp. 137, 143.；常行敏夫、前掲書、239頁。
(57) 今井登志喜、前掲書（上）、211-212頁。ジェームズ一世の政策が海外発展に消極的であったとはいえ、イギリスの海外発展の動きは、このころから活発となった。ジェームズ一世のときから、イギリスは植民地開拓の時代に入り、北アメリカ大陸の真の植民地化はこのころからはじまった。本格的なアイルランドへの植民も、やはりジェームズ一世のときにはじまった。次に、海外貿易を見ると、まずアジア方面では、政府の保護がなかったにもかかわらず、エリザベス一世のときに設立された東インド会社が、この時代にしだいに発展し、アジア貿易はイギリスの海外貿易の最も重要な部門となった。
(58) L. L. Peck, *Court Patronage and Early Stuart England,* London, 1991, pp. 118-120.
(59) 酒井重喜、前掲『チャールズ一世の船舶税』、277頁。
(60) 大倉正雄『イギリス財政思想史―重商主義期の戦争・国家・経済―』日本経済評論社、2000年、15頁。
(61) 『海洋自由論』は、もっぱらにスペイン・ポルトガルの海上主権論を批判

するする目的で書かれたものであるが、それはイギリスの領海主権論にも向けられたものであった。
(62) この組合の創設にかかわったコークは、「われわれは、近年、低地諸国民に遅れをとったので、われわれはかれらに対してスペインやフランス以上に羨望を抱くべき理由をもっている」といっている（K. R. Andrews, *Ships, Money & Politics Seafaring and Naval Enterprise in the Reign of Charles I*, London, 1991, p. 137）。
(63) *Ibid.*, pp. 135–136.
(64) W. J. Jones, *op. cit.*, pp. 124–125.
(65) エリザベス一世の治世、地理学者・植民地論者として知られたリチャード・ハクリュート（Richard Hakluyt）の『イギリス国民の主要な航海・貿易・発見の記録』（*The Principal Navigations, Voyages, Traffiques and Discoveries of the English Nation*, 1600）は、かなり古い伝承的なものを含んでいるが、その中心をなすものはテューダー朝、とくにかれと同時代の海員たちの海事活動の記録である。それは、「地理上の発見」と、それにつづくスペイン・ポルトガルの世界分割、新大陸の財宝と珍貴な東洋物産の独占による両国の繁栄に刺激されて海洋に乗り出したイギリス国民の多彩な海事活動などの記録からなっており、イギリスの海外進出がこの時代にはじまることを示している。Vgl. Wilhelm Roscher, *Zur Geschichte der englischen Volkswirtschaftlehre im sechzehnten und siebzehnten Jahrhundert*, Leipzig, 1851, S. 23-24. 杉本栄一訳『英国経済学史論――一六・一七両世紀に於ける――』同文館、1929年、45-46頁。
(66) 大倉正雄、前掲書、15-16頁。
(67) 酒井重喜、前掲『チャールズ一世の船舶税』、193頁。
(68) 同上書、54頁。
(69) 同上書、54-55頁。
(70) さらに、これをより確実なものにするためにイギリスとスペインとの間で秘密の交渉が行われた。その内容は、イギリスの艦隊がスペインの海上輸送を援護する見返りに、スペインがイギリス艦隊のために財政援助を行う、というものであった。しかし、この交渉は不首尾に終わった。そのため、イギリスは艦隊を自国の資力をもって支えなければならなくなった。Cf. H. Taylor, "Trade, Neutrality, and the English Road: 1630–1648", *Economic History Review*, 2nd ser., No. 25, 1972.
(71) 酒井重喜、前掲『チャールズ一世の船舶税』、「はしがき」、ii頁。
(72) 大野真弓編、前掲書、188頁。

(73) しかし、クロムウェルは、本当はオランダとの戦争には乗り気ではなかった。なぜなら、本来イギリスはプロテスタント教国としてオランダとは同盟を結ぶべきであり、矛先はカトリック教国に向けられるべきであると考えていたからである。
(74) 今井登志喜、前掲書（上）、239 頁。
(75) 同上書、240 頁。
(76) 大野真弓編、前掲書、188 頁。
(77) 今井登志喜、前掲書（上）、249-250 頁。
(78) Charles Wilson, *Profit and Power: A Study of England and the Dutch Wars,* London, 1957, Preface.
(79) Cf. J. A. Williamson, *A Short History of British Expansion: The Modern Empire and Commonwealth,* London, 1922, 4th ed., 1953, Chap. IX.
(80) この戦争における戦局の展開過程については、大倉正雄、前掲書、20-22 頁を参照せよ。
(81) 大倉正雄、前掲書、20 頁。
(82) 今井登志喜、前掲書（上）、250 頁。
(83) このために、テンプルは、オランダを訪問している。このときの見聞をもとに書かれたのが、『オランダ観』（*Observations upon the United Provinces of the Netherlands,* 1672）である。このほかにも、『アイルランドにおける貿易増進に関する一論』（*An Essay upon the Advancement of Trade in Ireland,* 1673）がある。
(84) チャールズ二世の母がフランス王女アンリエッタ・マリアであったことや、かれが亡命中にフランス王室の世話になったことが、かれの旧教主義とあいまって、フランスに近づかしめたものと思われる。
(85) 今井登志喜、前掲書（上）、251 頁。
(86) 同上。

第3章
イギリス重商主義期の財政収入体系

第1節　絶対王政期の財政収入形態

　イギリスでは、1066年にはじまったノルマン王朝において、すでに王政の形態への発展が見られ、1110年代から1120年代に国家財政機構のおおよその原型ができあがったといわれている。しかし、それは、いまだ国家財政（public finance）というにはほど遠いもので、王室財政（royal finance）というべきものであった。最高領主（supreme Lord）たる国王の財政的立場は、一般に個々の下位領主の私家計的立場と類似的に観念され、王室の出納と国家のそれとはいまだ明確に区分されておらず、両者がそのまま重なるものであった[1]。そして、その場合に、その予算構造は、財政史家ウィリアム・ケネディ（William Kennedy）によって指摘されているように、いわゆる区分的財政制度（sectional financial system）を建前としていたのである。つまり、各種の収入と支出とがそれぞれ直結され、これら相互の間の流用が禁止された形で財政運営がなされ、いわば一種の基金別財政を形成していたのである[2]。こうした伝統的財政観念を反映して、この時期における国家収入には、実態的に二つの中世的原則が適用されていた。その一つは、経常的収入（ordinary revenue）に対する「国王は自己の財産で生活すべきである」（King lives on his own）という国王自活の原則である[3]。いま一つは、戦費調達を典型とする臨時で有期の租税による非経常的収入（extraordinary revenue）に対する、「課税は代表をともなう」あるいは「同意なければ課税なし」（no taxation without representation）という議会課税協賛の原則である[4]。このような、収入実体における「経常的収入＝国王の財産＝国王自活の原則」と「非経常的収入＝租税＝議会協賛原則」との中世的二元性は、市民革命の時期ま

で存続したのである[5]。ケネディによれば、市民革命は、「過去3世紀にわたってイギリスを支配してきた財政制度を最終的に瓦解」[6]させる役割を果たすことになった。

　イギリス絶対王政当初における国王の収入は、およそ以下の三つのものからなっていた。その第1は、国内行政のための経常費の大部分を賄う王領地(Crown Lands)からの封建的財産収入（王領地収入）と、主として国王の大権に基づく収入である封建的特権収入とである[7]。このうち、前者は、貸地収入、森林原野などからの収入よりなっていた[8]。また、後者は、1215年の「マグナ・カルタ」において明確に確定されたもので、時代によって多少の違いが見られるが、後見（word ship）、婚姻（marriage）、不動産復帰（escheat）、封地相続上納金（relief）、援助金（aids）、封地譲渡科料（fines for alienation）、先取（primer seisin）などの各種権利による収入からなっていた[9]。これら封建的財産収入と特権収入は、経常的収入の根幹をなすものであった。第2は、通常貿易の保護と王国の防衛とに任ずる海軍の経費を賄う間接税としての関税（Custom）による収入である。関税は、その起源が必ずしも明らかではないが、早くから海運国として発展をとげたイギリスでは、すでに「イギリス商業の父」と呼ばれた14世紀エドワード三世の時代に、その体系は一応の整備をみていた[10]。すなわち、輸出税（export duty）、トン税、ポンド税からなる体系がそれである[11]。しかし、この時代の関税は、国家目的一般のための間接税としての特定輸入品の国内消費を通じて国民全体によって負担されるものではなく、特殊商人的利害の要請に応え国王によって遂行される限定的業務の代償として、輸出入商品に課せられる特別な租税として認識されていた。それゆえ、この関税は、国税というよりも、入港税（dues）あるいは通行税（tolls）とみなされるべきものであった[12]。また、この時代の関税は、いわゆる財政関税であったため、対外貿易の増大とともにその重要性を増し、封建的財産収入および封建的特権収入とともに国王の収入を支える重要な柱の一つとなっていた。第3の収入は、戦時などの国家的非常事態に際して、そのつど議会の承認を得て課徴された直接税で、15分の1税（fifteenth）、10分の1税（teenth）および補助金（subsidy）がその主たるもの

であった。前二者は、そもそも、12世紀後半にはじまり13世紀を通じて発達した、家畜・穀物・商人や手工業者の在庫商品・家具調度品・金銭などを課税対象とし、定率税としてあらゆる階層の人々に賦課された動産税であった。この動産課税が、エドワード三世治世下の1334年に、諸州に対する15分の1税および諸都市に対する10分の1税という形で定型化されたのである。その後、これらの租税は、しだいに、地域によって税率の異なる土地・建物などの固定資産に対する収益税、そして地域ごとに徴収税額を配分して賦課する配賦税に転化する傾向を示すようになった。いずれにしても、これらの租税は、特定地域別に不公平な圧迫を加えるもので、国家財源を十分に利用しうるものではなかった[13]。一方、補助金は、ヘンリー七世治世下の1488年にはじまり、ヘンリー八世治世下の1515年以降に、土地・建物・奉仕・相続財産・年金・報酬・一定額以上の金銭・延べ金・宝石・在庫品・借財・穀物・家畜・家財道具などを課税対象として定着したものである[14]。とくに、エリザベス一世は、その治世のほとんどを通じて、この補助金を徴収した。しかし、この補助金は、年々、その租税としての価値を減少させつづけ、結局、封建的財産収入・封建的特権収入および関税を中心とする経常的収入のいわば補充部分としての機能をもつものであったといってよいであろう。

　1485年に、イギリスにおける真の王政と呼ばれるもののはじまりとされるテューダー朝が成立するや、財政需要はにわかに増勢に転じ、財政困難をきたすこととなった。その原因は、第1に、絶対王政自らが国内支配のための統治機構を維持強化するために、強固な官僚制度をますます必要としたためである。第2に、一層の海上商権の伸張およびあいつぐ対外戦争に勝利するために、強大な常備軍を保持しなければならなかったからである。とりわけ、封建的騎士軍の崩壊によって傭兵制度が採用され、かれらには貨幣をもって給料を支払わなければならなかった。これらのことは、一層の貨幣支出の主要な原因をなし、国王は新たな財源確保に狂奔しなければならなくなったのである[15]。しかしながら、議会が課税協賛権をもっていた直接税に依存することは困難であり、またオランダやフランスでは比較的早くから

採用されていた間接税の大宗的存在である消費税を欠いていたため、国王の自由裁量にかかる方法によって財源確保を図らなければならなかった[16]。そこで、絶対王政は、当初は、古来伝統的に保持している自らの封建的財産収入の再編と特権の強化・拡張によって、収入の増大を図ろうとした。その試みは、王領地の売却、農産物の販売、都市・自治権付与の代償金、悪貨鋳造、鉱山の開発による貨幣素材の増産、売官など、多方面にまたがった[17]。しかし、これらの方法にはおのずと限界があり、とうてい増大する財政需要に応えることはできなかった。そこで絶対王政は、財源拡張の方法を、関税の増徴、独占特許（patents of monopoly）の拡充、公債などに求めようとした。

まず、関税についてヘンリー七世は、絶対王政を確立するや、関税制度の統一化そして全国化に着手し、その収入の増大を図った[18]。ついで、ヘンリー八世も、1536年に関税率表（Book of Rates）を制定し、鋭意、輸出関税収入の増大に努めた[19]。ついで、メアリー一世は、1556年に、毛織物輸出関税の新規採用、酒類輸入関税の増徴、ポンド税増収のための一定課税基準の確立などを図った。また、1558年には、新課税率の制定、新課税（new duties）または特別付加税（impositions）と称される特殊課税の設定、課税商品の列挙明示など、租税収入増大のための種々の新機軸を織り込みながら関税体系の再編を行った[20]。つづく、エリザベス一世もまた、メアリー一世治世下における関税体系を基本的に継承し、関税収入の増大に積極的に取り組み、1562年に関税率表の公表、1582年に関税率表の改訂、総検査官制（general surveyors system）の導入、関税徴収請負制（form of the customs system）の採用、付加課税徴収の拡大、などの措置を講じた[21]。初期ステュアート朝においても、いぜんとして財政は窮迫し、引きつづいて関税収入の増大が図られた。ジェームズ一世は、1604年に、新関税率表の制定、総合関税徴収請負制（great form of the customs system）の設定、全般的付加的関税の徴収、などの諸施策を実施した[22]。こうして、関税は、たびたびの制度的改善と貿易量の増大とによって、封建的財産収入ならびに特権的収入が漸減傾向になったときに、しだいにその収入が増加し、当初の対外的防衛という目的を越えて一般財源としても重きをなすようになっていった。

次に、独占特許制度は、一般的には、主として特許料徴収を目的として、国王がその特権に基づき、個人または団体に対してさまざまな独占的特許を付与するものであった[23]。このような独占特許が、議会の干渉を排除しつつ収入の増加を意図する国王の積極的政策の一つとして目され、華々しく展開されるようになったのは、テューダー朝末期においてである[24]。その動機は、いうまでもなくもっぱらに財政事情の悪化によるもので、財政的窮乏を打開するためであった[25]。独占特許は、対外的事業に関する海外独占と、国内的事業に関する国内独占とに大別されうる[26]。海外独占は、16世紀の中頃よりあいつぐ特許貿易会社の設立をもって具体化された。すなわち、1553年のロシア会社（Russia Company）をはじめとして、1557年のアフリカ会社（African Company）、1577年のスペイン会社（Spanish Company）、1578年のイーストランド会社（Eastland Company）、1592年のレヴァント会社（Levant Company）、1600年の東インド会社（East India Company）、などがそれである。これらの特許貿易会社は、国王からの特許状を受けて特定地域における貿易を独占的に遂行し、特許料収入を国王にもたらした[27]。他方、国内独占は、当初は、国内における工業の振興を目的とし、主として国内産業に関する新技術の発明あるいは国外からの新規の製造技術の導入を対象として、特定個人や特定団体に付与された。国王は、こうした独占特許付与の代償として特許料を徴収したのである。その具体的な例は、ピン独占（pin-making patent）、石鹸独占（soup patent）、針金独占（wire patent）、硝子独占（glass patent）、石炭独占（coal patent）、製塩独占（salt patent）、明礬独占（alum patent）、などである[28]。しかし、財政の逼迫による特許料収入への一層の渇望により、国内産業に関する特許付与本来の主旨が歪められ、エリザベス一世治世下の1601年には、ついに、乾燥葡萄・藍・酢・銅・錫・硝石・鉛・鉄・澱粉・骨牌・鯨油・皮革・錦布・灰汁・海灰など、多種多様なものがその対象とされるに至った[29]。こうして、国内独占の特許付与は、もはや新技術の発明の導入にかぎらず、既存の産業をも広範にその対象に包含し、またその期限もしだいに延長されるに至った。さらには、こうして独占特許の対象が拡大されていく過程で、産業のみならず広く収益特権と解さ

れるべきものをもその対象に包摂していった。収益特権とは、産業とは必ずしも関係のない、むしろ産業とははなはだしく乖離した排他的独占権に基づくところの各種の収益源泉を意味するものである[30]。すなわち、絶対王政の行政機構あるいは専制的権力の一部である捜索・検印・計量・登録・罰金徴収業務などを、特定の商人あるいは国王側近の貴族や政治家に排他独占的に委譲代行させることによって一定の収益を得させ、その代償として国王への特許料納入を義務づけたのである[31]。

最後に、公債については、その起源はプランタジネット朝ヘンリー三世の時代にまでさかのぼり、特許状（Letters Patent）、割符（Tally）などを交付する形式をとって発行された[32]。また、その内容は、将来の、それも主として1年以内の租税収入を担保として資金を先借りするあるいは先取り（anticipation）する、国王の私的債務とみなされるものであった[33]。しかも、それらは多くの場合、強制的な性格をもち、引受者も大領主・貴族などの裕福な階級の者が中心となっていた。テューダー朝および初期ステュアート朝の時代には、国王は収入増対策として公債を重視し、しばしば、国王の緊急有事に際し議会の承認を得て国民各層あるいは各地域へ一定の金額を割り当てる玉璽書公債（Privy Seal Loans）を採用した。ヘンリー七世、ヘンリー八世およびメアリー一世の治世下で、それぞれ2度にわたり発行が試みられた。さらに、エリザベス一世治世下においては、この公債は最も効果的に採用され、5度にわたって発行された。つづくジェームズ一世治世下においても、2回発行された[34]。

17世紀初頭のチャールズ一世の時代には、財政が困窮の度を強めたため、財政支出の削減を図る一方で、すでに事実上破棄されていた封建的な特権をいろいろな形式で復活させ、収入の増大を図ろうとした。その一環として、1634年に、海軍増強のための費用の調達を目的として、各海港地域から船舶税（Ship Money）を徴収した[35]。従来、歴代の国王は、当面の危機に対処するために、海港地域に限定して1回にかぎり民間の船舶を徴用し、国王のもつ船舶と合わせて官・民二元的な艦隊を編成して、王国防衛の任に当たっていた。しかし、軍事用船舶建造の技術的高度化とともに、民間船の徴用は

用をなさなくなった。そこで、チャールズ一世は、各種の海賊行為の横行の取締り、領海における外国船の無断航行の抑止、自国の漁業と貿易活動の保護など、いわゆる重商主義的課題を遂行するための一元的な国家的海軍の建設を企図し、海港地域から一定の金額を徴収する形の船舶税を賦課したのである[36]。しかも、1635年に、この船舶税を沿岸地域のみならず内陸地方にも拡大した。さらに加えて、船舶税は、実質的には明白な租税であるにもかかわらず、名目的にはあくまでも従来の緊急時における民間船舶の召しあげに擬制して賦課されたため、課税権における曖昧さと疑義から、国民の大規模な反抗を招くことになった[37]。後に、ペティが、『租税および貢納論』の中で船舶税を激しく非難したのは、まさにこの点についてである。しかし、船舶税は、1634年から1640年までの6年間徴収され、その期間全体を通じてほぼ成功を収め、国王の収入獲得に大きく貢献したのである[38]。

　1640年4月13日に、スコットランドで起きた反乱を抑えるための費用を賄う目的で、新たに人頭税（Poll-money）が賦課されることになった。この人頭税は、スコットランド軍との休戦に基づく同軍の解散のための費用、すなわち緊急的な軍事費の調達を目的とする一回的なものとして、一人当たり一律に課税された[39]。しかし、その後、この最低限の支払いに加えて、土地に対する直接税の過重な負担を軽減する意図の下に、動産と身分とに応じて複雑な等級が設定され、たびたび課徴されるようになっていった。その際に、財産の査定や徴収などの実際の徴収業務は、通常、地方の役人が担当したが、税逃れなどの横行によってその税収はほとんどの場合所期の額を下回った。そのうえ、国庫への納入までに多大の時間を要した[40]。

第2節　市民革命と近代的租税の創設

　1642年8月に、国王と議会との軍事的衝突が起きた。ここに、いよいよ、イギリスの国民が国王派と議会派との二つの陣営に分かれて、内乱がはじまったのである。内乱は、武力に訴える政治闘争であるので、議会側にとっても国王側にとっても、さしあたっての焦眉の財政問題は、その勝敗を大き

く左右することになる戦費の調達であった。内乱勃発の当初は、議会側は、味方の貴族や一般大衆が自発的に供出する貨幣・宝石・地金銀などによって戦費を賄った。しかし、このような方法では長期間にわたって戦費の調達を持続させることは困難であり、より組織的・永続的な方法によって戦費を確保することが必要であった[41]。そこで、議会側は、この目的に沿うものとして、資金委員会 (Committee for the Advancement of Money：1642年11月)、没収委員会 (Committee for Sequestrations：1643年3月)、示談委員会 (Committee for Compounding：1643年9月) などの各種委員会を設置し、戦費の調達に努めた。議会側は、これらの委員会の提言に基づいて、まず、ロンドン市における議会側あるいは国王側の別なく、資産100ポンド以下の者を除いて、動産についてはその5分の1、また不動産についてはその20分の1の割合で資金の拠出を求めた。資金提供者に対しては、公信用証書 (Public Faith Bill) または国庫証券 (Exchequer Bill) を交付して8%の利子を保証したが、多くは強制的性格をもつものであって、事実上は強制公債というべきものであった[42]。ついで、議会側は、国王・教会・封建貴族およびその他の国王側に加担した指導的な者たちの封建的領有地を大々的に差し押さえ、これを賃貸または売却して資金化を図ろうとした。こうした措置にもかかわらず、戦乱の長期化は、議会側の財政難をはなはだしいものにし、とりわけ軍隊に対する給与の支払いを一層困難なものとした。この結果は、早くも1644年に軍隊に対する給与支払い猶予となって現われた。同年の春には、貧農・工匠などからなる兵士に対して、未払い給与の支払いを土地を担保として保証する給与債務証書 (Debenture) が発給されることになった。このため、議会側は、すみやかに資金を獲得する必要に迫られ、困難な土地の差し押さえ、売却の方法に代えて、財産を差し押さえられている者から罪状の軽減と交換に現金を提供させる、示談金 (Composition) によって資金を獲得し、財政難の緩和を図った[43]。

　以上において見たような、各種委員会による強制公債の発行、財産の差し押さえ・売却および示談金などの資金調達方法は、いうまでもなくあくまで内乱勃発時の非常臨時的手段というべきものであって、安定的かつ十分な調

達方法としては、必ずしも妥当なものではなかった。そこで、議会側は、これらの方法の実施と併行して、それまでの租税制度の改変・整備と新たな租税の創設を進めたのである。内乱を通じて設けられた新たな租税体系は、主に、直接税である月割税（Monthly Assessment）、間接税である変革された関税および新規の内国消費税（Excise）によりなっていた。そして、他方では、これらの施策の実施と合わせて、旧来の種々の封建的特権収入制度の廃止が進められたのである[44]。

　1643年1月に、議会は、主として陸軍用経費を調達するために週割税（Weekly Assessment）を創設し、むこう3か月間、週ごとに課徴することとした。しかし、議会は、フェアファックスに派遣していた軍隊へ給料を支払うための資金が至急に必要となり、1645年2月に、この週割税を改めて月割税として設定し、この危機に対応しようとした。以後、この月割税は、動産であるか不動産であるかを問わず、土地・賃料・建物・官職・その他の資産など一切の個人資産を課税対象とする経常的財産税として固定化され、名誉革命に至るまで最も重要な直接税としてその役割を果たした[45]。当時、直接税が賦課される場合、二つの方法がとられていた。一つは、収益税として、納税者の不動産・動産の価値および職業収益に対してポンド当たり一律的な定率（pound rate）で徴収する、いわゆるポンド・レイト方式である。もう一つは、各地域に割当額（quota）を設定して、それを徴税官が納税者の課税資産の評価をなすことによって徴収する地域別納税固定方式である。新たに設定された月割税は、形式的には前者の方法によるものであったが、しかし、実質的には後者の方法によって徴収された。まず、課税総額を議会が決定し、これを各州、各都市にさらには末端の各教区に配賦した。実際の徴税事務は、議会によって任命された月割税委員会（Commissioner for the Monthly Assessment）管轄下の地方委員会に委ねられ、さらに地方委員会が査定官（assessors）を任命し、この査定官によって住民の資産が調査・査定され、これに基づいて税率が決定された[46]。

　月割税は、あらゆる種類の資産を課税対象に含み、全体の負担を各人に分散させることが可能であったため、創設当初において、相当に収入をあげえ

第3章　イギリス重商主義期の財政収入体系　73

た。しかし、概して、月割税は不評であった。とくに、新興の土地所有者たちが、この月割税に反対した。その理由は、当時にあっては、地方の徴税担当者に対する中央政府の統制がいまだ不十分で、また徴税機関そのものもなお未発達であったため、実際の徴税に際しては種々の問題に直面し、妥協せざるをえなかったからである。その問題とは、第1に、中央政府は、地方の徴税担当者それぞれに対し、当該地域に適用される査定原則の選択の権限を与えたことである。そのため、月割税の大部分は、土地収益に対して著しく不正確な査定に基づいて徴収されることになり、動産所有者たちに対しては、これを免除するかあるいは過小に査定することになったのである。そのため、動産所有者たちは、この月割税の負担を免れ、土地所有者がその大部分を負うことになったのである。第2に、一定額の税収をたえず確保するためには、たとえその現実の徴税方法がどのようなものであれ、各地方ごとに徴税総額を固定化し、それらの地方から所定の税額を収取しなければならなかったことである。その結果、国内の各地方によって著しく異なった税率が適用されることになった[47]。このような、査定基準が曖昧で、しかも税率が地方ごとに異なるという月割税の地方的不均衡性は、同税を迅速に徴収して巨額の戦費を賄うためのやむをえない措置によるものであるとはいえ、重い負担を負うことになった土地所有者の反抗を招くことになった。そして、ついには、月割税廃止の要求すら出される事態となったのである[48]。そのため、議会には、月割税を継続的に徴収するに当たって、査定官による主観的・恣意的な動産あるいは不動産の査定、したがって課税標準を客観的・合理的なものとし、この租税における地方的差異を解消・統一することが求められたのである[49]。

次に、絶対王政期を通じて最も重要な国王の収入源となってきた関税が、内乱の勃発によって、その性格を大きく変えることとなった。すでに述べたように、中世以来のイギリスの関税は、国王の特権に基づき、通商貿易の保護と王国の防衛に当たる海軍の経費を賄うものとして、この保護を受ける輸出入諸商品に対して臨時的に課されるものであった。いわば、これまでの関税は特殊課税であるとみなされ、国民的課税とみなすにはほど遠いもので

あったのである。また、この時期以前の関税の徴収は、羊毛・皮革輸出税および葡萄酒類輸出税などの特別なケースを除いて、自由貿易に等しい低廉なものであって、財源調達の手段としての機能を有するところに特性が見られた[50]。しかし、1642年に、議会は、関税は議会の承認を必要とするとの方針を示した。そのうえで、議会は、翌1643年に、新関税率表を定め、従来の葡萄酒・タバコなどに対する輸入関税をそれまでの2倍に引き上げる一方で、毛織物輸出関税を軽減した。ここに、それまでの輸出関税中心の関税体系が、輸入関税中心のそれへと大きく変わることになったのである[51]。また、このときに、すでに1608年頃から一部はじめられていた、中継貿易振興策の一環として輸入された商品が再輸出される際に輸入時に納付した税額の一部を払い戻す戻税制度（draw back）が、全商品を対象として適用されることになった[52]。こうした、この時期における関税に対する一連の措置は、以下の諸点において、イギリスにおける近代的な関税制度の出発点ともいうべきものであった。まず、第1に、イギリスの関税は、その後、1647年の羊毛輸出禁止法および1651年の航海法などの重商主義政策とあいまって、貿易政策との結びつきをしだいに緊密なものとし、やがて農業および毛織物工業を中心とする国内産業の保護と奨励に歩調を合わせるようになるのである。このことは、とりもなおさず、それまでの財政関税としてのイギリスの関税が、貿易政策における保護制度の一端として、近代的な保護関税へと発展していくことを意味し、ここにその大きな第一歩が踏み出されたのである[53]。第2に、関税は、この時期に、海軍費という特定の支出との結びつきをしだいに失い、経常的収入の体系に組み入れられた。そして、1660年の王政復古とともに制定された「大法令」（Great Stature）[54]以降は、主として輸入品の消費者に対して徴収される経常課税として、国民一般によって負担されるものであるとみなされるようになり、この理由をもってその徴収が正当化されるようになるのである。

最後に、内国消費税について、議会は、1643年3月28日に、1628年の「権利請願」の先導者のひとりで、後に「内国消費税の父」[55]と呼ばれるピムの発議によりこの租税の導入を決議し、同年7月22日から実施に移した。

内国消費税の導入の目的は、通商の安全の確保、軍隊の維持および国家債務の返済の三点であったが、その基本は内乱の戦費調達であった[56]。したがって、導入時には、あくまでも内乱期の応急的で臨時的な財源調達手段として考えられており、恒久的なものとしては考えられていなかった。しかし、いずれにしても、前述した月割税がテューダー朝以来の直接税制度をその前身とし、また関税もその淵源を遠い中世に発するものであったのに対して、この内国消費税は、それまでイギリスにおいては全然先例のないものであって、オランダに範をとり、まったく新たに導入された租税であったのである[57]。しかし、このことは、それまで、イギリスにおいて内国消費税の導入の試みがまったくなかった、ということを意味するものではない。主としてオランダの先例にならいながら、内国消費税をイギリスに導入しようとする構想は、すでに16世紀中葉エドワード六世の時代から何度か試みられてきた。

　まず、1548年に、イギリス重商主義思想の先駆的段階を代表するヘイルズなどの提唱により、羊毛・毛織物に対する消費課税が実施された[58]。これは、当時、牧羊地の囲い込み（enclosure for sheepfarming）によって多大の犠牲を余儀なくされていた農民に配慮し、囲い込みの阻止という目的をも兼ねて、羊については雌羊1頭当たり3ペンス、去勢羊1頭当たり2ペンス、共有羊1頭当たり1.5ペンス、また毛織物については国内販売用1ポンド当たり8ペンスで課税しようとするものであった。当初は、3年間の予定で課税することになっていたが、激しい反対のために1年たらずで廃止されてしまった[59]。ついで、エリザベス一世治世下の1586年に、エール・ビール検査官の新規任命に際し、これらの飲料に対する消費課税が構想された。これは、エールおよびビール各1バレルについて1ペンスの検定料を業者から徴収しようとするもので、その実体は明らかに内国消費税であった[60]。しかし、この計画に対しても世論は厳しく、「王権をもってしても、この種の課税が許されるかどうかは疑問である」[61]として、ついに実現されることなく終わった。また、ジェームズ一世治世下の1610年に、国王の封建的収入源を新たな租税の賦課に切り替え、年額20万ポンドの恒久的財源を確保し

ようとする計画が提案された。ジェームズ一世は、このための方策として、オランダの消費税を模倣し、パン・ビール・穀物などを課税品目として、その導入を図ろうとしたのである。しかし、すでに過重となっていた課税による負担の軽減を要求していた議会によって、この試みは拒否されてしまった[62]。さらに、チャールズ一世治世下の1625年に、海上防衛のための海軍増強の費用調達を目的として、国王とニューキャッスルの石炭ギルドとの間の特殊な契約に基づいて、石炭1チョルドロン当たり6ペンスで賦課する提案がなされた。しかし、これについても、議会の承認を得ることができず、実現にまでは至らなかった。1627年と翌1628年にも、再度、石炭に対する課税が試みられたが、やはり議会の承認が得られず、実行に移されることはなかった[63]。同じく1628年に、国王によって、鉛・錫・毛織物への新税が提案された。しかし、これらについても、大陸諸国で行われている「悪魔の処方」(the Devil's remedy) である内国消費税そのものであるとの批判を受け、葬り去られてしまった。1630年にも、新たに広範囲な消費課税の導入が試みられたが、予想される一般大衆の反対行動を抑えるための軍隊の欠如が心配されたため、この計画も実行されるまでには至らなかった[64]。このように、イギリスにおける内国消費税の導入は積年の課題であり、絶対王政下でたびたびその導入が試みられてきたのであるが、そのたびに議会の承認拒否や一般大衆の激しい抵抗にあい、ことごとく失敗に帰したのである[65]。

　1643年に、議会によって内国消費税が導入された際には、予想される一般大衆の反対を少しでも緩和するため、課税品目をビール・エール・サイダー・梨酒・ストロングウォーターなどの嗜好飲料に限定し、また課税期間についても一定期間に限定して賦課された[66]。しかし、導入後ただちに課税品目が拡大され、1643年9月には、石鹸・スピリッツなどが課税品目に加えられた[67]。また、1644年1月には、食肉、食料品雑貨・塩などの重要な生活必需品が、同年7月には、明礬・緑礬・帽子・ホップ・サフラン・銅器・澱粉・絹・毛織物などの工業品の多くが課税品目に追加された[68]。さらに、1647年には、生活必需品のほとんどが課税品目に包含されるようになり、また課税期間もこの間に延長された[69]。このように、奢侈品にとど

まらず広範囲なものが課税品目に含められるに至った理由は、いうまでもなく財政上の必要ということであったが、これとは別に、「公平の観点」あるいは「財政上の平等」の観点、すなわち「自然的正義」の観点が考慮された。

そもそも、内国消費税は、それがイギリスに実際に導入される以前においても、嫌悪されていたものであった[70]。実際の導入のみならず、課税品目の生活必需品をも含む広範囲な商品への拡大は、当然に、一般大衆の大きな反発を招かざるをえなかった[71]。ロンドン、ブリストル (Bristor)、ノリッジ (Norwich) などの諸都市をはじめ、各地から内国消費税に対する減税の請願があいついで提出された。1647年に、ロンドンのスミスフィールド (Smithfield) で、食肉に対する内国消費税の支払いの拒否に端を発して、ついに暴動が発生した[72]。しかも、この暴動を軍隊の一部までもが支持し、暴動鎮圧後の同年8月に「この国の貧民が日常それによって生活しているような諸商品に対する内国消費税を廃止し、また一定期間にかぎって全商品についてもそれを廃止すべきである」[73] ことを議会に要請した。このスミスフィールドの暴動を契機として、反内国消費税運動は、ただちに各地に波及していった。1650年には、ウスターシャー (Worcestershire) とランカシャー (Lancashire) で重大な反内国消費税暴動が発生したとの報告が議会にもたらされた[74]。また1652年には、ウェールズ (Wales) およびプリマス (Plymouth) で、反内国消費税暴動が起きた[75]。こうした、あいつぐ反内国消費税運動の急先鋒となっていたのは、土地をもたない手工業者層を中核とするレヴェラーズであった。かれらの反内国消費税の立場は、1647年の「建議要目」(The Heads of the Proposals offered by the Army) において示されている[76]。つづく、翌1648年1月に議会に対して行った「請願」(To the Supreme Authority of the England) においては、「内国消費税という負担の多い租税が、比較的に貧しい人々、つまり最も創意に富む人々だけの重荷となり、かれらの耐えがたい圧制となっている反面、土地からの大きな収入や貨幣賃料に基づく莫大な資産を得ている人々は、この租税の重荷の最小比例部分さえ負担していない。……したがって、こういう圧制的な貨幣調達方法を即刻にも廃止し、人々の貨幣を調達すべきである」[77] と主張している。これら

の「請願」や各種パンフレットにおける内容からわかるように、主として土地をもたない手工業者層からなるレヴェラーズの徴税に際しての要求は、新たに導入された内国消費税の即時撤廃とそれに代わる財産課税としての月割税の推奨にあったのである。

内国消費税が反発を受けたのは、レヴェラーズの見解によく表われているように、課税品目が広範囲で生活必需品にまで課され、これまでの絶対王政下ではほとんど租税の負担を負ってこなかった下層の一般大衆が、恒久的な租税負担者に組み入れられたためである[78]。これ以外にも、次のような理由があった。第1に、内国消費税は、その税収が軍隊とくに陸軍の経費に充当されることが多かったため、人々が最も忌避するところの常備軍の設置・肥大化、さらには専制と結びつけて考えられたことである[79]。第2に、「消費税徴税役人は自由の独占者で星室庁よりも悪い」[80]という批判に表われているように、内国消費税の課税に際しての徴税官による立ち入り検査が、納税者の自由を剥奪する「隷従の象徴」(badge of slavery)[81]として受けとめられたことである。第3に、内国消費税は、商品の生産者を納税者とするものであるけれども、それが商品価格の騰貴を通じて需要の落ち込みを招き、イギリス経済に悪影響を及ぼすと考えられたことである[82]。第4に、毛織物の漂白に用いられる硫酸と毛織物自体への課税、同じく石鹸の原料である酸化カリウムと石鹸自体への課税などのように、原材料と製品に対して二重に課税されたことである。こうした、広範囲な商品に課税することにともなう原材料と完成品双方に課税するという重課 (double duty) の問題は、生産者からの組織的かつ集中的な批判を招いた[83]。

以上のものに加えて、徴収請負制度の採用が、内国消費税に対する反発を一層強めた。1643年の内国消費税導入時には、その徴収は、内国消費税委員会 (Excise Commission) の委員が自ら行う直接徴収体制がとられていた。しかし、委員会の統制力不足からくる徴収業務の混乱を避けるために、1650年に徴収請負制が採用され、しだいに拡大されていった[84]。この徴収請負制度は、国庫に確実な税収をもたらすとともに、一方で請負人側にも徴税権貸与料（契約レント）の超過分を取得できるメリットがあった。そこで、請負

第3章　イギリス重商主義期の財政収入体系　79

人は、この超過分を得るために、強引あるいは不正な方法で内国消費税の徴収業務を行ったのである。こうした請負人の貪欲な姿勢が納税者を苦しめ、この租税に対する大きな批判を招くことになったのである。このことは、当時の人々の「請負制は、内国消費税をなお一層不都合なものにした」[85]、あるいは「請負制に同意するくらいなら舌や手を切り落とされたほうがましである」[86]という言葉に、如実に示されている[87]。内国消費税に対する激しい批判を前にして、議会は、早くも1647年のスミスフィールドの同税に対する騒乱後に、とりわけ反発の多かった塩・食肉を含む食料品への課税を断念している[88]。しかし、議会は、武力をもって反内国消費税運動を押さえ込むことにある程度成功すると、ただちに自家製ビール・食肉・国産塩を除く他の課税品目を法的に確定し、また1649年には自家製ビール・国産塩に対する課税をも復活させた[89]。そして、ついには、1653年に、クロムウェルが、議会において、内国消費税は「人々に課しうる最も容易かつ無差別な租税」(the most easy and indifferent levy that can be laid upon the people)[90]であると宣言し、その恒久化を正式に表明した。こうして、内国消費税は、文字通り「剣をつきつけながら創設」(the excise was established at the point of the sword)[91]され、ますますその規模を拡大していくことになるのである。

　1656年には、課税品目表が制定され、輸入品と国産品とが区別され、それぞれ別個に内国消費税が課されることになった。前者は、輸入に際して輸入業者から徴収するもので、葡萄酒・スピリッツ・ストロングウォーター・ビール・ホップ・酢・塩・タバコ・毛織物・染色絹・絹レース・リボン・金銀レース・ガラス・陶器・石器・絹・麻・亜麻・タール・樹脂・蝋・獣脂・縫糸原料・薬品などが含まれていた。これに対して、後者は、国内の製造業者から徴収するもので、スピリッツ・ストロングウォーター・ビール・ホップ・サイダー・梨酒・蜂蜜酒・塩・石鹸・ガラス・澱粉・金銀線・錫・棒状鉄・兵器・銅・鉛・油脂・サフランなどが含まれていた[92]。そして、共和国内国消費税（Commonwealth Excise）として固定化されたこれらの内国消費税は、税収を着実に増加させ、1657年には、月割税の約38万ポンドおよび関税の約31万ポンドを上回って、約43万ポンドの税収をあげ、租税収入の

王座の地位を占めるまでに至った[93]。

　1660年5月25日に、共和制が崩壊し、ステュアート家のチャールズ二世が国外の亡命先から呼び戻され、ここに王政復古がなしとげられた。この王政復古にともなって、議会は、新王政のために政府の財政問題全般について検討し、王室財政を維持する手段をただちに講じる必要に迫られた。そこで、議会は、土地への課税である月割税と共和制下の内国消費税の継続という二つの案について検討を加え、結局、ときの法務次官ヘニッジ・フィンチ（Heneage Finch）の建議に従って後者の方法が採択された[94]。王政復古後の議会が、国王への財源供与を土地に対する課税によらないで、内国消費税をもって充てたことには、いくつかの理由があった。まず、憲法上の問題で、直接税による収入は臨時の非経常的支出に充当し、間接税による収入は経常的支出に充当するという、伝統的な観念が考慮されたためである。次に、土地課税による徴税額を各地方に割り振ることは困難であり、間接税の方が徴税が容易であると判断されたためである[95]。これらの他にも、以下におけるような、直接税に比べて間接税である内国消費税を用いることの利点も考慮された。第1に、賦課による負担が納税者に感知されにくく、抑圧的に映らない。第2に、国内経済の発展による消費の伸長にともなって、税収が増加する可能性が大である。第3に、課税期間が長いため、納付額が小売価格に吸収され、更新が容易である[96]。

　王政復古により採用された内国消費税は、世襲的なものと有期的なものとの2種類によって構成されていた。そして、これらは、内国消費税の第2の出発点ともいうべきものであった。世襲的内国消費税（Hereditary Excise）は、旧来の封建的土地所有に基づく国王の特権収入を放棄する代償として、恒久的な財源として国王に与えられたもので、共和制下の内国消費税である国内産と外国産のビール・エール・サイダー・梨酒・スピリッツ・ストロングウォーターなどと、コーヒー・チョコレート・ソーダ水・茶などへの新税からなっていた。なお、このときに、前者のアルコール・飲料水以外の共和制時代の内国消費税については、消費者大衆の不満と徴税難を考慮して廃止された。一方、有期的内国消費税（Temporary Excise）は、国王の即位に際して

一代にかぎって与えられるもので、事実上は世襲的内国消費税を複写したものにすぎなかった[97]。これら2種類の内国消費税は、その後、1688年の名誉革命時まで、課税品目について大きく変更されることなく、チャールズ二世およびジェームズ二世の全治世を通じて継承され、その税収を確実に伸ばしていった[98]。

なお、この王政復古時に、新たな租税として炉税（Hearth Tax）が導入された。王政復古政府は、当初、内国消費税と関税の二大間接税で年間約120万ポンドの経常収入を調達する予定にしていた。しかし、約10万ポンドの不足が生じた。そこで、チャールズ二世は、1662年に、この不足分を補う目的で炉税を新たに導入した[99]。この炉税は、1643年における内国消費税と同様にそれまでのイギリスにおいては前例のないもので、教会への布施を免じられている貧困者やガラス細工・砕石・レンガ焼きなどの産業用炉を除き、家屋内の各炉に年2回1シリングを徴収するものであった[100]。そして、その徴収に際しては、導入当初は直接徴収制度がとられていたが、その後に徴収請負制度が採用された[101]。

炉税は、課税対象の炉の数と財産との間に相関関係があるとして課税されたものであるが、当時の納税者には、財産税としてではなく、各家庭の消費水準に対して課税されるもの、いわば第二の内国消費税として認識されていた。すなわち、炉税は、文字通り炉の数で表現される各家庭の全般的消費水準に対応する租税であったのである[102]。そのため、この炉税は、内国消費税導入の場合と同様に、一般大衆の激しい反感を受けることとなり、ドーセットシャー（Dorsetshire）、ハートフォードシャー（Hertfordshire）、サマセットシャー（Somersetshire）などでは、炉税反対運動が暴動という形にまで発展した[103]。炉税が悪税として批判の対象となったのは、内国消費税の場合と同様に、なによりもこの租税が不公平なものであり、貧困者への圧迫となったからである。すなわち、炉税は、炉数と財産との間に相関関係があるとみなされ、炉一つ当たり1シリングという原則が貧富を問わず適用されたため、貧困者にとっては重圧感がある逆進的な租税となったのである。また、炉税は、査定・徴収という一連の徴税業務において、強制的な家宅検分

(domiciliary) が認められ、これが納税者にとって個人の尊厳を侵すものと受けとられたのである[104]。この炉税の家宅検分に対する納税者の嫌悪感については、後にアダム・スミスが、その書『諸国民の富』の中で鋭く指摘している[105]。

イギリスにおける17世紀は、国家収入調達の歴史において重要な時代であった。それは、この時代に、「国王は自活すべきで、課税を戦争を典型とする非常緊急時に限定する」[106]という古来よりの財政原則が廃止され、国家収入中に占める租税収入の比率が増大し、国家収入が戦時あるいは平時を問わず恒常的に租税に依存するようになったということである。経済学者であり歴史家でもあるシュンペーターの言葉を借りれば、イギリスでは、この時期に、「直轄国家から租税国家への転換」[107]がなされたのである。そして、その「租税国家」(Steuerstaat, Tax State) の中核をなしていたのは、月割税・関税および内国消費税であった。これら三つの租税のうち、内国消費税は、特別に重要な意味をもっていた。それは、この内国消費税が、それまでのイギリスには先例がなく、まったく新たに導入されたものであったばかりでなく、それが政治・法律・経済・社会などの各分野に大きな影響を及ぼし、それまでとは異なった重要な問題を惹起するものであったからである[108]。そのため、17世紀のイギリスにおける租税理論上の論議は、この内国消費税の問題に集中し、展開されたのである。セリグマンも指摘しているように、この時代に内国消費税に関する論議に参加した重商主義者は、かなりの数にのぼる[109]。ペティも、その有力なひとりであった。

注
（1）隅田哲司『イギリス財政史研究—近代租税制度の生成—』ミネルヴァ書房、1979年、1頁。なお、王室財政と国家財政の分離は、名誉革命後の王室費（Civil List）の設定まで待たなければならなかった。
（2）William Kennedy, *English Taxation 1640-1799: An Essay on Policy and Opinion*, London, 1913, new imp. 1964, pp. 8-9.
（3）Paul Einzig, *The Control of the Purse: Progress and Decline of Parliament's Financial Control*, London, 1959, p. 65.

（ 4 ） オールソップは、財政収支における経常と非経常の区別の履行は 15 世紀以降であるとしている。J. D. Alsop, "Innovation in Tudor Taxation", *Economic History Review*, No. 99, 1984, p. 91.
（ 5 ） 酒井重喜『近代イギリス財政史研究』ミネルヴァ書房、1989 年、「まえがき」、ii-iii 頁。
（ 6 ） William Kennedy, *op. cit.*, p. 8.
（ 7 ） イギリスの財政史上における王領地の意義については、長谷田泰三『英国財政史研究』勁草書房、1951 年、第 8 章を参照せよ。
（ 8 ） Cf. Stephen Dowell, *A History of Taxation and Taxes in England, from the Earliest Times to the Present Day*, Vol. I, London, 1884, 3rd ed., New York, 1965, p. 8.
（ 9 ） Cf. William Blackstone, *Commentaries on the Laws of England*, Vol. II, Oxford, 1768, 8th ed., New York, 1978, pp. 63-73.; M. A. Judson, *The Crisis of the Constitution: An Essay in Constitutional and Political Thought in England, 1603-1645*, New Brunswick, 1949, pp. 23-25.
（10） Stephen Dowell, *op. cit.*, Vol. I, p. 163.
（11） 輸出税は羊毛・羊皮を課税対象とするものであった。また、トン税は酒類トン当たりに対する輸入税であり、ポンド税はその他の輸出・輸入商品に対する従価税であった。Cf. *Ibid.*, Vol. I, p. 165.
（12） 隅田哲司、前掲書、65 頁。
（13） 同上書、164 頁。
（14） 同上書、165 頁。
（15） 仙田左千夫「イギリス絶対王制期における財政制度の形成過程」、『彦根論叢』（滋賀大学）第 129・130 号（人文科学特集第 22 号合併）、1968 年 3 月、33 頁。
（16） 内国消費税を欠いていたことは、この時代におけるイギリス租税制度の大きな特徴である。
（17） Vgl. M. Nachimson, *Die Staatswirtschaft: Eine Kritisch-theoretische Beleuchtung*, Leipzig, 1913, S. 232-234. 阿部勇訳『財政学―批判的・理論的解説―』鋮塔書院、1932 年、339-341 頁。
（18） F. C. Dietz, *English Government Finance*, Vol. I, London, 1921, p. 20.
（19） Stephen Dowell, *op. cit.*, Vol. I, p. 178.
（20） *Ibid.*, Vol. I, p. 179.
（21） *Ibid.*, Vol. I, pp. 179-181.
（22） *Ibid.*, Vol. I, pp. 182-193. なお、関税徴収請負制については、以下の文献

を参照せよ。F. C. Dietz, *op. cit.,* Vol. I, pp. 328-361.; Robert Ashton, "Revenue Farming under the Early Stuart", *Economic History Review,* Vol. 3, No. 3, 1956, pp. 310-322.；隅田哲司、前掲書、第4章；酒井重喜、前掲書、第1章。

(23) これは、絶対王政の財政的基盤がいまだ近代的なものとして確立していなかったことの証左であるといってよいであろう。宇野弘蔵『経済政策論』弘文堂、1954年、49頁。

(24) この時代における独占はそれまでの中世的な地方的独占と区別して、しばしば初期独占（early monopoly）と呼ばれることがある。

(25) 独占特許付与の目的は、ただ財政的なものだけであったわけではなく、経済的規制を加えるために付与される場合もあった。Penry Williams, *The Tudor Regime,* Oxford, 1979, p. 162.

(26) 仙田左千夫、前掲論文、126頁。なお、ジェームズは、独占を企業の活動分野に従って、商業独占（commercial monopolies）と産業独占（industrial monopolies）とに分類している。Cf. Margaret James, *Social Problems and Policy during the Puritan Revolution 1640-1660,* London, 1930, Chap. IV.

(27) 堀江英一『近代ヨーロッパ経済史』日本評論社、1960年、131-132頁。

(28) Cf. Ephraim Lipson, *The Economic History of England,* Vol. I, London, 1912, 5th ed., 1948, pp. 361-364.; E. H. Levy, *Monopolies: Cartels and Trusts in British Industry,* London, 1927, pp. 24-36.；仙田左千夫「イギリス絶対王制期における消費税制の先駆的展開―初期独占の財政的意義―」、『彦根論叢』（滋賀大学）第132・133号、1968年12月、127-135頁。

(29) W. H. Price, *English Patents of Monopoly,* London, 1906, p. vii.

(30) 矢口孝次郎「初期独占における収益特権」、『関大経済論集』（関西大学）第5巻第1号、1955年7月を参照せよ。

(31) 仙田左千夫、前掲「イギリス絶対王制期における財政制度の形成過程」、39頁。

(32) John Sinclair, *The History of the Public Revenue of the British Empire,* Vol. I, London, 1785, 3rd ed., 1803, p. 380.

(33) 長谷田泰三、前掲書、6-7頁。

(34) 仙田左千夫『イギリス公債制度発達史論』法律文化社、1976年、15-21頁。

(35) Cf. Andrew Thrush, *Naval Finance and the Origins and Development of Ship Money,* in M. C. Fissel, ed., *War and Government in Britain, 1598-1650,* Manchester, 1991, p. 152.

(36) 酒井重喜『チャールズ一世の船舶税』ミネルヴァ書房、2005年、「まえが

き」、i–iii 頁。

(37) くわしくは、D. K. Keir, "The Case of Ship Money", *Law Quarterly Review*, No. 52, 1936.；酒井重喜、同上書、第 9 章を参照せよ。

(38) しかし、1638 年の 5 回目と 1638 年の 6 回目には、むしろ税収が落ち込んでいる。Cf. M. J. Braddick, *The nerves of state: Taxation and the financing of the English state, 1558-1714,* Manchester, 1996, p. 103. 酒井重喜訳『イギリスにおける租税国家の成立』ミネルヴァ書房、2000 年、12 頁。

(39) その後、1660 年、1667 年、1678 年、1689–1690 年に賦課され、1692–1693 年、1694–1695 年、1698–1699 年には、季節ごとに年 4 回賦課された。*Ibid.*, p. 98. 邦訳、100 頁。

(40) たとえば、1641 年には約 40 万ポンドであったが、1660 年には約 23 万ポンド、1667 年には約 25 万ポンド、1678 年には約 26 万ポンドであった。*Ibid.*, p. 98. 邦訳、101 頁。

(41) 仙田左千夫「イギリス・ピューリタン革命期における財政収入制度」、『彦根論叢』（滋賀大学）第 144 号、1970 年 7 月、21 頁。

(42) W. O. Scoroggs, "English Finances under the Long Parliament", *Quarterly Journal of Economics*, Vol. 21, 1906, pp. 464–477.

(43) *Ibid.*, p. 474.

(44) 仙田左千夫、前掲「イギリス・ピューリタン革命期における財政収入制度」、28 頁。

(45) M. P. Ashley, *Financial and Commercial Policy under the Cromwellian Protectorate,* London, 1934, new imp. 1972, p. 73.

(46) 隅田哲司、前掲書、168 頁。

(47) 同上書、177 頁。

(48) 1653 年に、月割税全廃の要求が出され、政府と正面から衝突するに至り、4 分の 1 の減額が行われた。1656–1657 年には、月割税に対する抗議はさらに激しさを増し、同税を一切の財産収入 1 ポンド当たり 6 ペンスの全国一律課税にするとの提案が議会に対して行われたが、土地所有者たちによって拒否された。Cf. M. P. Ashley, *op. cit.*, pp. 74–77.

(49) このことは、とりもなおさず、イギリス国内における資産についての精密な調査の問題であって、ひいては全国的な地籍の確定にもかかわる問題であったのである。さらにいえば、全国的規模における近代的土地所有者の確定にともなう金納地租の設定の問題であったのである。そして、こうした問題こそが、共和制時代のアイルランドにおいてペティが精力的に取り組んだ

問題なのであって、さらには、王政復古後におけるかれの主著『政治算術』の主題、とりわけその地代論に深く結びつく問題にほかならなかったのである。松川七郎『ウィリアム・ペティ―その政治算術=解剖の生成に関する一研究―（増補版）』岩波書店、1967年、82頁。
(50) 隅田哲司、前掲書、128頁。
(51) Cf. M. P. Ashley, *op. cit.*, p. 83.
(52) Cf. T. S. Willan, ed., *A Tudor Book of Rates,* Manchester, 1962, Introduction.
(53) 石坂昭雄「租税制度の変革」（大塚久雄・高橋幸八郎・松田智雄編『西洋経済史講座』(IV)、岩波書店、1964年、所収）、177頁。なお、この時期の関税制度の変革の要因は、巨額の戦費調達という財政問題にあったという点については、隅田哲司、前掲書、149-150頁を参照せよ。
(54) この法令は、それまでのイギリスの関税諸法を統合整理するとともに、17世紀後半の大部分にかけて存続した関税制度にその基礎を提供したもので、イギリス関税史上重要な意義をもつものであった。
(55) Stephen Dowell, *op. cit.,* Vol. II, p. 9.
(56) 佐藤進『近代税制の成立過程』東京大学出版会、1965年、13頁。
(57) この時期におけるオランダの消費税制度については、さしあたり以下の文献を参照せよ。E. R. A. Seligman, *Essays in Taxation,* London, 1895, 9th ed., 1921.; F. K. Mann, *Steuerpolitische Ideal,* Jena, 1937.；石坂昭雄「オランダ連邦共和国の租税構造=政策―仲継貿易資本と間接消費税―」、『社会経済史学』（社会経済史学会）第29巻第3号、1964年2月。
(58) 通常、ヘイルズの『イングランド王国の繁栄についての一論』(*A Discourse of the Common Weal of this Realm of England,* 1581) は、イギリス重商主義思想に関する最初の文献であるといわれている。
(59) Stephen Dowell, *op. cit.,* Vol. I, pp. 141-142.；仙田左千夫、前掲「イギリス絶対王政期における消費税制の先駆的展開―初期独占の財政的意義―」、124頁。
(60) Stephen Dowell, *op. cit.,* Vol. IV, p. 69.; 仙田左千夫、同上。
(61) *Ibid.,* Vol. IV, p. 70. 仙田左千夫、同上。
(62) *Ibid.,* Vol. IV, pp. 187-188.；仙田左千夫、同上論文、124-125頁。
(63) Edward Hughes, *Studies in Administration and Finance, 1558-1825,* Manchester, 1934, rpt. Philadelphia, 1980, p. 116.
(64) F. C. Dietz, *op. cit.,* Vol. I, pp. 264-265.
(65) Vgl. Wilhelm Vocke, *Geschichte der Steuern des Britischen Richs,* Leipzig, 1866, S.

360. これに対して、ケネディは、1643年以後の内国消費税は「イギリスではなんら先行者をもたなかった」としている（William Kennedy, *op. cit.*, p. 51）。
(66) Stephen Dowell, *op. cit.*, Vol. I, pp. 264-265.
(67) William Kennedy, *op. cit.*, p. 53.
(68) Stephen Dowell, *op. cit.*, Vol. II, p. 9.
(69) *Ibid.*
(70) Cf. Edward Hughes, *op. cit.*, p. 120.
(71) ケネディは、16世紀から1640年まで、下層一般大衆は、課税をほとんど免除されていたとしている。Cf. William Kennedy, *op. cit.*, p. 83.
(72) *Ibid.*, p. 53.
(73) A. S. P. Woodhouse, ed., *Puritanism and Liberty: being the Army Debates(1647-9) from the Clarke Manuscripts with Supplementary Documents,* London, 1938, 2nd ed., Chicago, 1951, p. 425.
(74) M. P. Ashley, *op. cit.*, p. 164.
(75) W. O. Scoroggs, *op. cit.*, p. 481.
(76) D. M. Wolfe, *Leveller Manifestoes of the Pulitan Revolution,* New York, 1944, p. 272.；松川七郎、前掲書、89-90頁。
(77) *Ibid.*, p. 288.；同上書、90頁。
(78) *Ibid.*, p. 302.；同上。わが国において、この時期のイギリスにおける内国消費税の負担については、まったく相反する二つの見解がある。一つは、内国消費税は主として下層の一般大衆の負担となった、とするものである。佐藤進、前掲書、18頁。もう一つは、この時期の内国消費税の負担は主として産業資本家の肩にかかった、とするものである。石坂昭雄、前掲「租税制度の変革」、177頁。
(79) 酒井重喜、前掲『近代イギリス財政史研究』、258頁。
(80) Edward Hughes, *op. cit.*, p. 122.
(81) Stephen Dowell, *op. cit.*, Vol. II, p. 8.
(82) 酒井重喜、前掲『近代イギリス財政史研究』、258頁。
(83) 同上書、259頁。
(84) 同上書、261頁。
(85) Edward. Hughes, *op. cit.*, p. 129.
(86) *Ibid.*
(87) ジョンソンは、イギリスへの内国消費税の導入からおよそ100年後に著わした辞典の中で、同税に対して「商品に課せられる憎らしい租税、資産の査

定員によらないで、内国消費税の収納者に雇われた人非人たちによって取りきめられる租税」という定義を与えている（Samuel Johnson, *A Dictionary of the English Language*, Vol. I, London, 1827, p. 348）。

(88) William Kennedy, *op. cit.*, p. 54.
(89) Stephen Dowell, *op. cit.*, Vol. II, p. 10.
(90) *Ibid.*
(91) *Ibid.*, p. 11.
(92) *Ibid.*, pp. 12-13.
(93) M. P. Ashley, *op. cit.*, p. 68. なお、オグの計算によれば、内国消費税による税収は、導入当初には年平均25万〜30万ポンドであったが、1674年には著しく増加して70万ポンドにのぼった。その後には、平均40万ポンド前後で推移し、ジェームズ二世の治世に入ってからは50万ポンドに上昇した。Cf. David Ogg, *England in the Reign of Charles II*, Vol. I, Oxford, 1934, p. 157. また、シンクレーアは、1643-1659年の間の年平均を50万ポンドと見積もっている。Cf. John Sinclair, *op. cit.*, Vol. II, p. 284.
(94) 佐藤進、前掲書、22頁。
(95) C. D. Chandaman, *The English Public Revenue 1660-1688*, Oxford, 1975, p. 58.
(96) *Ibid.*, p. 221.；酒井重喜、前掲『近代イギリス財政史研究』、273頁。
(97) Stephen Dowell, *op. cit.*, Vol. II, p. 22.；佐藤進、前掲書、22頁。
(98) 隅田哲司、前掲書、36頁。
(99) C. D. Chandaman, *op. cit.*, pp. 77, 200.
(100) Cf. J. Thirsk and J. P. Cooper., eds. *Seventeenth-Century Economic Documents*, Oxford, 1972, p. 668.
(101) 酒井重喜、前掲『近代イギリス財政史研究』、358、360頁。
(102) 同上書、360-361頁。
(103) 炉税に対する反対行動については、L. M. Marshall, "The Levying of the Hearth Tax 1662-1688", *English Historical Review*, Vol. 51, 1936, pp. 631-641.；酒井重喜、同上書、364-371頁を参照せよ。
(104) David Ogg, *op. cit.*, Vol. II, p. 429.
(105) アダム・スミスは、炉税に対し、「その家族に炉がいくつあるか確かめるために、徴税人は各室に入ってみなければならなかった。このいまわしい検分が本税をいまわしいものにした」と批判している（Adam Smith, *An Inquiry into the Nature and Causes of the Wealth of Nations*, London, 1776, ed. by Edwin Cannan, Vol. II, London, 2nd ed., 1920, p. 330. 大内兵衛・松川七郎訳『諸国民

の富』（II）、岩波書店、1973 年、1247-1248 頁）。
(106) William Kennedy, *op. cit.,* p. 8.
(107) J. A. Schumpeter, *Die Krise des Steuerstaates,* Graz and Leipzig, 1918, S. 6－17. 木村元一・小谷義次訳『租税国家の危機』岩波書店、1983 年、44-60 頁。
(108) M. J. Braddick, *op. cit.,* p.16.　邦訳、15 頁。
(109) Cf. E. R. A. Seligman, *The Shifting and Incidence of Taxation,* New York, 1899, 5th ed., 1927, rpt. 1969, pp. 19-78.　井手文雄訳『租税転嫁論』（第 1 部）、実業之日本社、1950 年、27-116 頁。

第4章
ペティ租税論の課題

第1節 『租税および貢納論』の構造と意図

　ペティの租税論上の著作としては、『租税および貢納論』と『賢者一言』および『政治算術』の三著が主要なものであり、このほかに『政治的解剖』や『貨幣小論』などの著作にも、それぞれ租税に関する所論が展開されている。しかし、なんといっても、ペティの租税論の中心的課題をなすものは、『租税および貢納論』と『賢者一言』および『政治算術』であるといってよい。

　ペティの最初の経済学上の大作で、かれの著作の中で最も体系的なものといわれている『租税および貢納論』は、1662年のはじめに執筆され、その年の4、5月頃に公刊されたものと推定されている。王政復古の2年後、ペティがちょうど39歳になったころである[1]。一般には、この著作は、総督としてアイルランドに赴任する政治的指導者たるオーモンド公（Duke of Ormond）に捧げて、多年の間アイルランドにあって見聞したところに基づいて同地の租税政策のあり方について建言したものと解されている。ペティは、本書を執筆しようとした意図を、その「序文」において次のように記している。「若くして分別のない人たちが結婚するのは、子どもを生むのを──ましてある特定の生業に適するような子どもを生むのを──第一の、そして唯一の目的としているのではあるまい。けれども、子どもが生まれたからには、子どもたちのめいめいの性向にしたがって、できるかぎりのことをしてやるものである。ちょうどそのように、私がこの書物を書いたのも、私の頭の中にある多くのわずらわしい思いつきをとり払ってしまいたいというだけのつもりであって、ある特定の人たちまたは事件のために利用するつもりではな

かった。けれども、いまそれが生まれてみると、しかもその誕生が、たまたまオーモンド公が総督としてアイルランドにおもむかれる時期に際会してみると、私は、この書物が、なにほどの役にもたたぬではあろうけれども、どこか他の国についてと同様、この国について考察してゆくうえに、時宜にかなったものかもしれないと思うのである」(2) と。また、「アイルランドは、アイルランド人が将来反乱を起こして自分たちを害したり、またはイングランド人を害したりしないようにするために、かなりの大軍隊を保持しておかねばならぬ国である。そして、この大軍隊は、貧しい人民に対し、また荒涼たる国に対し、必ずや巨額の重い徴収 (Leavies) を行う誘因となるに相違ない。それゆえ、アイルランドが、諸々の租税および貢納 (Tax and Contributions) の性質や標準を理解していても悪くはないはずである」(3) と。さらに、「アイルランドの偉大なる豊富さも、有利な輸出を行うためのなんらかの道が見いだされぬかぎり、かえってこの国を台なしにしてしまうであろう、そしてその輸出は、以下に論ずる関税 (Custom) および内国消費税 (Excize) が、正当な標準で課せられるかどうかにかかっているであろう。アイルランドは、イングランド人をアイルランドに送り込むか、アイルランド人をそこから引きあげるかして、その住民の大部分がイングランド人になるまで、全体としては人民不足であるし、その政策も経費のかかる軍隊なしにはけっして安全ではないから、私は、イングランド人をそこに引きよせるのは、かれらに次のことを知らしめるのが最もよい刺激であると思う。すなわち、国王の収入は、その国民の富 (Wealth)・賃料 (Rent) および所収 (Proceed) の10分の1であること、次の時代になれば、公共的経費は当地における10分の1税と同じほどにしか感じられなくなるであろうこと、また国王の収入が増加するにつれて、国王の支出の諸原因も比例的に減少するであろうから、それは二重に有利であることこれである」(4) と。すなわち、ペティによれば、アイルランドは統治のためになお多大な兵力を必要とし、したがって多くの収入がなくてはならない。しかし、この目的に照らすと、アイルランドにおける従来の教区はあまりにも小さくて区々であり、またその産業はその製品、食料品、牛馬の輸出入に対してイギリス本国が輸入制限を

していたために不振であった。さらに、その人口は種々の住居制限のためにあまりにも稀薄であった。しかし、アイルランドは自然に恵まれた土地であるので、行政区ごとに租税政策のよろしきを得れば、上述のような欠点を除去することが可能となる。こうした意味において、ペティの租税政策を具申し、かつその政策の現実的基礎を立証したものが、本書の内容となっている。

　しかし、実際には、王政復古直後にチャールズ二世によって行われた租税制度改革の所産の一つであって、イギリスの財政収入調達問題こそが、本書の執筆におけるペティの直接の関心であったと思われる。すなわち、王政復古によってイギリスに帰国したチャールズ二世は、財政的にはクロムウェルの破産を相続したとでもいうべき状態にあった。しかも、次から次へと多くの費用を要する戦争を行わなければならなかった。したがって、コンベンション議会（the Convention Parliament）の提起した租税制度改革問題—財政再建問題—は焦眉の急を告げる問題であった。すでに触れたように、当時のイギリスは、国内商工業の発展にともない関税その他の貿易政策が積極的に進められる一方で、近代的立憲制度への歩みが明確になりつつあった。同時に、財政収入体系も、この時期に、中世以来の伝統的な王領地収入や王権に基づく特権的収入に代わって、近代的な関係に基づく関税や内国消費税などのいわゆる間接税を主軸にする近代的租税制度が漸次導入されざるをえない状況にあった。すなわち、財政収入体系は、しだいに成長発展してきた市民社会の商品経済的富を基礎とすべき時期が到来していたのである。ペティの『租税および貢納論』は、こうした歴史的事情の下で、直接的には、1660年の王政復古後の財政再建という緊急の政治的要請に応じるために執筆されたものである[5]。しかし、それは、単純に国庫収支の破綻を救う、財政収支のつじつまを合わせるというものではなかった。渦中に身を置いていた当時の人々がどれほど意識していたのかは別として、財政の破局は、従来の財政収入体系が全面的に崩壊しているのに、それにとって代わるべき近代的な租税体系も、またそのための新たな指導原理もようやく発芽しはじめたばかりであるという、体制的な不安定から生まれていたのであった。そこで、ペティは、新たな租税原理のうえに新たな租税体系が確立されなければならないこ

第4章　ペティ租税論の課題

とを痛切に自覚し、財政再建問題に対する解決方法を示そうとしたのである。

『租税および貢納論』は、75頁たらずの小冊子であるが、その表扉を見ると、次のようになっている[6]。

```
           租税および貢納論についての一論文
    ⎛ 王領地  ⎞ ⎛ 刑 罰       ⎞
    ⎜ 課 徴  ⎟ ⎜ 独 占       ⎟
    ⎜ 関 税  ⎟ ⎜ 官 職       ⎟
    ⎜ 人頭税  ⎟ ⎜ 10分の1税    ⎟
    ⎜ 富 籤  ⎟ ⎜ 鋳貨の引き上げ ⎟
    ⎝ ご用金  ⎠ ⎜ 炉 税       ⎟
              ⎝ 内国消費税、など ⎠
          の性質および方法を示し、あわせて
    ⎛ 戦 争         ⎞ ⎛ 乞 食       ⎞
    ⎜ 教 会         ⎟ ⎜ 保 険       ⎟
    ⎜ 大 学         ⎟ ⎜ 貨 幣   ⎫    ⎟
    ⎜ 地代および購買年数 ⎟ ⎜ 羊毛の  ⎬輸出 ⎟
    ⎜ 利子および為替    ⎟ ⎜ 自由港       ⎟
    ⎜ 銀行および貸付    ⎟ ⎜ 鋳 貨       ⎟
    ⎜ 資産譲渡についての ⎟ ⎜ 家 屋       ⎟
    ⎝ 登 記         ⎠ ⎝ 信教の自由、など ⎠
         に関する種々の論説および余論を点綴
         以上は随所においてアイルランドの現状
         および諸問題に応用して論じられている
```

　この表扉がよく示しているように、『租税および貢納論』は、租税的諸事象のみならず、戦争、教会、大学、地代、地価、利子および為替など、広く社会的、宗教的、法律的、政治的、経済的諸問題に関する論議をも包摂している。これは、ペティが、新たな租税体系は自らがよって立つべき新たな基礎を求めていることをよく認識し、租税問題を単独に取り扱わず、これら諸

現象との関連において省察しようとしていることを意味するものであって、注目すべきことである[7]。

なお、『租税および貢納論』は、全15章からなり、次のような構成となっている。

第1章　各種の公共経費について（Of the several sorts of Publick Charges.）。
第2章　各種の公共経費を増加、加重せしめる諸原因について（Of the Causes which encrease and aggravate the several sorts of Publick Charges.）。
第3章　不穏当な租税負担の諸原因は、いかにすれば減少しうるか（How the Causes of the unquiet bearing of Taxes may be lessened.）。
第4章　種々の課税方法について、第一、公共の諸用途に充てるため全領土の一定部分を切り離しこれに王領地の性質を与えること、第二には、課徴すなわち地租として課税すること（Of the several wayes of Taxe, and first, of setting a part, a proportion of the whole Territory for Publick uses, in the nature of Crown Lands; and secondly, by way of, Assessement, or Land-taxe.）。
第5章　利子について（Of Usury.）。
第6章　関税および自由港について（Of Customs and Free Ports.）。
第7章　人頭税について（Of Poll-money.）。
第8章　富籤について（Of Lotteries.）。
第9章　ご用金について（Of Benevolence.）。
第10章　刑罰について（Of Penalties.）。
第11章　独占および官職について（Of Monopolies and Offices.）。
第12章　10分の1税について（Of Tythes.）。
第13章　貨幣を徴収するための種々の比較的小規模な方法について（Of several smaller wayes of levying Money.）。
第14章　貨幣の引き上げ、切り下げすなわち粗悪化について（Of raising, depressing, orembasing of Money.）。
第15章　内国消費税について（Of Excize.）。

全15章からなる『租税および貢納論』は、第1章から第2章までが経費論であり、第3章から第15章までが収入論である。収入論を形成している各章の内容は、おおむね次のようになっている。すなわち、第3章—収入総論、第4章—地租論、第5章—家屋税論、第6章—関税論、第7章—人頭税論、第8章—富籤論、第9章—ご用金論、第10章—罰金論、第11章—独占収入論・官職手数料論、第12章—10分の1税論、第13章—官業収入論、第14章—貨幣価値引き上げ論、第15章—内国消費税論、である。これらのうち、第3章、第4章、第5章、第6章、第9章、第12章、第13章、第15章がいわゆる租税収入論であり、他の諸章が税外収入論となっている[8]。すなわち、ペティは、『租税および貢納論』において、まず経費論を述べて、次にこの経費支弁のための収入論を述べ、この収入論をさらに租税収入論と税外収入論とに分けて論じており、すでに初期財政学の体系に近いものが形成されていることを認めることができる。こうした財政論体系は、後年のアダム・スミスも継承したものと見ることができる[9]。
　周知のように、アダム・スミスは、重商主義と重農主義との後を受けて、その成果を総括することによって資本主義社会を全体的・包括的に把握し、一個の独立した科学としての経済学の創始に成功した。そのかれの大著『諸国民の富』は、全5編からなる構造をもっており、それらは第1編と第2編からなる経済理論、第3編と第4編の一部からなる経済史・経済学説史、第4編の一部と第5編からなる経済政策論・財政論の3部分に整理できる。そして、アダム・スミスは、最終編のこの第5編で、第1章を経費論として国防・司法・公共事業の諸経費および主権者の威厳を維持するための経費について個別に検討し、進んで第2章・第3章で租税および公債について詳論して、形式的に整備された財政論の構成を示している[10]。
　なお、『租税および貢納論』は、その表題が示しているように、財政収入の調達とくに租税の徴収方法について論述したものであるが、この徴税の問題は単なる技術の域にとどまりうるものではない。すなわち、理想的な方法で徴税するためにはどのようにしたらよいのかという具体的問題の解決は、税源・租税の実体たる貨幣・租税の負担関係の検討など現実の経済の分析を

通してのみはじめて行うことができるのである。そのため、ペティは、租税の徴収について論じるに当たり、その方法の検討を通じて純経済的な事象そのものの分析にも及んでいる。すなわち、第4章では地代論・価値論・利子論、第6章では自由貿易論、第14章では価値・価格論を、それぞれ「岐路にそれた議論」あるいは「余論」として論及している。このことが、『租税および貢納論』が眼前に迫っている実際的な財政問題を解決することを直接の目的として執筆されたものであるにもかかわらず、そこで展開されている租税に関する内容に厚みをもたらしているのである。大内兵衛は、『租税および貢納論』に対して、次の三つの特徴を指摘している。すなわち、①公共経費の原因についてくわしく論じている、②租税の実体である貨幣、その価値の本質、由来を探究してそれを土地と労働にあるとし、その両者の価値を統一して理解しようとしている、③租税の負担を単に経済的に見ないで、社会的に見てその軽重を論じている。これら三つの特徴は、どの一つをとって考えても、それまでの完全に法学的・行政学的でしかなかった租税論に対して、ペティの見識および創意、そしてその科学的考察の出発への貢献がいかに大きなものであったのかを容易に想像させる[11]。

第2節 『賢者一言』の構造と意図

ペティの『賢者一言』は、『政治的解剖』の巻末付録として、かれの死後1691年に公刊された。ハルが編集した『ペティ経済学著作集』に収められている版で、わずか20頁ほどの小さな論策である。内容的には、イギリスが1665年に発生した第二次対オランダ戦争を遂行するに当たって、その戦費をいかなる方法で賄うべきであるのかについて検討した、いわばペティの戦時租税論ともいうべきものである。すなわち、当時、イギリスの租税は次第に加重となる傾向にあり、そのままに放置しておくならば、1665年以降にはイギリス国民は全収入の3分の1を支払わなければならないことになる。しかし、もし租税の賦課方法を改善すれば、それは各人の収入の10分の1をもって足りるはずである。つまり、現行の課税方法を改めれば、現行の4

分の1の負担で足りるようにすることができる。それでは、その方法とはどのようなものであるのか。これが、本書におけるペティの課題であった[12]。『賢者一言』の中で展開されている論旨は、基本的に『租税および貢納論』の範囲を出るものではなく、むしろその綱要たる性格をもっているといってよい。「序論」につづく本論は、以下のような10章からなっている。

- 第1章 国王の富についての種々の計算を収録 (Containing several Computations of the Wealth of the Kingdom.)。
- 第2章 国民の価値について (Of the Value of the People.)。
- 第3章 王国の種々の支出およびその収入について (Of the several Expenses of the Kingdom, and its Revenues.)。
- 第4章 租税の割当方法について (Of the Method of apportioning Taxes.)。
- 第5章 貨幣について、および一国の産業を運営するにはどれほど(の貨幣)が必要であるか (Of Money, and how much is necessary to drive the Trade of the Nation.)。
- 第6章 不規則な課税の諸原因 (The Causes of irregular Taxing.)。
- 第7章 諸々の租税の副次的利益 (The Collateral Advantages of these Taxes.)。
- 第8章 海軍・陸軍および守備隊の支出について (Of the Expence of the Navy, Army, and Garisons.)。
- 第9章 諸々の臨時的租税を平穏に負担すべき諸導因 (Motives to the quiet bearing of extraordinary Taxes.)。
- 第10章 どのように人々を雇用するか、またその目的はなにか (How to employ the People, and the End thereof.)。

以上の全10章のうち、本書の主要テーマである第二次対オランダ戦争にともなう戦費調達論は、具体的には次の諸章をもって展開されている。すなわち、租税負担の比例的配分の問題について検討した第1章・第2章、経常的経費をどのような種類の租税によって賄うべきかについて論じた第3章・第4章、臨時的戦費の問題を扱った第8章がそれである[13]。

本書の一般的特徴は、以下の2点に求められる。第1に、国富が全経済過程の基本的関連を総合的に把握しようとする見地より観察されており、その推計方法としては、統一的視点（価値計算的視点）に立っている。第2に、租税現象の数量的観察を詳細に行っている。ようするに、ペティは、本書において、当時の対オランダ戦争の戦費調達のための租税政策を問題とし、国民の富に対する公平な課税をもってすれば、そのための十分な財源が存在することを論じようとしたのである。そして、その具体的な根拠を示すために、国民の富の大きさとその内容を数量的に推計しようとしたのである。すなわち、ペティの国富推計の直接的な目的は、公平な租税負担による税収の増大の可能性を示すことであったのである[14]。

　本書で、ペティが、イギリスの第二次対オランダ戦争の遂行に当たって、その戦費をいかに賄うべきかということに考察の焦点を向けているにしても、それに関連して、国富や人間の価値などを精密に計算していることは、かれが後年の政治算術的方法の確立に向かって大きく前進する一歩を踏み出しているといってよいであろう[15]。高野岩三郎は、本書におけるペティの土地、家屋、船舶、家畜類、貨幣、物品・商品という6項目からなる国富の計算について、次のように評価している。「元来国富というものの性質については、今日に至るまで学者の間に議論の存する所であり、またその計算方法に至ってもなお帰一を見ざるものである。……しかし、この方法はいわゆる物的または客観的方法と呼ばれるものの一種である」[16]と。また、「ペッティーが今を去る260年の昔においてすでに国富統計の問題に着眼し、しかもまた重要な財産項目を網羅してこの計算を企てた壮挙に対して多大の敬意を表するに吝なるものではない」[17]と。しかし、総じて、本書は『租税および貢納論』を大きく抜きんでるといったようなものではなかった。

第3節　『政治算術』の構造と意図

　『政治算術』は、ペティの著作としては分量が多く、また内容も豊富で、かれの主著の中で最も著名な著作の一つである。しかし、本書が執筆された

正確な時期は、必ずしも明らかではない。一般には、1671年から1676年にかけてのころに、『政治的解剖』といわば平行的に執筆されたといわれている[18]。そして、この著作が公刊されたのは、ペティの死後、名誉革命の約2年後の1690年であった。

　ペティが『政治算術』を執筆した動機は、当時におけるオランダ、フランス、イギリスをめぐる国際関係の変動と、それとの相互関連において醸成されたイギリスの社会不安に密接に結びついていた。というのは、本書が執筆された時期は、チャールズ二世治下の中葉に当たり、第三次対オランダ戦争の直前から戦後にかけての時期に相当する。すなわち、共和制時代から王政復古を経てチャールズ二世の治世の前半にかけての時期においては、貿易・植民地獲得をめぐるオランダとの敵対関係が圧倒的な重要性をもっていた。17世紀の初頭以来、イギリスは、いち早く市民革命をなしとげたオランダの諸政策を模範としつつ同国と競争してきた。他方で、フランスは、1661年以来ルイ十四世の親政の下に絶対王政の最盛期を迎えようとしていた。そして、絶対主義的重商主義政策に基づく国内産業の振興と輸出入統制とが徹底して強行され、それによってヨーロッパ最強の軍事力が維持されていた。このため、第二次対オランダ戦争直後あたりからは、イギリスは、オランダばかりではなくフランスの脅威をも受けるようになったのである。いわば、第三次対オランダ戦争は、イギリスの主たる対抗国がオランダからフランスへと転回するターニングポイントといってよく、三国の国際関係の推移を示す歴史的性格をもつものであったのである[19]。

　また、ペティが『政治算術』を執筆する直前の時期には、国内において、1665年のペストの大流行、翌1666年のロンドンの大火災などが連続して生起し、イギリス経済に大きな打撃を与え、国民を大いに悲観させた。これらに加えて、第二次対オランダ戦争は、財政難によってイギリスに著しい苦戦を強いていたが、こうした中での1667年6月10日にケント州メドウェー川下流のチャタム（Chatham）軍港に対して行われたオランダ艦隊による攻撃は、首都ロンドンへのそれを意味するものであるとして受けとめられ、イギリス国民を大きな不安に陥れた[20]。

こうして、ペティが『政治算術』を執筆する直前のイギリスでは、オランダやフランスの隆盛にひきかえ、当時繁栄の指標とされていた地代の低下や産業の衰退が嘆かれ、同国の現状や国運の前途についての悲観的な見解が一般識者間に広く流布し、国民の多くが敗北主義に傾いていた[21]。悲観論の代表者は、当時の重商主義者のフォートリーとコークである。フォートリーは、すでに第二次対オランダ戦争よりも前に、「フランスとの貿易差額は、ひどい逆調である。毎年約260万ポンドにのぼる商品がフランスから輸入されているのに、イギリスの輸出額は100万ポンドを超えることはない、少なくとも160万ポンドの損失を受けている。……このことにより、わが国の財宝はまもなく枯渇して、人々が破滅するであろうことに疑いはない」[22]と、対フランス貿易による損失を嘆いている。また、コークは、第二次対オランダ戦争後に、「1654年頃から、わが国は急速に衰退に向かうようになった。……とくに海外でのわが国の産業は惨憺たる状態にある。……この王国の産業は衰退しているので、なんらかの改革がなされないかぎり、日夜いっそう悪い状態へ向かっていくに相違ない」[23]といって、オランダが通商的勃興、海上権掌握においてイギリスに迫りつつあるのを恐れた。さらには、「イギリス国家は、その産業と同じ危険に瀕している」[24]とまで極論している[25]。ペティが『政治算術』を執筆したのは、その「序」に記されているように、まさにこのような悲観論を根拠のないものであるとして論破し、イギリスによる世界貿易の掌握の可能性は大であって、同国の前途はますます有望であることを論証するためであった[26]。すなわち、オランダとフランスという二大強国がイギリスの目前に現われ、王国の前途に不安がもたれていたときに、「イギリスの利害と諸問題とは断じて悲しむべき状態にあるのではない」[27]ということを、そして「それほどフランスの強大な力を恐れる必要はない」[28]ということを論証し、「イギリスの王位の勢力と威容とを示す」[29]ためであった。
　『政治算術』は、「献辞」「序」につづく、以下の全10章から構成されている。

第 1 章　小国で人民が少なくても、その位置・産業および政策いかんによっては、富および力において、はるか多数の人民、はるか広大な領域に匹敵しうること。それには、とくに航海および水運の便が、最も著しく、また最も根本的に役立つこと（That a small Country, and few People, may by their Situation, Trade, and Policy, be equivalent in Wealth and Strength, to a far greater People, and Territory. And particularly, How conveniences for Shipping, and Water Carriage, do most Eminently, and Fundamentally, conduce thereunto.）。

第 2 章　ある種の租税および公課は、公共の富を減少せしめるというよりも、むしろ増加せしめること（That some kind of Taxes, and Publick Levies, may rather increase than diminish the Common-Wealth.）。

第 3 章　フランスは、自然的にして永久的な障害があるため、イギリス人またはオランダ人より以上に、海上では優勢たりえないこと（That France cannot, by reason of Natural and Perpetual Impediments, be more powerful at Sea, than the English, or Hollanders.）。

第 4 章　イギリス国王の人民および諸領域は、その富および力に関して、フランスのそれらと自然的にはほぼ同じ重要さがあること（That the People, and Territories of the King of England, are Naturally near as considerable, for Wealth, and Strength, as those of France.）。

第 5 章　イギリスの偉大さにとっての諸障害は、偶然的にして除去しうるものにすぎないこと（That the Impediments of England's Greatness, are but contingent and removeable.）。

第 6 章　イギリスの権力および富は、ここ 40 年以上の間に増大したこと（That the Power and Wealth of England, hath increased above this forty years.）。

第 7 章　イギリス国王の臣民の全支出の 10 分の 1 でも―もしこれが規則的に課税・調達されるならば―優に 10 万の歩兵、3 万の騎兵、4 万の水兵を維持し、経常・臨時の双方についての政府の他の一切の経費を賄うことができること（That one tenth part, of the whole

Expence, of the King of England's Subjects; is sufficient to maintain one hundred thousand Foot, thirty thousand Horse, and forty thousand Men at Sea, and to defray all other Charges, of the Government: both Ordinary and Extraordinary, if the same were regularly Taxed, and Raised.)。

第8章 イギリス国王の臣民の中には、現在よりも1年当たり200万ポンド多くを稼得しうる遊休の人手が十分あること、そしてこの目的のためにいつでも役立つ適当な仕事口も十分あること（That there are spare Hands enough among the King of England's Subjects, to earn two Millions per annum, more than they now do, and there are Employment, ready, proper, and sufficient, for that purpose.)。

第9章 この国民の産業を運営してゆくに足るだけの貨幣があること（That there is Money sufficient to drive the Trade of the Nation.)。

第10章 イギリスの国王の臣民は、全商業世界の貿易を運営するために、十分な、しかも便利な資財をもっていること（That the King of England's Subjects, have Stock, competent, and convenient to drive the Trade of the whole Commercial World.)。

　以上に紹介した目次からわかるように、『政治算術』の本論は、各々の章で一つひとつ結論を出し、それをそのまま各章のタイトルにしてゆくという叙述形式がとられている。すなわち、本論は、各章のタイトルによって示される10箇の結論から成り立っている。しかし、これら10の章は、必ずしも系統立てられているわけではない。むしろ、前後の脈絡もなく無秩序に展開されている。

　『政治算術』の内容は、その考察対象を基準として単純に分けてみると、国家間の比較的考察と一国の考察の、二つに分けることができる。しかし、これをペティ自身の考察過程を踏まえてより内容に即して分けると、第1部、第2部そして第3部の三つに分けることができる。第1部は第1章と第2章であり、第2部は第3章から第5章までであり、第3部は第6章から第10章までである。そして、第1部はオランダとフランスに関する国力・経済力

の比較(=オランダ・フランスの国力・経済力比較論)、第2部はフランスとイギリスに関する国力・経済力の比較(=フランス・イギリスの国力・経済力比較論)、第3部はイギリスの国力と経済力増進の根拠の実証(=イギリスの国力・経済力増進論)、である[30]。こうして、ペティは、『政治算術』の全編を通じて、オランダ、フランス、イギリスという順序で列強の国力と経済力についての現状分析を行い、イギリスが他の二国に比較して断じて悲しむ状態にあるのではなく、世界貿易を常握しうる潜在的な国力・経済力をもっているゆえんを、具体的に論証しようとしたのである[31]。しかも、その場合に、個人的恣意性を脱却した客観的妥当性をもたせる意図をもって、ベイコンによって創始された経験論的新哲学に基づき、中世的な思弁や形而上学的論議を排除して、撤頭徹尾「数・重量・尺度」に依拠して論述を展開しており、『政治算術』の全編は数字で埋め尽くされている、といっても過言ではない[32]。その意味では、『政治算術』は、ジョン・グラント(John Graunt)の『死亡表に関する自然的および政治的諸観察』(*Natural and Political Observations mentioned in a following Index, and made upon the Bills of Mortality,* 1662)(以下、『自然的・政治的諸観察』と略称)とともに、「近代統計学の最初の著書」[33]といわれている。

　また、『政治算術』の中の行論立証において、商品、価格、利子、利潤、地価、貨幣、貿易などの経済学に関する概念が示され、主張が行われている。これらの諸概念は、すでに1662年に公刊された『租税および貢納論』において示されているものである。しかし、『政治算術』においては、これらの経済学的諸概念と統計的数字との結合が、きわめて有機的になされている。この意味で、『政治算術』は、ペティのすべての著作を貫く根本的なものであるといってよいであろう[34]。ペティの財政経済論の研究において多大の貢献をされた大内兵衛の言葉を借りるならば、「その経済学的創意においては、本書は、『租税及貢納論』ほどに多くの命題をふくむといえず、その数字の取り扱いにおいては、『アイルランドの政治的解剖』ほどに詳細ではないけれども、数字をもって事実を語り、事実の内に社会経済の原理を隠見せしめている点において、この著は右二書の特色を兼備している」[35]ということになる。ロッシャーもまた、同様の観点から、『政治算術』の一般的特

徴について、次のように記している。煩を厭わず引用すれば、「『アイルランドの政治的解剖』が当時としては個別統計の模範を提供していると同じく、遺書『政治算術』は比較統計の模範である。……また当時のあらゆる主要国における統計材料に、同じ程度にまで通暁しようとするかれの努力、真に妥当なものと興味あるものだけを洞察する眼識に至っては、いよいよもって賞讃に値いする。同様に、国家権力のいわば筋肉と神経とを感得する、真に政治家的な手練のごときも、多数の統計家が表面上の外被から内部に透徹することさえできないのに比べれば、はなはだ賞讃すべきである。——ペッティーはオランダ国民の偉大な長所の真価を認めるにやぶさかでなく、この表現は多くの点でチャイルドのそれと一致しており、しかもペッティーの説明の方がチャイルドより勝れている。讚歎すべき諸事物がいかにして天才的に発明されたかということよりも、むしろこれらのものが種々な条件の中からほとんど必然的に発生した経過いかんということを、大部分実証する能力をもつものは、真正の識者であるが、かれにあっては、そのような識者のNiladmirari（何ごとにも驚かない自若さ）が観取される」[36]と。

しかしながら、ペティは、ただ単に社会経済諸現象を数量的に把握して、イギリスの国力・経済力の増進に対する実際的な合理的諸政策を帰納的に導出しているだけではない[37]。ペティは、労働価値論を経済社会分析の武器として、この理論的見地に立って、イギリスの生成期資本主義社会の構造を数量的・統計的に把握し、解明しようとしているのである。こうした方法は、科学的な経済学説の体系的成立のうえにおいてきわめて意義のあることであり、『政治算術』の大きな特徴である。このゆえに、マルクスは、本書をもって、「政治経済学が独立の科学として分離した最初の形態」[38]と評している。

『政治算術』は、従前のペティの諸著作を踏まえて、イギリスの前途がけっして悲観すべきものではないことを強調する論説であり、租税に関する所論も、その一分野にとり入れられている。まず、第1章では、オランダの租税制度が、同国の国力・経済力の原因の一つとして取りあげられている[39]。つづく第2章では、イギリスで採用されるべき租税政策について論

述されている。その中心問題は、生産を促進し国富を増加させるためには、税収をどのように用いるのか、また租税の徴収割合および徴収方法をどのようにすれば合目的的であるのか、である[40]。また、第5章においては、イギリスの偉大を妨害している事情として、課税問題が挙げられ、税種の選択の誤謬と徴税請負制度の弊害が指摘されている[41]。さらに、第7章においても、イギリス国民の支出の推計に基づいて、租税制度さえ厳正に行われるならば、その10分の1で強大な軍備を維持しうるばかりではなく、一切の公共経費を支弁しうることが示されている[42]。これらの諸章における租税に関する論述は、イギリスの国力・経済力の増進という理念に焦点を合わせて展開されている。すでに述べたように、ペティは、本書においてイギリスの国力・経済力を増進しうる可能性とその方法とを論証しているのであるが、租税についての論議にも、合理的な租税制度の帰結が国内生産・輸出増進にあるという実践的要求が色濃く現われているのである。こうした、『政治算術』における租税に関するペティの論述の特徴について、岩下篤廣は、「銘記すべきことは財政思想の経済理論化への接近である。……経済循環構造における財政経済の介入とその再帰過程、財政経済の産業に及ぼす影響、富の所有の変化につき、素朴的な図式的表現をしている」[43]としている。

注
（1） 松川七郎「『租税貢納論』の成立とその構成」（大内兵衛・松川七郎訳『租税貢納論』岩波書店、1952年、所収）、196頁。
（2） William Petty, *A Treatise of Taxes and Contributions,* London, 1662, in C. H. Hull. ed., *The Economic Writings of Sir William Petty,* Vol. I, Cambridge, 1899, p. 5. 大内兵衛・松川七郎訳『租税貢納論』岩波書店、1952年、27頁。訳文は、一部変更を加えた。以下、同様。なお、『租税および貢納論』は、1662年にその初版が出版された後、ペティの生前に4回、死後に3回、計7回版を重ねた。すなわち、第2版は1667年、第3版は1679年、第4版は1685年、第5版は1689年、第6版は1690年、第7版は1769年にそれぞれ出版された。
（3） *Ibid.* 邦訳、27–28頁。
（4） *Ibid.,* p. 6. 邦訳、29–30頁。
（5） 時永淑『経済学史』（第一分冊）、法政大学出版局、1962年、113–114頁。

（6） William Petty, *Treatise of Taxes, op. cit.*, title-page.
（7） 大淵利男『イギリス財政思想史研究序説―イギリス重商主義財政経済論の解明―』評論社、1963年、280頁。
（8） 高野利治「サー・ウィリアム・ペティの経済学にかんする一考察（2）―『租税貢納論』を中心として―」、『経済系』（関東学院大学）第50輯、1961年9月、2頁。
（9） アダム・スミスがペティの著作を熟読したであろうことは、『諸国民の富』の中に引用していることによって推察することができる。たとえば、第1編第8章「労働の賃金について」（Of the Wages of Labour）の中に、ペティの『政治算術』からの引用が、また、第2編第2章「社会の総資財の特殊部門とみなされる貨幣について、すなわち、国民資本の維持費について」（Of Money considered as a particular Branch of the general Stock of the Society, or of the Expence of maintaining the National Capital）の中に、『賢者一言』からの引用が見られる。
（10） 第5編の目次を示すと、次の通りである。
　　第5編　主権者または国家の収入について
　　　第1章　主権者または国家の経費について
　　　　第1節　防衛費について
　　　　第2節　司法費について
　　　　第3節　公共土木事業と公共施設の経費について
　　　　　第1項　社会の商業を助成するための公共土木事業と公共施設について
　　　　　　その1　社会の商業一般を助成するためのもの
　　　　　　その2　商業の特殊部門を助成するためのもの
　　　　　第2項　青少年の教育のための諸施設の経費について
　　　　　第3項　あらゆる年齢層の人民の教化のための諸施設の経費について
　　　　第4節　主権者の威厳を維持するための経費について
　　　　本章の結論
　　　第2章　社会の一般的または公共的収入の諸源泉について
　　　　第1節　主権者または国家に固有のものとして属しうる元本または収入の諸源泉について
　　　　第2節　租税について
　　　　　第1項　賃料に対する租税、土地の地代に対する租税

　　　　　　地代ではなく、土地生産物に比例する租税
　　　　　　家屋の賃料に対する租税
　　　第2項　利潤、すなわち資財から生じる収入に対する租税
　　　　　　特殊の職業の利潤に対する租税
　　　　　　第1項と第2項への付録
　　　　　　土地・家屋および資財の資本価値に対する租税
　　　第3項　労働の賃金に対する租税
　　　第4項　ありとあらゆる種類の収入に無差別にかけることを目的と
　　　　　　する租税
　　　　　　人頭税
　　　　　　消費品に対する租税
　　第3章　公債について

(11) 大内兵衛「『租税及び貢納論』の学説史的意義」（東京大学経済学会『古典学派の生成と展開』有斐閣、1952年、所収）、47頁。
(12) 大内兵衛「ペッティーの生涯と業績」（同訳『政治算術』第一出版、1946年、所収）、61頁。
(13) 大倉正雄『イギリス財政思想史—重商主義期の戦争・国家・経済—』日本経済評論社、2000年、27頁。
(14) 浦田昌計『初期社会統計思想研究』御茶の水書房、1997年、179頁。
(15) 松川七郎「『賢者には一言をもって足る』について」（大内兵衛・松川七郎訳『租税貢納論』岩波書店、1952年、所収）、227-228頁。
(16) 大内兵衛、前掲「ペッティーの生涯と業績」、64頁。
(17) 同上論文、64-65頁。
(18) 『政治的解剖』は、当時イギリスの植民地になりつつあったアイルランドをいかにして富裕にしイギリスの平和と繁栄に役立たせるのかという観点から、アイルランド社会に分析のメスを入れたものである。政治的・政策的意図からすれば、大局的には後期重商主義政策ないし思想の線に沿ったイギリス資本主義の世界市場制覇を目標とする性格をもつものといってよく、『政治算術』と共通している。また、数量的考察方法が定式化されているという点においても、両者は共通している。
(19) 松川七郎「『政治算術』について」（大内兵衛・松川七郎訳『政治算術』岩波書店、1955年、所収）、154-155頁。
(20) Cf. A. T. Mahan, *The Influence of Sea Power upon History, 1660-1783,* Boston, 1890, p. 132.

(21) 松川七郎、前掲「『政治算術』について」、158頁。
(22) Samuel Fortrey, *England's Interest and Improvement, Consisting in the Increase of the Store and Trade of This Kingdom,* Cambridge, 1663, 2nd ed., 1673, in Lars Magnusson, ed., *Mercantilism,* Vol. I, London, 1995, pp. 287-288.
(23) Roger Coke, *A Discourse of Trade in Two Parts,* London, 1670, in Lars Magnusson, ed., *op. cit.,* Vol. I, pp. 306-308.
(24) Roger Coke, *A Treatise wherein is demonstrated that the Church and State are in Equal Punger with the Trade of it,* London, 1671, in Lars Magunsson, ed., *op. cit.,* Vol. I, p. 312.
(25) フォートリーとコークの対フランス・対オランダ貿易論については、杉山忠平「自由貿易論の生成―重商主義とフリー・トレード―」(同編『自由貿易と保護主義』法政大学出版局、1985年、所収) を参照せよ。なお、ペティ自身も、コークの言述をほぼそのまま継受し、「序文」において、次のようにいっている。「土地の地代は一般に低下しているということ、そのために、また他の多くの理由によって、全王国は日ごとに貧乏になってゆくということ、全王国には、以前にはお金がおびただしくあったが、いまや金・銀ともにはなはだしく払底しているということ、人民のための産業や仕事はなにもなく、そのうえ土地は人民不足であるということ、租税は多数にのぼりしかも高いということ、アイルランド・アメリカ植民地その他王室の新付の領土はイングランドの重荷であるということ、スコットランドはなんの役にも立たないということ、産業は一般に悲しくも衰えているということ、海軍力の競争では、オランダ人がわれわれのすぐ後に追い迫ってきており、フランス人は急速に両者をしのごうとし、いかにも富裕で勢力があるように思われるということ、しかもフランス人が隣国をむさぼり食わないのは、かれらが温厚な性質をもっているからにすぎないということ、そして結局のところ、イングランドの教会および国家は、その産業と同じ危険に瀕しているということ、これ以外にも多くの陰気な暗示がある」と (William Petty, *Political Arithmetick,* London, 1690, in C. H. Hull. ed., *The Economic Writings of William Petty,* Vol. I, Cambridge, 1899, pp. 241-242. 大内兵衛・松川七郎訳『政治算術』岩波書店、1955年、19頁)。訳文は、一部変更を加えた。以下、同様。
(26) 松川七郎、前掲「『政治算術』について」、153頁。
(27) William Petty, *Political Arithmetick, op. cit.,* p. 244. 邦訳、24頁。
(28) Marquis of Lansdowne, ed., *The Petty-Southwell Correspondence 1676-1687,* London, 1928, rpt. New York, 1967, p. 52.

(29) William Petty, *Political Arithmetick, op. cit.,* p. 239. 邦訳、13 頁。
(30) 松川七郎、前掲「『政治算術』について」、171 頁。なお、第 1 部は序論、第 2 部は本論、第 3 部は結論ということができる。
(31) しかしながら、イギリスは、1674 年のウエストミンスター条約によってオランダを事実上制圧するに至る。16 世紀にスペインを破り、いままたオランダを制圧することに成功したイギリスが立ち向かうべき第三の敵は、フランスであった。イギリスは、このフランスを打倒するために、17 世紀の終わりから 19 世紀の初めのナポレオンの敗退するまで百数十年の歳月を費やすことになる。その意味では、ペティの『政治算術』は、イギリスのフランスに対する挑戦の思想的前駆であると見ることができる。白杉庄一郎「ペッティの政治算術論」、『経済論叢』（京都大学）第 57 巻第 4 号、1943 年 10 月、32 頁。
(32) 松川七郎、前掲「『政治算術』について」、199 頁。
(33) 時永淑、前掲書、112 頁。
(34) 大内兵衛、前掲「ペッティーの生涯と業績」、95 頁。
(35) 同上論文、94-95 頁。
(36) Wilhelm Roscher, *Zur Geschichte der englischen Volkswirtschaftslehre im sechzehnten und siebzehnten Jahrhundert,* Leipzig, 1851, S. 71-72. 杉本栄一訳『英国経済学史論――一六・一七両世紀に於ける―』同文館、1929 年、152-154 頁。
(37) こうした内容の『政治算術』に対して、渡邊一郎は、「分量の算出によりて国家の富力の現実を論証せる全内容は、あたかも近代の生産理論の本質を忍ばしむるものである」と評している（渡邊一郎「ウィリアム・ペティの経済理論（重商主義研究一部)」、『拓殖大学論集』第 9 巻、1938 年 11 月、69 頁)。
(38) K. H. Marx, *Zur Kritik der Politischen Ökonomie,* Berlin, 1859, in *Karl Marx-Friedrich Engels Werke,* Bd. 13, Berlin, 1978, S. 39. 武田隆夫・遠藤湘吉・大内力・加藤俊彦訳『経済学批判』岩波書店、1956 年、58 頁。
(39) William Petty, *Political Arithmetick, op. cit.,* pp. 268-253. 邦訳、36-40 頁。
(40) Cf. *Ibid.,* pp. 268-278. 邦訳、67-82 頁。
(41) Cf. *Ibid.,* p. 301. 邦訳、124-125 頁。
(42) Cf. *Ibid.,* pp. 305-306. 邦訳、134-135 頁。
(43) 岩下篤廣『財政経済主要理論の歴史的研究』崇文荘書店、1975 年、187 頁。

第5章

ペティ租税論の基礎的視角
―国富の増進―

第1節　富に関する見解

　ペティは、その生涯において、数多くの財政経済に関する著作を執筆している。それらは、それぞれに独自のテーマをもって執筆されたものである。しかし、その基底には、共通した実践的目的が据えられていた。それは、イギリスの富強の増進であった。イギリスの富強の増進とは、とりもなおさず、イギリスの富を増大させるということに帰する。われわれが、ペティの租税論を解明しようと試みる場合には、まず、かれにおける「富」についての見解を明らかにしておくことが求められる。このことが、ペティの租税論を理解するための前提となる。

　ペティは、その諸著作の各所において、富の概念について述べている。まず、ペティは、1640年代の内乱時代に執筆したと思われるメモ的な断片『産業交易およびその増進についての解明』(An Explication of Trade and its Increase, 1647)（以下、『産業交易の増進』と略称）において、経済学的な諸概念についての定義を列挙し、「富んでいる」という概念に対して、「富んでいるということは、自分自身が使用しうる以上に多くの物品を所有していることである」[1]という定義を与えている[2]。そして、「可減的な財貨やつまらないまたは一時的性質を有するような物品の余剰利得は、富の最善の増加ではない。富の最善の増加は、可減的でもなければ、その価値が時間的ならびに場所的な有為転変を経験することもなく、永久的で、普遍的な富といって少しも誤りでない、金・銀・宝石などの余剰利得である」[3]と述べている。ここで、ペティは、明らかに、金・銀・宝石をもって永久的な普遍的富（universal wealth）とみなしているのである[4]。こうしたペティの富についての見解は、

後年の『政治算術』の第1章においても、「銀・金および宝石は普遍的な富である」[5]として示されている。すなわち、「産業の偉大にして終局的な成果は、富一般ではなくて、とくに銀・金および宝石の豊富である。銀・金・宝石は、腐敗しやすくないし、また他の諸物品ほど変質しやすくもなく、いついかなるところにおいても富である。ところが、葡萄酒・穀物・鳥肉・獣肉等々の豊富は、そのときその場かぎりの富にすぎない。それゆえ、その国に金・銀・宝石等々を貯蔵せしめるような諸物品を産出すること、またそのような産業に従事することは、他のいずれよりも有利である」[6]と主張する。さらに、同様の見解は、第2章において、一層明瞭な内容をもって示されている。少々長いが、煩をいとわず引用すれば、「もし、租税の形で人民から取り立てられる貨幣その他の財産が、破壊され、無に帰されるならば、このような徴税が共同の富を減少させるであろうことは明白である。また、もし右の貨幣または財産が、なんの収益もあげずに王国から輸出されるならば、事情はやはり右と同一か、またはもっと悪いであろう。しかしながら、前述のように取り立てられたものが、一人の手から別人の手へ譲渡されるにすぎないならば、この場合われわれは、右の貨幣または諸物品が、改良を進めようとする人の手から引きあげられて、よからぬ管理者に与えられたか、それともその反対かを考察しさえすればよいのである。たとえば、かりに貨幣が租税の形で、それを無駄に食べたり飲んだりすることに使う人から引きあげられ、それを土地の改良・漁獲・鉱山の作業・製造業などに用いる別人に交付されたとしよう。このような租税が、右の相異なる人たちをその成員とする国家にとって、有利であるのは明白である。のみならず、もし、貨幣が、それを上述のように食べたり飲んだりすることや、またはその他の腐敗しがちな物品に使う人から引きあげられ、それを服地にふり向ける人へ譲渡されるならば、この場合でさえ、共同の富にとって多少とも有利である。なぜならば、服地は総じて食物や飲みものほど急速に腐敗しないからである。しかしながら右の貨幣が家屋の調度に使われるならば、その利益はなおいくらか大きく、それが家屋の建築に使われるならば、その利益はさらに大きい。もし、土地の改良・鉱山の作業・漁獲等々に使われるならば、その利益はなお

さら大きいが、金・銀を国内にもちきたすために使われるならば、その利益は最大である。なぜならば、これらの物は、腐敗しやすくないばかりでなく、いかなるときにも、またあらゆるところで、富として尊重されるからである。ところが、腐敗しやすいか、またはその価値が流行に依存しているか、または偶然的に払底したり豊富になったりするような他の諸物品は、なるほど富ではあるが、そのときその場かぎりの富にすぎないのである」[7] といっている。ここでは、富が、貨幣たる金・銀を先頭に、その耐久性に応じて評価されている。すなわち、まず、貨幣たる金・銀は、「あらゆるとき、あらゆる場所において富として尊重される」ことをもって、不滅の富とされている。そのうえで、この不滅の富たる金・銀を先頭に、つづいて、家屋、家具、衣服、飲食物というような財貨が、耐久性の大きな順序で、有利な富として評価されているのである[8]。このかぎりでは、ペティは、富の概念について重商主義のそれを踏襲しているといわざるをえない。

　しかし、他方で、ペティは、『租税および貢納論』において、「この国のすべての富、すなわち、土地、家屋、船舶、諸物品、家具、銀器および貨幣のうちで、かろうじてその10分の1が鋳貨である」[9] と述べている。また、ペティは、『賢者一言』において、イギリスの国富を次のように算定している[10]。

①土地	14,400万ポンド
②家屋	3,000万ポンド
③船舶	300万ポンド
④家畜類	3,600万ポンド
⑤金銀・貨幣	600万ポンド
⑥物品・商品	3,100万ポンド
合計	25,000万ポンド

　ここにおいては、ペティは、単に金・銀・宝石のみならず、土地、家屋、船舶、家畜、物品および諸商品などをも富の中に含めている。すなわち、ペ

ティは、意識的に富を有形な生産物一般にまで拡大して把握しようとしているのであり、従来の重商主義的な富の見解に比して、大きな前進を示しているのである[11]。

　ペティの富に対する見解が、重商主義的なそれを超えていたことは、かれの「他の著作に認められる重商主義的諸見解の最後の痕跡がここでは完全に消え失せている」[12]と評されている『貨幣小論』[13]において、一層明確な形をもって示されている。ペティは、32個からなる問答形式で叙述した同書において、次のようにいっている。すなわち、「もし、1シリング貨が新鋳によって現在の量目の4分の3に縮減されるならば、われわれは現在よりも4分の1多くの貨幣をもつことになり、またその結果、それだけ富むことになるだろうか」[14]との問に対して、「なるほど、諸君は、新名目のシリング貨を3分の1だけ多くもつことになるであろう。しかし、諸君は、1オンスたりとも多くの銀または貨幣をもつわけではないし、また新たに増殖された諸君の貨幣のすべてをもってしても、従来よりも1オンスたりとも多くの外国品を獲得できないであろうし、さらには国産品についてさえそうであろう」[15]と答える。また、「一国の貨幣が少なければ少ないほど、その国はますます貧乏なのではなかろうか」[16]との問に対しては、「必ずしも、常にそうとはかぎらない。というのは、最も裕福な人たちがその手元にほとんどまたはまったく貨幣をもたず、これをさまざまの物品に取り替えて回転させ、大利潤をあげているように、多数の個人の結合体にほかならない全国民もまた、同じことができるからである」[17]と答える。さらに、「もし、われわれがもっている貨幣が多すぎる場合はどうであろうか」[18]との問に対して、「その最も重いものを熔解して金銀の華麗な皿にしたり、容器や什器にしたりしてもよいし、またそれを要望しているところへ物品として送ってもよいし、あるいは利子の高いところがあれば利子をとって貸し付けてもよい」[19]と答える。これらの言説によれば、ペティは、明らかに、単に貨幣だけではなく、生産物一般をもって富の実体であると考えているのである。ここにおいて、ペティは、富＝金・銀・貨幣という重商主義的な富の見解からほとんど脱却して、富を生産物一般にまで拡大しているのである。経済学の発展史

における富の把握の相異について貴重な研究をなしたエドウィン・キャナン (Edwin Cannan) は、その名著『生産および分配学説史』(*A History of the Theories of Production and Distribution in English Political Economy from 1776 to 1848*, 1922) において、ペティを重商主義の著述家のひとりと位置づけたうえで、「アダム・スミス (Adam Smith) と同じように、一国民の貨幣はその国民の唯一の富ではないということを、実際には、よく知っていた」[20] と主張している。まさに、当を得た指摘であるといってよいであろう。

最後に、ペティは、富の見解において、富を君主個人の富または国庫的富としてではなく、「人民の富」すなわち市民社会の富として把握している。ペティは、「国王の富」を区別して、次のようにいっている。「国王の富は三重であって、一はその臣民の富、第二は臣民の富の分担額、すなわち人民の公共的防衛・名誉および外飾のために、また一人あるいは数人の私人の資力ではおよばぬような共同の幸福のための事業を管理するために、国王に与えられるものである。第三の部類に属する富は、最後に述べた分担額のうちの一部であって、国王が自分の個人的好みや裁量にしたがい、無報告で処分してさしつかえないものである」[21] といっている[22]。すなわち、ペティは、「国王の富」は三重であるといっているが、基本的なものは「人民の富」である。この「人民の富」から財政資金が徴収され、その財政資金の一部が割かれて、国王の個人的家計費になると観念している。このような考え方によれば、国富とは、当然に人民の富そのものでなければならないことになる。したがって、国が富むということは、人民の富が大なることであって、国王の個人的富が大なることではないのである。換言すれば、ペティは、国富を「国王の富」としてではなく、市民社会の富として捉えていたのである[23]。こうした富に対するペティの立場は、『政治算術』の第2章でイギリスとフランスとの国富を比較するに際して、一層明確に示されている。ペティは、「フランスの国王は、現在その人民の富の5分の1を取り立てているといわれているが、なおかつ王国の現在の富および力はおおいに誇示されている。ところで、人民の富と人民から自分の欲する場所・時期および割合で奪取している絶対君主の富とを識別する場合には、十分用心しなければならない。

のみならず、二人の君主の臣民が同等に富んでいても、一方の君主が他方の2倍だけ富んでいることもありうるのである。すなわち、一方の君主が人民の生計の資の10分の1を徴してこれを意のままに処分しているのに、他方の君主が20分の1しか徴しない場合がこれであって、むしろ一層貧しい人民の君主の方が、一層富んだ人民のそれよりも、もっと堂々として栄光に満ちているように見えるかも知れない」[24]といっている[25]。

なお、イギリスでは、中世以来、国王は自己の収入で生活する、また、その自己の収入をもって政府を維持し、国家を統治するものであるとの見解がとられてきた。したがって、国王の家計と国家の財政との区別は、必ずしも明らかではなかった。これら両者が明確に分離されるのは、1688年の名誉革命後における王室費（Civil List）の制定においてである[26]。こうしてみるとき、先におけるような財政資金の一部が国王の家計費として割かれるというペティの考え方は、いち早く王室家計と国家財政との区別の認識を示唆しているものであり、ここにかれの近代的財政概念に対する先駆性をうかがうことができる[27]。

第2節　富の源泉としての労働重視

ペティにおいては、富は単に金・銀・宝石にとどまらず、有形な生産物一般にまで拡大されていた。こうした富の概念の拡大に応じて、富の源泉もまた、生産過程において求められている。

まず、ペティは、大陸での遊学を終えて帰国した20歳台の半ばに執筆した『産業交易の増進』において、労働を「諸物品のための人間の単純な運動で、人間が自然的にそれに耐えうるだけの時間に対応するものである」[28]と定義し、その労働と土地とをもって富の源泉とする考えを示している。しかも、ペティは、産業交易の発達にともなって、富の増大における土地の比重よりも、労働の比重が大きくなるものと考え、「もし人間が、獣のように天然の産物で生活し、それらが生育するがままに消費し、しかも一つの物品しか存在しなかったとしたら、産業交易はまったく存在することはできない

だろう。しかし、もし諸物品が多種多様になり、しかも、すべての人がかれの興味、労働、熟練および力が生産しうるようなあらゆる種類の物品を消費するようになるとすれば、産業交易は極度に増進するであろう」[29] といっている。ここで、ペティによれば、産業交易がいまだ発達していない状態とは、衣・食・住に関連する最低限の産業交易しか存在しないような状態である[30]。こうした状態からさらに産業交易が増進すると、「食についての産業交易は穀物の耕作者と家畜の飼育者に分化され、衣についてのそれは、織布職、いかけ職、裁縫職、および靴職、革職に、さらに住についてのそれは、鍛冶職、石工および大工に分化される」[31] という。このようにして、分業の発達で産業交易が増進していくと、「産業交易の程度が低かったときには、地主の力がより大きく、土地がいわば国民の唯一の富であった」[32] のであるが、「増加した人々の労働が土地と等価となり……地主と産業交易者の力が均衡する」[33] という。さらに、産業交易が一層増進すると、「産業交易者や各部門の専門家たちの力が、最初の場合に地主の力が産業交易者を上回っていたように、今度は地主の力をはるかに上回ることになるだろう」[34] という。ここで、ペティは、明らかに、富の源泉としての土地と労働が、分業と産業交易の発達にともない、その比重が土地から労働に移っていくものと考えているのである。こうした、富の源泉における労働重視の考えは、後の『租税および貢納論』において、ペティの財政経済論の核心をなす、「土地が富の母であるように、労働は富の父であり、能動的要素である」(Labour is the Father and active principle of Wealth, as Lands are the Mother)[35] という有名な命題として結実されている[36]。また、ペティは、別の個所で、「国民の富・資財または準備金と呼ぶところのものは、以前のまたは過去の労働の成果である」[37] とも述べている。ようするに、ペティは、労働と土地という富の二つの源泉のうち、とくに労働がその能動的要因であり、第一義的に重要であると考えているのである。

そもそも、イギリスの重商主義学説のうえで、富の源泉としての労働を重視した最初の人物は、クレメント・アームストロング (Clement Armstrong) であるといわれている[38]。アームストロングは、16世紀の初頭に、羊毛商

人による投機がイギリスの貨幣を国外に流出させ、農業を衰退させることを懸念し、国内における毛織物生産のために人々を就業させ、農村におけるマニュファクチュアを奨励すべきことを提案した[39]。その理由は、かれが、「全王国の富は庶民の労働や仕事にその源を発する」[40]と考えたからである。その後、17世紀の初頭には、労働が富の源泉であるという思想は、より一般的なものとなった。マンは、1621年に公刊した最初の主著『東インド貿易論』において、富を自然的富と人工的富とに分け、前者は「領土そのもの」から生ずるもの、後者は「住民の勤労に依存するもの」とし、「勤労は、海外貿易を増大し左右するためばかりではなく、国内における諸技術を維持し増進するためにも、その役割を演じなければならない」[41]といっている。マンも、国富増進における労働の役割を重視している点においては、ペティと同様である。そして、富の増大をイギリスの富強のための国家目的としている点において、両者とも重商主義者である。両者の異なる点は、マンが国家財政の財源を順なる貿易差額による財宝の流入に求め、労働に基づく人為的富の増大もこうした流通過程の中に包摂して論じているのに対して、ペティの場合には、近代的租税制度の生成期に当たり、国家の財政的基礎を国民一般の負担する租税に求め、生産過程における労働を直接に国富増進の源泉として論じていることである[42]。ペティは、最初に、しかも科学的な方法で、イギリスの国民経済における労働の意義を生産面から認識し、論述したのである。

　次に、富の源泉としての労働を重視したペティにとっては、その労働は一般に国民の増加にともなって増大することになるので、労働人口の増加をもって富の増大をもたらすものと考えられた。ペティの次の言葉は、労働人口の増大の重要性を表明したものである。すなわち、「人民が少数であるということは真実の貧乏である。つまり800万の人民がいる国は、同じ地域に400万しかいない国よりも2倍以上富んでいるのである」[43]。ここにおいて、ペティは、人口が大なることは、当然に労働する人々が大なることを意味し、したがってまた、富の生産の大なることを意味するものと考えているのである。そこで、ペティにとっては、イギリスの人口の増大が富の増大のための

重要な課題となる。

しかし、単なる人口の増加だけでは、ただちに富の増大とはならないであろう。なぜならば、国民の中には、富の増大に寄与する者もいれば、富の増大になんら寄与しない者あるいはまったく労働しない者もいるからである。そこで、ペティは、有用で物質的なものを生産するかどうかを基準として、労働の概念について生産的労働（productive labour）と不生産的労働（unproductive labour）という二つの概念を明瞭にしている[44]。ペティは、「かりに勤勉にして創意に富む人たちの資財、すなわち、自分たちの生活している国を、洗練された飲食物・服装・家具・気持ちよい花園・果樹園および公共の建物等々によって美化するばかりではなく、貿易や武力によってその国の金・銀および宝石を増加させもする人たちの資財が、租税のために減少し、しかもそれが食べたり・飲んだり・歌ったり・遊んだり・踊ったりする以外には全然能のないような人たちに譲渡されるとしよう。否、形而上学その他無用の思弁にふけるような人たちか、さもなければ、物質的な物、すなわち国家社会において現実的な効用・価値をもつ物をなに一つとして生産しないような人たちに譲渡されるとしよう。この場合には、社会の富は減少するであろう」[45]というのである。この引用文によれば、富を増大させる者は、飲食物・服装・家具・花園・果樹園・公共建築物などを生産あるいは築造し、貿易や武力でその国の金・銀・宝石を獲得する者である。反対に、富の増大に対してなんら貢献しない者は、飲食、歌舞、演劇にふける人々、形而上学その他無用な思弁にふける人々、すなわち物質的な物、国家社会にとって現実的な効用ないし価値ある物を生産しない者である。ここで、前者が生産的労働で、後者が不生産的労働である。この場合に、ペティは、これらの区分の基準を、すでに述べたように有用にして物質的な物を生産するかしないかに置いている[46]。このかぎりにおいては、ペティの生産的労働と不生産的労働との区分は、アダム・スミスのそれときわめて近いものということができる[47]。すなわち、いまや富の実体は生産物のうちの有形財であるとして把握されており、それを生産する労働が生産的労働であり、そうでないものが不生産的労動である。ペティが、形而上学やその他無用の思弁にふける者

を、富の増大に寄与せざる者、すなわち不生産的労働者の部類に含めたのは、アダム・スミスが、いかに有用であっても無形財の生産に従事する者を不生産的労働者としたのと似ている[48]。ペティは、不生産的労働の問題に関連して、行政・法律および教会に関連する多数の官職と、神学者、法律家、医師、卸売商、小売商の数の削減を説いている。とくに、卸売商と小売商については、「これらの人たちは、貧民の労働をたがいにもてあそんでいる博徒であって、社会からは、本来的に、そして本源的になにものをも稼ぎとることをしない徒であり、また、政治体の血液と養液、すなわち農業および製造業の生産物を前後に分配する静脈および動脈のほかにはなんらの果実をもけっして生み出さぬ徒である」[49] といって、痛烈に批判している。

　イギリスの富強を願うペティにとって、政策上問題とされるのは、不生産的労働者もしくはまったく労働しない者を削減し、生産的労働者を増大させるということである。まず、不生産的労働者の問題についてであるが、ここで注意しなければならないことは、一口に不生産的労働者といっても、必ずしもまったく無用な労働者とはかぎらないことである。すなわち、国家の存立上有用ではあるが、しかし、富の増大という見地からは直接的な関係がないという意味で、不生産的労働者の部類に含められる広範な階層が存在する。このような不生産的労働者の一定人口は国家の存立上必要であり、これを確保し維持しなければならない。しかし、それ以上のこうした階層の存在は生産的労働者の人口を少なくさせるという意味で、富の増大の見地からは有害である。そこで、このような不生産的労働者階層の必要人口を各部門別に算定し、現実の人口を調節してこれに合致させて、過剰部分を生産的労働者に移し替えなければならない[50]。労働しない者の存在についても、ペティによれば、これはまったく不必要な存在の者であるので、すべて生産的労働者にしなければならないことになる。

　イギリスの16、17世紀は、重商主義思想と政策が展開された時代であり、また資本主義の生成期でもあった。そこでは、国民的生産はいまだ大部分が封建的形態の下で行われていたが、それと同時に商品経済が次第に浸透しつつあった。こうした中で、初期の重商主義者たちは、近世資本制社会の最初

の時代的代弁者として、金、銀、宝石こそが富であり、それは商品の流通過程たる外国貿易においてのみ獲得されると主張した[51]。

　これに対して、ペティは、富を単に金、銀、宝石にとどまらず有形な生産物一般にまで拡大して捉え、その源泉を生産過程に求め、したがって結局労働に帰した。これは、従前の重商主義者に対するペティの一つの前進を意味しており、アダム・スミスに代表されるイギリス古典学派とほぼ同じ立場に立つものであった。このような富に関するペティの見解は、当時のイギリスにおける一層発展した経済事情を反映したものであった。すなわち、ペティの時代のイギリスにあっては、商品生産がかなり一般化し、産業資本は次第にその支配を確立しつつあったのである。このことが、ペティの富についての見解を初期重商主義のそれから免れさせ、むしろ産業資本の立場に立つイギリス古典学派のそれに近接したものにさせたのである[52]。

　ペティは、国家権力の対内的維持も、また国威の対外的発揚も、基本的には国富の大きさに依存すると考えていた。こうした明確な認識の下に、イギリス国家の富強を希求する当然の結果として、ペティの関心は、その国富を増大させることに向けられた。そして、一切の政策がこの目的に集中させられ、租税政策も例外ではなかった。むしろ、その目的達成のために、租税政策の効果に寄せるペティの期待には大きなものがあった[53]。ペティがその諸著作を通じて展開した租税論は、イギリスの富強の増進＝国富の増大という実践的目的によって貫かれているのである。

注

（1）William Petty, *An Explication of Trade and its Increase*, in Marquis of Lansdowne, ed., *The Petty Papers, Some unpublished Writing of Sir William Petty*, Vol. I, London, 1927, rep. New York, 1967, p. 210.

（2）他の諸概念は、以下のものである。諸物品（Commodities）、産業交易（Trade）、貨幣（Money）、必需品（Necessaries）、力（Power）、偉大な人（Great Men）、主権者（Sovereign）、富んでいる・力のある・偉大（Rich, Powerful, Great）、労働（Labour）、熟練（Skill）、技術（Art）、貨幣の利子（Interest of Money）、為替料（Exchange of Money）、共通価格（Common

price）。*Ibid.*, pp. 210-211.
（3）*Ibid.*, p. 214.
（4）大淵利男『イギリス財政思想史研究序説―イギリス重商主義財政経済論の解明―』評論社、1963 年、253 頁。
（5）William Petty, *Political Arithmetick,* London, 1690, in C. H. Hull, ed., *The Economic Writings of Sir William Petty,* Vol. I, Cambridge, 1899, p. 259. 大内兵衛・松川七郎訳『政治算術』岩波書店、1955 年、50 頁。訳文は、一部変更を加えた。以下、同様。
（6）*Ibid.*, pp. 259-260. 同上。
（7）*Ibid.*, p. 269. 邦訳、67-68 頁。
（8）渡辺輝雄『創設者の経済学―ペティー、カンティロン、ケネー研究―』未来社、1961 年、33 頁。
（9）William Petty, *A Treatise of Taxes and Contributions,* London, 1662, in C. H. Hull, ed., *op. cit.*, Vol. I, p. 34. 大内兵衛・松川七郎訳『租税貢納論』岩波書店、1952 年、63 頁。訳文は、一部変更を加えた。以下、同様。
（10）William Petty, *Verbum Sapienti,* London, 1691, in C. H. Hull, ed., *op. cit.*, Vol. I, pp. 105-108. 大内兵衛・松川七郎訳『賢者には一言をもって足る』（同訳『租税貢納論』岩波書店、1952 年、所収）、169-174 頁。訳文は、一部変更を加えた。以下、同様。
（11）渡辺輝雄、前掲書、14-15 頁。
（12）Friedrich Engels, *Herrn Eugen Dührings Umwälzung der Wissenschaft,* Leipzig, 1878, in *Karl Marx-Friedrich Engels Werke,* Bd. 20, Berlin, 1962, S. 218. 栗田賢三訳『反デューリング論―オイゲン・デューリング氏の科学変革―』（下巻）、岩波書店、1974 年、143 頁。
（13）この小論が執筆された時期は、必ずしも明らかではないが、1682 年の 8 月か 9 月頃であるとされている。
（14）William Petty, *Quantulumcunque concerning Money,* London, 1695, in C. H. Hull, ed., *op. cit.*, Vol. II, p. 441. 松川七郎訳『貨幣小論』（森戸辰男・大内兵衛編『経済学の諸問題』法政大学出版局、1958 年、所収）、108 頁。訳文は、一部変更を加えた。以下、同様。
（15）*Ibid.* 邦訳、108-109 頁。
（16）*Ibid.*, p. 446. 邦訳、115 頁。
（17）*Ibid.* 同上。
（18）*Ibid.* 邦訳、116 頁。

(19) *Ibid.* 同上。
(20) Cf. Edwin Cannan, *A History of the Theories of Production and Distribution in English Political Economy from 1776 to 1848,* London, 1893, 3rd ed., 1917, rpt. 1922, pp. 4–5.
(21) William Petty, *Political Arithmetick, op. cit.,* pp. 298–299. 邦訳、121頁。
(22) この点について、井手文雄は、「この三重の富を一括して『国王の富』と称しているのは矛盾であり、ペティにおけるカメラリスムス的要素の存在を示唆するようにも思われる。しかし、より本質的には、かれはカメラリスムス的思想を脱却している」と評している（井手文雄『古典学派の財政論（増訂新版）』創造社、1960年、46頁）。
(23) 同上書、46頁。
(24) William Petty, *Political Arithmetick, op. cit.,* pp. 271–272. 邦訳、72頁。
(25) ハルは、「ペティが国富の国際比較をなすに当たっては、それが国庫の収入とは異なるものであり、国家にとって独立の重要性を有するものであることを認めているにもかかわらず、かれは完全にはカメラリスト的観念から脱却しえず、常に、土地、財産および人民の財政的重要性を重視している」と述べている（C. H. Hull. ed., *The Economic Writings of Sir William Petty,* Vol. I, Cambridge, 1899, pp. lxxii–lxxiii.）。
(26) Cf. Paul Einzig, *The Control of the Purse: Progress and Decline of Parliamemt's Financial Control,* London, 1959, Chap. 18. 長谷田泰三『英国財政史研究』勁草書房、1950年、第7章。
(27) 井手文雄、前掲書、46頁。
(28) William Petty, *Explication of Trade and its Increase, op. cit.,* p. 211.
(29) *Ibid.*
(30) *Ibid.,* p. 212.
(31) *Ibid.*
(32) *Ibid.*
(33) *Ibid.,* p. 213.
(34) *Ibid.*
(35) William Petty, *Treatise of Taxes, op. cit.,* p. 68. 邦訳、119頁。
(36) なお、このペティの命題は、グラントの著作の中にも、多少異なった表現で、「土地が富の母であり、胎であるごとく、人手はその父である」として出ている（John Graunt, *Natural and Political Observations mentioned in a following Index, and made, upon the Bills of Mortality,* London, 1662, in C. H. Hull, ed., *op. cit.,*

第5章 ペティ租税論の基礎的視角　123

Vol. II, p. 373. 久留間鮫造訳『死亡表に関する自然的及び政治的諸観察』栗田書店、1941 年、184 頁。また、ジョンソンは、土地と労働とを富の源泉とみなす考え方は当時の通説であって、古くはヒュー・ラティーマー（Hugh Latimer, 1485–1555 年）から最後の重商主義者ジェームズ・ステュアート（James Steuart, 1713–1780 年）に至るまでのイギリスの著述家に見られる教義を、ペティがこうした形で簡潔に述べたものであるとしている。Cf. E. A. J. Johnson, *Predecessors of Adam Smith: The Growth of British Economic Thought*, London, 1937, rpt. New York, 1965, p. 243.

(37) William Petty, *Verbum Sapienti, op. cit.*, p. 110.　邦訳、179 頁。

(38) 加藤一夫『テューダー前期の社会経済思想』未来社、1966 年、43–44 頁。一方、シャハトは、富の源泉としての土地の意義を推察した最初の人物として、ジョン・ヘイルズ（John Hales）を挙げている。Cf. Hjalmar Schacht, *Der theoretische Gehalt des englischen Merkantilismus*, Berlin, 1900, S. 76.　川鍋正敏訳『イギリス重商主義理論小史』未来社、1963 年、154 頁。

(39) Cf. Clement Armstrong, *Howe to reforme the Realme in setting them to Werke and to restore Tillage*, 1535–1536, in R. H. Tawney and Eileen Power, eds., *Tudor Economic Documents*, Vol. III, London, 1924, new imp. 1965, p. 115.

(40) *Ibid.*

(41) Thomas Mun, *A Discourse of Trade, from England unto the East-Indies*, London, 1621, rpt. New York, 1971, pp. 49–50.　渡辺源次郎訳『イングランドの東インドとの貿易に関する一論』（同訳『外国貿易によるイングランドの財宝』東京大学出版会、1965 年、所収）、68 頁。

(42) 鈴木勇「価値および剰余理論の史的研究序説（3）── 17 世紀の労働説、W. ペティ─」、『経済学研究』（獨協大学）第 52 号、1989 年 3 月、141 頁。

(43) William Petty, *Treatise of Taxes, op. cit.*, p. 34.　邦訳、63 頁。

(44) 経済学に人道主義を含めることに多大の貢献したイングラムは、ペティの思想を、「かれの著作の中の指導的思想」の一つであると断定してる（J. K. Ingram, *A History of Political Economy*, London, 1888, rpt. New York, 1967, p. 49. 米山勝美訳『経済学史』早稲田大学出版部、1925 年、67 頁）。ベヴァンもまた、同様の見解に立っている。Cf. W. L. Bevan, "Sir William Petty; A Study in English Economic Literature", *Publications of the American Economic Association*, Vol. 9, No. 4, 1894, p. 53.

(45) William Petty, *Political Arithmetick, op. cit.*, p. 270.　邦訳、69–70 頁。

(46) コッサは、この点に着目して、ペティは、人民を二分して、生産的な階層

と不生産的な階層となし、この区分の規準を有用にして物質的な物を生産するかしないかに置いている、と述べている。Cf. Luigi Cossa, *An Introduction to the Study of Political Economy,* Milano, 1876, trans. by Louys Dyer, London, 1893, p. 141.

(47) Cf. Adam Smith, *An Inquiry into the Nature and Causes of the Wealth of Nations,* London, 1776, ed. by Edwin Cannan, Vol. I, London, 1904, 2nd ed., 1920, pp. 313-314. 大内兵衛・松川七郎訳『諸国民の富』（Ⅰ）、岩波書店、1965年、522-523頁。
(48) 井手文雄、前掲書、40-41頁。
(49) William Petty, *Treatise of Taxes, op. cit.,* p. 28. 邦訳、53頁。
(50) 井手文雄、前掲書、58-59頁。
(51) 渡辺輝雄、前掲書、12-13頁。
(52) 同上書、13頁。
(53) 大川政三「ペティ財政論の初期資本主義的性格」、『一橋論叢』（一橋大学）第36巻第6号、1956年12月、64頁。

第6章

ペティ租税論の方法的基礎
―「政治算術」―

第1節 「政治算術」の生成と確立

　一般に、イギリスの17世紀は変革の世紀といわれている。この時代に、さまざまな分野において多くの天才が登場し、旧来の学問的伝統や思考様式をその根底から覆し、変革した。はたして、それが中世的なものの完全な超克であったのか否かについては、幾分議論の余地があるところであろう。しかし、少なくとも、かれらがそれを目指していたことは確かである。ペティも、そうした中の一人であった。

　ところで、いかなる場合においても、変革は古いものの破壊であると同時に、また新たなるものの創造でもある。しかし、創造には当然にその方法が必要である。したがって、ペティにとっても、まずもって重要な課題は、租税の問題を考察するに当たって、その依拠すべき方法の確立であった。ペティは、いくつかの著作において租税について論述している。その場合に、ペティが用いている方法は、かれ自身が「政治算術」（Political Arithmetick）と呼んだ科学的方法である。ペティによって「政治算術」という名称がはじめて用いられたのは、1672年12月17日づけで、かれがアングルシア卿（Lord of Anglesea）に宛てて書いた手紙においてであるといわれている[1]。また、1674年に公表された『二重比についての論述』（*Discourse of Duplicate Proportion*）（以下、『二重比論』と略称）の冒頭に付されているニューキャッスル公（Duke of Newcastle）への書簡においても、「世の中にはなお一層奨励せられるべき政治算術（Political Arithmetick）……というものがある」[2]と記している。さらに、1687年にエドワード・サウスウェル（Edward Southwell）に宛てた手紙の中でも、若干その内容にも触れつつ「……政治算術と名づけ、事

柄を数学的に取り扱うために、事柄に関する多くの言葉を数・重量・尺度を用いた表現に変えた」[3]と記している。しかし、ペティが、この「政治算術」という方法を採用する明確な意思とその内容を明示したのは、真の自然哲学を最終的に打ち立てた大天才と呼ばれているアイザック・ニュートン (Issac Newton) の『自然哲学の数学的諸原理』(*Philosophiae naturalis principia mathematica*, 1687)[4] とほとんど同じ時期に執筆された、同名の『政治算術』の「序」においてであった。ペティは、ここで、自らが租税について考察するに際してその基礎に置く方法について、「私が……採用する方法は、現在のところあまりありふれたものではない。というのは、私は、比較級や最上級の言葉をのみ用いたり、思弁的な議論をする代わりに、……自分のいわんとするところを数 (Number) または重量 (Weight)・尺度 (Measure) を用いて表現し、感覚に訴える議論のみを用い、自然の中に実際に見ることができる基礎をもつような諸原因のみを考察するという手続をとった……個々人の移り気・意見・好み・激情に左右されるような諸原因は、これを他の人々が考察するに任せておくのである」[5] と、述べている。このペティの叙述は、その意味するところは必ずしも明瞭であるとはいいがたい。ペティがこの叙述において示したかったことを要約すると、以下のような内容になるであろう。

　まず、第1に、自分が考案した新たな考察方法、すなわち政治算術は、これまで他の者によって用いられたことのない斬新なものである。第2に、科学的な考察においては、主観的で観念的な言葉による思弁的な議論は避けなければならない。したがって、自己の諸著作においては、誇張した表現を含む意味の曖昧な言葉を用いた議論は退ける。第3に、何らかの大きさを表現する場合には、客観的な性質をもっている数量を用いる。第4に、自己の著作において検討の対象とするものは、数量によってその大きさを把握することができる事物や事象だけに限定する[6]。ようするに、ペティの政治算術の特徴をなすのは、消極的には、超経験的方法を排除しようとする、科学における反形而上学的態度の表明であり、また積極的には、経験的なるもの、いわゆる現象の考察のみに依存しようとする実証主義の表明である。そして、その最大の特徴をなすのは、数学主義ともいうべき熱烈な「数への信頼」、

すなわちペティのいう「数・重量・尺度」を用いた把握・考察である[7]。

ペティが、政治算術を定式化するに際して用いている「数・重量・尺度」という言葉そのものは、もともとは『旧約外典』（The Old Testament Apocrypha）の一つである『ソロモンの知恵』（Wisdom of Solomon）において用いられたものである。三つの語の順序は必ずしも同一ではないが、『ソロモンの知恵』第11章第20節には、「あなた（神）はすべてを尺（度）と数と（重）量もて按配されたのである」[8]と記されている[9]。以後、この言葉は、いろいろなところでしばしば用いられてきたが、キリスト教思想の下で、あくまでも天上世界に対してのみ用いられてきたのである。しかし、中世後期からルネサンス期にかけての商品経済の浸透が人間活動の諸側面の数量化を促すようになると、この言葉は地上の人間世界に対するものとしても用いられるようになった。

イタリアにおいて、1494年に、ルカ・パチョリ（Luca Pacioli）が、大著『算術・幾何学、比および比例全書』（Summa de Arithmetica, Geometria, Proportioni et Proportionalita）（以下、『算術全書』と略称）を公刊した。『算術全書』は、第1巻が算術と代数、第2巻が商業実務へのその応用、第3巻が簿記、第4巻が貨幣と度量衡、第5巻が幾何学の理論と応用からなり、商業数学から代数学まで、また複式簿記から幾何学まで記した、文字通りの「全書」であり、数学に関する百科事典ともいうべきものであった[10]。中でも、『算術全書』の中心は第2・3・4巻の商業数学の部分にあり、とくに第3巻第9部第11編「経理および記帳の詳論」が、世界ではじめて複式簿記について詳述され、印刷・出版されたものであることは、会計学の分野では周知の事柄である[11]。パチョリの活躍した舞台は、貨幣経済と商業の世界であった。商品経済においては、異質な商品の価値（交換価値）を貨幣によって一元的に数量化することが求められる。パチョリは、『算術全書』の第3巻第8章で、商品の提供に際しては、「できるだけすべての記号とともに、重さ・数量・丈尺などを記載しなければならない」[12]と記している。

また、ドイツにおいても、神秘思想家と称されているニコラウス・クザーヌス（Nicolaus Cusanus）が、15世紀半ばに『知ある無知』（De docta ignorantia, 1450）において、「万物は、あるいは類と種と数において、あるいは種と数

において、相互に差別をもっていなければならない。したがって、おのおののものは固有な数と重さと尺度をもっている」[13]と述べている。こうした、パチョリやクザーヌスにおける「数・重量・尺度」なる言葉の使用は、明らかに『ソロモンの知恵』におけるそれとは異なったものであり、地上世界における現実認識に対して用いられているのである。ペティが、『政治算術』において、「自分のいわんとするところを数・重量または尺度を用いて表現する」というときにも、パチョリやクザーヌスと同様に、かれはそれを地上の世界に対するものとして用いているのである。この意味では、先に引用したパチョリやクザーヌスの叙述は、ペティの政治算術の構想を先取りしたものであったといってもよいであろう[14]。しかし、ペティにあっては、現実認識に対して数量的把握・考察方法が不可欠なものであるとみなし、これをもってその学問的認識に到達するための最有力な武器の一つとしようとしているところに、かれらとの大きな違いが見られるのである。また、上に記したような特徴をもつペティにおける政治算術の方法は、一朝にしてなされたものではなく、『政治算術』を執筆するに際しその「序」において、かれ自身が「私がずっと以前からねらいをさだめていた政治算術の一つの見本」[15]と記しているように、かなり前から温められていた構想であった。1640–1650年代におけるペティの著作・小論などの中に、すでにその初歩的な内容が見られる[16]。しかし、それは、すべてかれひとりの独創になるものではなく、「科学革命」(Scientific Revolution)[17]の時代と呼ばれるこの時期における多くの者の学問的貢献があって、はじめて可能なものであったのである。ペティの政治算術の特徴をなす超経験的方法の排除・反形而上的態度は、ベイコンによって創始された経験論的な実験哲学(experimental philosophy)から強い影響を受けたものである。

　周知のように、ベイコンは、1561年1月22日にロンドンの名門政治家の家に生まれ、1600年を中心にその生涯のほとんどを法律家および政治家としての道を歩み、ジェームズ一世の下で大法官(Lord Chancellor)の重職まで務めた[18]。ベイコンは、早くから、かれの時代に主流をなしていた、演繹法を中心に据えたアリストテレス主義的・スコラ哲学的な論証的学問、議論

のための議論に終始する不毛な伝統的思弁的な学問に不満を抱き、学問のあるべき姿と方向を指し示そうとした。ベイコンは、それまでの伝統的な学問を根本から否定し、それとはまったく異なった、いままで企てられたことのない未知の方法によって新たな学問の確立を構想したのである。それは、まさに、学問の改革ではなく、学問の革命をすら宣言するものであった[19]。そして、それは、自然に背を向けて机上の空論に耽る中世的な世界観から脱却して、経験的・実験的方法によって事物の本質を解明しようとするものであった。つまり、ベイコンにおける方法は、観察や実験によって得られる資料を収集・整理して一覧表を作成することから出発し、それに基づいてゆっくりかつ確実に努力を積み重ねることによって理解していくという、従来の学問が採用していたのとはまったく異なる方法であったのである。こうしたベイコンによる方法を、20世紀の論理実証主義者の一人であるライヘンバッハ（H. Reichenbach）は、「感覚による観察が知識の第一の源泉であり、また知識の究極的審判者である」[20]とする立場であると要約している。つまり、ベイコンの方法的立場は、経験こそが第一のものであり、この意味で学問において経験から理論へ進むと主張する立場であるというのである[21]。ライヘンバッハは、基本的にはこのベイコンの立場を支持し、学問の特徴が帰納法の使用であると考え、このような観点からベイコンの帰納法についても、「経験科学に対する機能的推論の重要性を強調したのは、ベイコンの歴史的功績である。かれは、演繹的推論の諸限界を認め、観察による事実から一般的真理を導き出して将来の観察を予測する方法を演繹理論では提供できないことを主張した」[22]と、積極的に評価している。

　ベイコンは、すでに見たように、実験主義の第一の唱道者であるが、その最大の功績の一つが演繹法に代えて帰納法を重視したことである[23]。以上のような、ベイコンが示唆した実験や観察に基づいて真理を導き出す実験的・帰納的方法が、ペティによって『政治算術』やその他の著作における租税問題の考察において実践されることになるのである。科学史家ジョン・ヘンリー（John Henry）は、17世紀を「科学革命」の時代であると位置づけ、その大きな特徴の一つは、「世界像の数学化」、すなわち自然的世界の働きを理

解するのに数学を用いたことであるとしている(24)。しかし、ベイコンは、数学的方法には無関心であって、数学の意義を軽視していた。それゆえ、科学史家ギリスピー（C. C. Gillispie）が批判するように、ベイコンの自然研究においては、自然界の現象を数量的に把握する方法はとられておらず、数学的合理性に欠けるものであった(25)。このことは、ペティの政治算術における大きな特徴の一つである、数学主義に基づく数量的把握の方法そのものについては、ベイコンに負うものではなく、むしろ主としてベイコン以外の者による影響を受けたものであることを意味する。ペティ研究家のストラウス（Eric Strauss）やベヴァン（W. L. Bevan）が指摘しているように、フランスの自然実験家でもあった学僧メルセンヌのサークルの参加者であったガリレオ・ガリレイ（Galileo Galilei）、ルネ・デカルト（René Descartes）、ホッブズもまた、ペティの政治算術における数学的方法の採用に、大きな影響を与えたものと思われる(26)。

　科学史における最も重要な人物の一人であるガリレオは、一般に、天文学者として知られているが、かれの当初の関心は、地上の力学、とりわけ静力学にあった。もともとピサ大学の数学教授であったガリレオは、鋭敏で創造的な知性をもち、また自らの考えを伝達する才能にも長けていたといわれている(27)。ガリレオも、「実験を重視する経験主義者」と呼ばれていることからわかるように、ベイコンと同じく、自然認識において実験と観察を重視した。他方で、ガリレオは、このように実験と観察によって得た事例を普遍的な法則にまで高めるためには、同時に数学的方法が不可欠であると主張する。ガリレオは、「近代科学の方法論を基礎づけた者」あるいは「近代の科学的方法の建設者」と称されているにもかかわらず、ベイコンやデカルトのように、とくに学問における方法についての専門の著書をものしているというわけではない。しかし、かれの学問方法論上の立場は、実験的方法と数学的方法とを結合させ、事実の観察と実験とに基づき数学的推論を中核として帰納させる、いわば「実験的数学主義」(28)ともいうべきものである。まさに、ハットフィールド（Gary Hatfield）が指摘しているように、ガリレオは、自然を研究するに際して、数学の有用性と威力とをいかんなく示したのである。

これこそが、科学の発達に対するガリレオの最大の貢献であるといってよいであろう[29]。以上のような、ガリレオが力説した自然研究の方法としての数学重視の態度は、ペティにおける政治算術の一大特徴をなす「数・重量・尺度」による把握という方法の採用に影響を与えたものと思われる。現在のところ、ペティとガリレオとが直接相まみえた痕跡は見あたらない。しかし、ペティがカーン市のイエズス会の学校にいたころの1639年に公表した著作の表題 "*A System of Astronomy*" は、ガリレオの『二大世界体系についての対話』(*Dialogo sopra i due massimi sistemi del mondo tolemaico, e copernicano*, 1632) のそれを想起させるものであり、ペティがこの当時すでにガリレオの影響を受けていたことを暗に示しているといってよいであろう[30]。

ついで、デカルトは、哲学史において「近世哲学の祖」として著名であるが、数学史においても「解析幾何学の創始者」[31]としてその名を残している。デカルトの解析幾何学は、幾何学における作図題や代数学における方程式をモデルにしたものであった。すなわち、与えられた作図題を解こうとするとき、その与えられた問題について、既知のものと未知のものとを方程式の定立によってそれらの連関をその量的把握の下に表現し、そしてこれを解くというものであった。そうであるとすれば、デカルトの数学的方法の本義は、代数的方法にあったといってよいであろう。なぜならば、数字と記号の計算的技法としての代数は、方程式の定立によって未知量と既知量とを関連づけていくという方法に、その本領をもっているからである[32]。このようなデカルトの数学における立場は、ペティの政治算術にも影響を与えたものと思われる。すなわち、ペティは、「代数学は、論理学の一種で、数のみならず種々の事物を加・減することによって、通常の、しかもやさしい諸原則に基づいて行う一層洗練された推論の一つの方法である」[33]と考え、「代数の算法と称せられるものは、数および種々の事物を記号で表わし、それによって加・減・乗・除を行い、根・量・比を求める術である」[34]としている。つづけて、ペティは、他の数学者とともにデカルトの名前に触れつつ、代数学を「純粋に数学的なこと以外のことがら、すなわち政策に適用した。その際、数学的な処理を行うために、多くのことがらを数・重量・尺度に還

元するために、政治算術という名称を用いたのである」[35]といっている。「政治代数学」(Political Algebra)と呼ばれるべきペティのこの方法は、計算記号の単なる結合として代数学を構成したデカルトに負うものであると考えて、ほぼまちがいないであろう。

　ホッブズもまた、ペティの政治算術の構想に、いろいろな面において大きな影響を及ぼした。その一つが、数学的方法の重視であった。ホッブズは、40歳を超えた後の1629年に、スコットランドの貴族クリフトン卿(Sir Gervase Clifton)つきの家庭教師としてヨーロッパを訪れたときに、ある人物の書斎で古代ギリシャの数学者ユークリッド(Eukleides)の『幾何学原理』(*Elements of Euclid*, B.C. 300?)に接し、一見ありえない命題がみごとに証明されているのを見て、驚嘆の念を抱いた。このときの体験が契機となって、ホッブズに、方法論上において、幾何学的・数学的方法への眼を開かせることになった[36]。ホッブズは、後年に、かれの不朽の名著である『リヴァイアサン』(*Leviathan*, 1651)[37]で、幾何学は「神が人類に与えてくださった唯一の科学である」[38]とまでいっている。ホッブズが、これほどまでに幾何学を絶賛し、そして魅了されたのは、かれ自身「幾何学……においては、人々はかれらの語の意味を決定することからはじめる。この意味の決定を、かれらは定義と呼び、それをかれらの計算のはじめに置くのである」[39]といっているように、この学問においては名辞を定義するところから推論がはじめられる、という点であった。ホッブズは、このような幾何学的・数学的方法に基づいて、哲学(学問)における新たな分野を開拓し、自己の哲学体系を構築しようとしたのである。ホッブズの哲学体系は、基本的には、大きさと運動の一般原理を示し自然的な物体の動きを捉えようとする『物体論』(*De Corpore*, 1655)、人間の感情・感覚・思想・欲望を外界の運動に対応する身体的な内的運動として示そうとする『人間論』(*De Homine*, 1658)、人間相互間の統合および離反の運動を基礎として人為の産物である国家の理論を展開しようとした『市民論』(*De Cive*, 1642)の、三つの主要著作からなっている。これらのうち、『物体論』がその全体系の基礎をなしており、主著『リヴァイアサン』で示した所説は、基本的にはこの『物体論』とほぼ同一のものであると

考えてよい⁽⁴⁰⁾。

　ホッブズは、ペティが先師と仰ぎ、かれ自身も秘書を務めたことのあるベイコンの学問的態度を継承し、実践性あるいは実効性のある哲学の構築を目指し、『物体論』の冒頭において、その哲学を「原因ないし生成の知識から正しい推論によって得られる結果ないし現象の知識である」⁽⁴¹⁾と定義する。この定義からすると、哲学的知識は、他の生命体も具有している感覚や記憶によって与えられるものではない。また、記憶にほかならない経験によっても、すでにもっている経験からする予期である慎慮によっても与えられない。ようするに、ホッブズにおいては、哲学は推論（ratiocination）のうえに成立するものであり、その推論によって知識を獲得する営みこそが哲学であると考えられたのである⁽⁴²⁾。ここで、ホッブズが「推論」というのは、「計算」(computation) を意味し、具体的には計算の操作としての加法と減法、ひいては除法と乗法である。しかし、この場合に、ホッブズは、「計算」というものを、今日におけるような数のみを用いて展開する狭義の計算、すなわち算術の意味で用いるのではなく、広く「考慮に入れる」「考察する」あるいは「思考する」という意味をも含めて用いているのである⁽⁴³⁾。こうした、ホッブズの哲学においては、推論を重ねて、既知の原因から結果へ、また既知の結果から原因へと至る、最短の道を探すことが重要となる。いわゆる、方法の問題である。これについて、ホッブズは『物体論』において、「哲学研究の方法は、結果をその既知の原因によって、もしくは原因をその既知の結果によって発見するための最短の道である」⁽⁴⁴⁾と述べている。また、同じところで、「哲学の方法は……一部は分析的で、一部は統合的である。すなわち感覚から原理（普遍的な諸事物の諸原因）の発見へと進むのは分析的で、残りは統合的である」⁽⁴⁵⁾と述べている。これらのホッブズの叙述から、かれは、哲学の方法として、分析的方法（analytical method）と総合的方法（synthetical method）の二つの方法を用いようとしていることがわかる。ホッブズが、その哲学において用いた方法は幾何学から学んだものであるが、その幾何学的・数学的方法はまた、ペティの政治算術の構想に大きな影響を及ぼしたと思われる。

ホッブズが哲学の方法について叙述しているのは、1651年の公刊になる『リヴァイアサン』と、1655年の刊行になる『物体論』である。ペティがこれら刊行された二つの著書を直接目にしたという、確かな資料的根拠は見あたらない。しかし、『リヴァイアサン』については、ペティの伝記を公刊したフィッツモーリスが指摘しているように、ペティがパリでホッブズに出会った1645年頃は、ホッブズがこの著書を公刊するための準備を着々と進めていた時期であった。したがって、このときに、ホッブズがその弟子ともいうべき立場にあったペティに、『リヴァイアサン』の公刊に先立ってその内容の少なくとも一部を知らせていたことは、十分に考えられることである[46]。このように、ペティがパリで『リヴァイアサン』の内容を知る機会があったとすれば、『物体論』についても同様に、公刊前にその見解に接する可能性があったと考えてよいであろう。ペティ研究家のマクネリー（F. S. McNeilly）によれば、ホッブズが『物体論』の執筆に着手したのは1642年で、1645年頃には、その初期草稿のかなりの部分がすでに完了していた[47]。したがって、ペティが、パリでその草稿を目にした可能性はきわめて高いと考えてよいであろう。たとえ、ペティがその草稿を直接手に取って読む機会がなかったとしても、その内容の概要をホッブズから口頭で伝えられた可能性は十分にあったものと思われる[48]。ペティは、政治算術を定式化した『政治算術』において、さまざまな社会経済的現象の数量化に基づく考察を「推論」と呼び、これを行うことは「天使の労働にも似た無上の喜びである」[49]と記している。数学的考察方法にほかならないこの「推論」は、ペティが、数学的論証を重視したホッブズからも影響を受けたものであると考えて、ほぼまちがいないであろう[50]。

　ペティの終生の友人であったグラントは、ペティの政治算術における数量的方法の採用に対して、直接的かつ多大の影響を与えた。ロンドンの富裕な商人であったグラントは、学問的動機というよりもむしろ個人的な興味からロンドンの人口動態の研究に着手し、その成果を、王政復古後におけるペティの主著『租税および貢納論』が出版されたのと同じ1662年に、『自然的・政治的諸観察』[51]として公表した。本書において、グラントは、人口

変動を数量的に分析・推計し、その数量的規則性の存在を明らかにした[52]。グラントが導出した、このような人口現象についての規則性は、現在ではすでに常識の範囲のものとなっているが、当時においては空前の発見に属するもので、また後代における大数法則の確立に先鞭をつけるものであった。そして、その規則性の導出に際して、グラントが用いた研究資料の網羅的な収集・整理、その結果を基礎とする推理と既存の諸見解の検討、そして新たなる真理の導出という手順は、まさにベイコンのそれを踏まえた実証的帰納的な科学的研究手順を示すものである[53]。さらに、ここで注意しておくべきことは、先に示したような合理的な手続きを踏みながら研究を進め、人口現象における規則性を導出するに際して、グラントが用いた方法は、かれの自覚するところによれば、比例（proportion）の概念を中心とした、「商店算術」（Shop-Arithmetick）というものであったという点である。ここで、グラントのいっている「商店算術」とは、一般に「商業数学」（Commercial Arithmetic）と称されているものである。

　以上のような商業数学を背景として、グラントが取り扱った死亡表は、人口現象の数量的表示にほかならないのであって、それに基づいて演算を行うのにふさわしい研究対象であったのである。しかも、その際の統計資料の不備や不足という制約が、商業数学の中でも比例計算を主軸とする推算の方法を広範に採用させることになり、諸現象の数量的観察および比較のみならず、ひいてはそれらの数量的関連の把握をも促進させたのであった[54]。グラントの同時代人で、『自然的・政治的諸観察』の研究成果を自己の考察に活用しようとした者には、マッシュー・ヘイル（Matthew Hale）、ピーター・ペット（Peter Pett）、ジョン・ホートン（John Houghton）、ジョサイア・チャイルド（Josiah Child）、エドモント・ハリー（Edmund Hally）などがいる[55]。こうした数多くのグラントの同時代者の中で、かれの研究成果を誰よりも高く評価したのは、内乱時代以来の友人で、グラントの人口現象についての研究にヒントを与え、また1676年の『自然的・政治的諸観察』第5版の出版に際して、その監修を担当したペティであったのである。ペティが、グラントの研究成果について高い評価を与えたのは、その全論述が「数・重量・尺度」す

なわち客観的な数字に基づいて実証的に構成されており、またかれグラントが「商店算術という数学」を駆使しつつ一見複雑多様な人口現象の生起の中にさまざまな数量的関連を見出したばかりではなく、その規則性をも発見したからである。しかも、ペティは、グラントの研究成果を誰よりも高く評価しただけではなく、この成果を自己の政治算術へと発展させたのである。

ハルは、グラントが導出したさまざまの量的法則性を指摘して、「ペティがグラントに負うところのものは、いくら引用を重ねても、十分には表現しえないほど根本的である」[56]といっている。まさに、当を得た指摘であるといってよいであろう。ペティの政治算術は、グラントが『自然的・政治的諸観察』において用いた、商業数学(商店算術)の発達に促されて創始した数量的把握方法をその有力な基礎の一つとして構想されたのである。しかも、ペティは、グラントの方法の本質と重要性を明瞭な学問的な意識にまで高めることによって、それをきわめて巧みに発展させたのである。さらにいえば、ペティの功績は、先行者グラントの方法をただ単に直接承継しただけではなく、取り扱う対象の範囲をはるかに広げたことにある[57]。

ペティが、グラントから継受した方法を適用しようとした方向は、やはりグラントの『自然的・政治的諸観察』における「結論」の中にその重要な手がかりがすでに与えられている。きわめて簡潔に叙述されているこの「結論」は、12の章にわたる本論において述べた諸々の観察結果に即して本論を締めくくったものであるというよりも、むしろ新たな課題を圧縮した形で提起したものであると解される。ここでグラントの提起している課題は、人口現象の数量的規則性に関する上述の知識に基づいて、「臣民を平和と豊富のうちに保持するための真の政治学……すなわち正直で無害な政策の基礎もしくは根本的要素」[58]とすることができるか、というものであった。一層明瞭にいえば、グラントの著作の表題「自然的・政治的」のうちの、「政治的」なものを対象として、社会経済現象の数量的把握と質的認識を深めることが、ペティに残された課題であったのである。

クラーク (G. N. Clark) は、17世紀のヨーロッパを特徴づける新興科学の台頭に言及しつつ、イギリスにおける同世紀について、「ベイコンにはじ

まってニュートンに終わる世紀であり、この関連におけるまぎれもない所産は、……社会的諸事実についての数量的研究の興隆であった」[59] といっている。その集大成が、ペティが『租税および貢納論』において定式化した「政治算術」であったのである。ペティの従弟で親友でもあったサウスウェルは、ペティをもって「政治算術の才能において当代第一人者であった」[60] と評している。また、ペティの最も有能な追随者といわれているダヴナントは、政治算術を「諸事項について数字を用いて推理する術である」[61] と定義しつつ、「この術をとくに収入と交易との対象領域に適用したのは、サー・ウィリアム・ペティが最初である。……かれはこれに政治算術という名称を与え、規則と方法とを導入した」[62] と評価している。この場合に、もし政治算術の数量的把握という点のみに着眼するならば、この時代のイギリスにおける経済学説の主流をなしていた重商主義者たちは、生成期の資本主義社会を流通的側面において、すなわち主として商品価格を通して数量的に把握していたのであるから、本質的には多かれ少なかれダヴナントが定義する意味においての政治算術家（Political Arithmetician）であったといえよう[63]。しかしながら、ペティの政治算術は、先師ベイコンからは新たな学問における方法の確立という明確な自覚の下に経験主義を、そしてガリレオ、デカルト、ホッブズなどからは明証的確実性の確保という点から数学的方法を、さらにグラントからは一層具体的に諸現象の数量的把握・考察方法を継受して構想されたものであったのである。このゆえにこそ、ペティの政治算術は、科学的・近代的な方法となりえたのである。

第2節 「政治算術」の特徴と意義

　数量的方法は、ペティの政治算術を著しく特徴づけているものであるが、かれの諸著作の論述において使用されている数字の性質は、三つの種類のものに大別することができる。すなわち、第1は、社会経済現象を実際に観察し、その結果として経験的に得られた数字である。この種類の数字は、さらに第一義的な個人的観察によるものと、第二義的な統計調査あるいは行政上

の業務記録などによるものとに分けることができる。前者のケースはきわめて多いが、後者のそれは著しく少ない。これは、当時、信頼できる正確な統計資料がほとんど存在していなかったという、ペティが被らざるをえなかった歴史的な制約に由来するものである。第2は、なんらかの方法に基づいて、加工し、推計された数字である。その加工・推計の方法は、①既知数または既知量を基礎として、具体的な関係をたどって推計する方法、②理論的な推理に数字を当てはめて推計する方法、③平均的な数値を基礎として推計する方法、の三つに要約しうる[64]。ペティが利用することができた既知数は、人口あるいは家屋数、炉税、内国消費税の徴収額等々であり、それらが当時十全なものではなかったために、推計の結果もまた不完全なものとならざるをえなかった。第3は、第1と第2の2種の数字とは別な、理論的な推理の用具として用いられる数字である。この第3の種類に含まれる数字は、ペティにおける政治算術の方法の基調をなす数学主義そのものに根ざすものであって、かれが、政治算術を定式化した『政治算術』の序文において、「私がねらいさだめているあの知識（一般的認識）へ到達する道を示してくれる仮説」[65]といっている、例示的な数字である。この種類の数字もまた、きわめて多く用いられている。ようするに、ペティにあっては、その著作において用いている数字は、多くの場合、厳密な統計調査の結果として経験的に得られたものではなく、また推計数でもないのであって、ただ理論的推理を明晰にするための重要な手段として、あるいはその仮説として用いているものである[66]。ペティは、以上におけるような3種類の数字を駆使することによって、租税についての論述を実証的にも理論的にも構成し、展開しているのである。

　一般に、数量的方法を用いることの効果には、次の二つのことが考えられる。第1に、それによって命題が客観的な形で表現されることになることである。ここで、客観的ということは、二つの意味をもっている。一つは、そこにいわれている趣旨の意味が、一般的妥当性をもってはっきりとした意味をもっているということである。二つ目の意味は、当該の命題の内容が他の命題との関連で、疑問の余地のない形で与えられるということである。この

ように、数量による表現が二つの意味において客観的であることに応じて、それは現実に二重の効果をもつことになる。すなわち、第1に、少なくとも原理的には、命題の真偽を検証することが可能であるということである。第2に、数量的表現をとることによって、各命題の間の論理的関係が明確にされるということである。数量的方法の効果は、主として、この第2の意味の客観性によることが多い[67]。ペティは、すでにこのことをよく承知していたのである。すなわち、ペティは、『政治算術』を10の章で構成し、すべて数字を用いた具体的な議論によるイギリスの国力の算定、およびそれがオランダ・フランスに劣っていないことの立証に捧げている。そして、同書の「序」において、「私が以下の議論の土台にしているところの、数・重量および尺度によって表現された諸観察および諸命題は、いずれも真実であり、そうでなくても明白なまちがいではない。また、もしこれらがもともと真実でも、確実でも、明瞭でもないにしたところで、王権（Sovereign Power）をもってすればそういうものになしうるべきであろう。なぜなら、確かならしめうるものは確かなり（Nam id certum est guod certum reddi potest）であるから。それに、もし、これらがまちがっているにしたところで、それをもとにしてなされている議論がそのために壊されてしまうほどのものではなく、どうまちがっていても私がねらいさだめているあの知識への道を示してくれる仮説としては十分なのである。……私は現在のところ10個の主要な結論を詳述するにとどめておいた。もし、将来、この10個の結論が緊要なりと判断され一層十分に討議するねうちがあるということになるならば、私は、独創的にして私心なき人士のすべてが、これらの推論の基礎をなす諸命題のうちどれかに発見されるであろう諸々の誤謬・欠陥および不備を是正されることを希望する」[68]といっている。この引用文の中に、合理的な議論を行うための数字的表現の重要性と、さらにそれを用いて真実の命題に到達することの可能性と必要性とが、明確に把握されている。

　しかしながら、ペティの利用した社会経済現象に関する数字的材料は、厳格なる意義の統計をもって目すべきものに乏しく、その多くは概算であった[69]。この欠点については、ペティ自らがよく認識していたところである。

また、当時の政治算術の方法を用いた者について、総じていえることであった。しかし、ペティの政治算術における真の価値は、ロッシャーによる『英国経済学史論』第8章での叙述、「ペティの統計的諸作は、当時の参考資料がすべてはなはだ不完全であったことを示していると同じく、かれ自身の識見が天才的に周到かつ明晰であったことを示している」(70) の後段の部分にあったのである。すなわち、その卓越した数量的観察と分析とをもって、実証に通暁しようとした努力と、その数量的観察とそれに基づく分析の着想に対する眼識にこそあったのである。スコットランド啓蒙 (Scottish Enlightenment) の18世紀末期における代表的な知識人であるデュゴルド・ステュアート (Dugald Stewart) は、「前世紀の間において、人口、国富およびこれに付随する諸問題に関係する諸研究に、その注意を向けた人々は二重に分けられる。その一つは『政治算術家』(political arithmeticians) もしくは『統計的蒐集家』(statistical collector)、他に対しては『政治経済学者』(political economists) もしくは『政治哲学者』(political philosopher) である」(71) といっている。まさに、ペティにおける政治算術は、ステュアートが二つに分けた双方、すなわち経験的観察と理論的な分析との連関をうまくかみ合わせ、それを正しく位置づけようとするものであったのである。ペティ自身の言葉を借りれば、かれの政治算術は、「同じローソクをもっと明るくする芯切り鋏として役立つ」(72) ものとして位置づけられるものであったのである。このゆえにこそ、ロッシャーは、ペティの政治算術を、「誠にペティが基礎を築いた画時代的な進歩を識るためにはわれわれは、ただ所謂 Respublicae Elzevirianae 中のもっとも尤なるもの、すなわち、コンリング (Conring) の著作をペティと対照すれば足りる。統計は右の眼であり、比較はこれが左の眼である。そして、このいずれの点においてもペティは驚嘆に値する」(73) と評するのである。また、大内兵衛は、政治算術の創始者としてのペティを論述するに当たって、「新たなる社会的事実に対して統計的方法を適用し、それによって社会的認識の一大実例を示した功績は否定できない」(74) としている。さらに、ロールは、経済学の発展過程について著述するに当たり、ペティの政治算術について一層的確に、「数量的観察方法がけっして統計的

面にとどまるものではなく、もっと広い機能を有することを見落としはしなかった」[75]と評している。これらの引用文の中に、ペティの政治算術の真価が十分に認められているといってよいであろう[76]。

ペティによって確立された政治算術と呼ばれる新たな社会科学的研究方法は、この時代においてかれ一人だけにとどまることなく、フリードリッヒ・エンゲルス（Friedrich Engels）が、「ペティが経済学のほとんどの領域で行なった最初の大胆な試みが、かれのイギリスにおける後継者たちによって一つ一つ採用され、さらに仕上げられていった。……1691年から1752年まで……この期間に出た多少とも重要な経済学上の著作が、肯定的にせよ否定的にせよ、どれもペティから出発している」[77]といっているように、当時およびそれ以降の多くの者によって継承されたのである[78]。まさに、フィリス・ディーン（Phyllis Deane）がいうように、「王政復古後の半世紀は政治算術の黄金時代」[79]であり、またアシュトン（T. S. Ashton）の言葉を借りれば、イギリスの「18世紀は政治算術の時代」[80]であったのである[81]。

注

（1）Edomond Fitzmaurice, *The Life of Sir William Petty 1623-1687*, London, 1895, rpt. 1997, p. 158.

（2）William Petty, *Political Arithmetick*, London, 1690, in C. H. Hull, ed., *The Economic Writings of Sir William Petty*, Vol. I, Cambridge, 1899, p. 240. 大内兵衛・松川七郎訳『政治算術』岩波書店、1955年、16頁。訳文は、一部変更を加えた。以下、同様。

（3）Marquis of Lansdowne, ed., *The Petty-Southwell Correspondence 1676-1687*, London, 1928, rpt. New York, 1967, p. 322.

（4）この書は、当時、新しい数学的な自然科学の模範として仰がれた。

（5）William Petty, *Political Arithmetick, op. cit.*, p. 244. 邦訳、24頁。

（6）大倉正雄『イギリス財政思想史──重商主義期の戦争・国家・経済──』日本経済評論社、2000年、11頁。

（7）小谷義次「ペティ経済学の方法に関する一考察」、『経済学雑誌』（大阪商科大学）第20巻第1・2・3号、1949年9月、126頁。

（8）Joseph Ziegler, ed., *Sapientia Salomonis*, Gottingen, 1962, 2. Aufl., 1980, p. 131.

関根正雄訳「ソロモンの知恵」(日本聖書学研究会編『聖書外典偽典2　旧約外典II』教文館、1981年、所収)、43頁。訳文は、一部変更を加えた。
(9)　ペティが、この章句を引用したり、これに依拠したりしたという直接の証拠は、いまのところ見当たらない。
(10)　山本義隆『一六世紀文化革命』(1)、みすず書房、2007年、339-343頁。
(11)　今日いうところの複式簿記それ自体は、パチョリの考案ではなく、すでにベネツィアの商人たちによって使用されていた。片岡義雄『パチョーリ「簿記論」の研究』森山書店、1956年、6頁。
(12)　Luca Pacioli, *Ancient Double-Entry Bookkeeping, Lucas Pacioli's Treatise,* Venessia, 1494, trans. by J. D. Geijsbeek, Denber, 1914, p. 97.　片岡義雄訳「ルカ・パチョーリの『簿記論』」(同『パチョーリ「簿記論」の研究』森山書店、1956年、所収)、53頁。
(13)　Nicolaus Cusanus, *De docta ignorantia,* 1450, in E. Hoffmann and R. Klibansky, eds., *Nicolai de Cusa De docta ignorantia,* Lipsiae, 1932, p. 119.　岩崎允胤・大出哲訳『知ある無知』創文社、1966年、158頁。
(14)　山本義隆、前掲書、344頁。
(15)　William Petty, *Political Arithmetick, op. cit.,* p. 244.　邦訳、24頁。
(16)　松川七郎「創始期における政治算術」、『経済研究』(一橋大学)第6巻第2号、1955年4月、104頁を参照せよ。
(17)　この時期については、科学史家によって若干の違いが見られる。一般には、その中心は17世紀であり、16世紀はさまざまな側面でそれが準備された時期、また18世紀はその成果の整理と地固めの時代であるといわれている。Cf. John Henry, *The Scientific Revolution and the Origins of Science,* London, 1997, 2nd ed., 2002, p. 1.　東慎一郎訳『一七世紀科学革命』岩波書店、2005年、1頁。
(18)　ベイコンの生涯については、次の文献を参照せよ。J. Campbell, *The Life of Francis Bacon,* London, 1853.; W. H. Dixon, *The Story of Lord Bacon's Life,* London, 1862.; do, *The Personal History of Francis Bacon,* London, 1861.; P. Woodward, *The Early Life of Lord Bacon,* London, 1902.; W. Krohn, *Francis Bacon,* München, 1987.；花田圭介「フランシス・ベイコン研究(一)─生涯について─」、『文学部紀要』(北海道大学)第11号、1963年2月；福原麟太郎・成田成寿「ベイコンの生涯と思想」(福原麟太郎編『世界の名著20　ベイコン』中央公論社、1970年、所収)；山崎正一「フランシス・ベーコン─生涯と思想─」(『世界の大思想60　ベーコン』河出書房、1960年、所収)；坂本賢三「ベーコンの生涯と思想形成」(同『人類の知的遺産30』講談社、1961年、所収)；上田泰治『ベー

コン』牧書店、1964 年。
(19) 浜林正夫「17 世紀イギリスにおける観念論的合理主義と経験論」(『小樽商科大学創立 50 周年記念論文集』、1961 年、所収)、195 頁。
(20) Hans Reichenbach, *The Rise of Scientific Philosophy,* Berkeley and Los Angels, 1951, p. 75.
(21) 植木哲也「帰納法のベイコンとベイコンの帰納法—現代科学哲学におけるベイコン像—」(花田圭介責任編集『フランシス・ベイコン研究』御茶の水書房、1993 年、所収)、280 頁。
(22) Hans Reichenbach, *op. cit.,* p. 82.
(23) しかしながら、ベイコンの方法は、一般的なものから個別的なものへの演繹的過程を完全に排除するものではなかった。この点について、ハッキングは、「実験哲学者であるベイコンには、帰納主義と演繹主義という単純な二分法はうまく適合しない」としている (Cf. Ian Hacking, *Representing and Intervening,* Cambridge, 1983, Chap. 15)。
(24) Cf. John Henry, *op. cit.,* pp. 8-23. 邦訳、20-41 頁。
(25) Cf. C. C. Gillispie, *The Edge of Objectivity: An Essay in the History of Scientific Ideas,* Princeton, 1960, p. 82.
(26) Cf. Eric Strauss, *Sir William Petty: Portrait of a Genius,* London, 1954, Chap. XV.; W. L. Bevan, "Sir William Petty: A Study in English Economic Literature", in *Publication of the American Economic Association,* Vol. 9, No. 4, 1894, p. 457.
(27) Cf. John Henry, *op. cit.,* p. 18. 邦訳、31-34 頁。
(28) 伊東俊太郎「ガリレオ科学の方法」(同『人類の知的遺産 31　ガリレオ』講談社、1985 年、所収)、320 頁。
(29) Cf. Gary Hatfield, "Metaphysics and the New Science", in D. C. Lindberg and R. S. Westman, eds., *Reappraisals of the Scientific Revolution,* Cambridge, 1990, pp. 93-166.
(30) 松川七郎『ウィリアム・ペティ—その政治算術＝解剖の生成に関する一研究—(増補版)』岩波書店、1967 年、63, 131 頁。
(31) 武隈良一『数学史の周辺』森北出版、1974 年、4 頁。
(32) 所雄章『デカルト』(II)、勁草書房、1980 年、7-9 頁を参照せよ。
(33) Marquis of Lansdowne, *op. cit.,* p. 318.
(34) *Ibid.,* p. 322.
(35) *Ibid.*
(36) 永井道雄「恐怖・不信・平和への道—政治科学の先駆者—」(同責任編集

『世界の名著 23　ホッブズ』中央公論社、1977年、所収)、18頁。
(37) フルタイトルは、『リヴァイアサン、すなわち教権的および市民的国家の実質、形態、および権力』(*Leviathan, or the Matter, Forme, & Power of a Commonwealth Ecclesiasticall and Civill,* 1651) である（以下、*Leviathan* と略称)。
(38) Thomas Hobbes, *Leviathan,* London, 1651, in Sir William Molesworth, Bart, col. and ed., *The English Works of Thomas Hobbes of Malmesbury,* Vol. III, London, 1839, pp. 23-24. 水田洋訳『リヴァイアサン』(一)、岩波書店、1973年、73頁。
(39) *Ibid.* 同上。
(40) 中村友太郎・国嶋一則・山下太郎・丸山豊樹他『哲学理論の歴史』公論社、1985年、112頁。
(41) Thomas Hobbes, *De Corpore,* London, 1655, in *Works,* Vol. I, p. 3. 本文中の訳文は、大倉正雄「ウィリアム・ペティの政治算術 (2) ―経済科学の曙―」、『政治・経済・法律』(拓殖大学) 第6巻第2号、2004年2月に負っている (以下、同様)。
(42) 大倉正雄、前掲論文、27-28頁。
(43) 同上。
(44) Thomas Hobbes, *De Corpore, op. cit.,* p. 66.
(45) *Ibid.*
(46) Cf. Edmond Fitzmaurice, *op. cit.,* p. 16.
(47) Cf. F. S. McNeilly, *The Anatomy of Leviathan,* London, 1968, p. 43.
(48) 大倉正雄、前掲論文、26頁。
(49) Marquis of Lansdowne, *op. cit.,* p. 283.
(50) 松川七郎、前掲書、126頁。
(51) この著書は6版を重ねたが、初版のフルタイトルは、『上記の〔ロンドン〕市の政治、宗教、商業、発達、空気、疾病、及び各種の変化に関連した死亡表に関する下掲の見出し中に列挙の自然的及び政治的諸観察―大衆の称賛のために労作せず、少数の読者にこころ足らいて―』(*Natural and Political Observations mentioned in a following Index, and made upon the Bills of Mortality. By John Graunt, Citizen of London. With reference to the Government, Religion, Trade, Growth, Ayre, Diseases, and the several Changes of the said City,: Non, me ut miretur Turba, laboro, Contentus paucis Lectoribus,* 1662) である (以下、*Political Observations* と略称)。〔　〕内は筆者。なお、本書の真の著者はグラントであるのかそれともペティであるのかをめぐって、19世紀半ば以降に、アメリカ、ドイツ、フランスな

どの経済学者、統計学者、数学者、経済史家、歴史家、文学史家など広範な分野の者が直接・間接に参加した、いわゆる著作者論争が展開された。その梗概については、次の文献を参照せよ。Eric Strauss, *op. cit.,* pp. 159-160.; C. H. Hull, ed., *The Economic Writings of Sir William Petty*, Vol. I, Cambridge, 1899, Introduction, pp. xxxix-liv. 高野岩三郎校閲・久留間鮫造訳『死亡表に関する自然的及政治的諸観察』栗田書店、1941年、「解題」、354-427頁；松川七郎「J．グラント『諸観察』の成立、その方法の発展および評価をめぐる歴史的展望──統計学の学問的性格に関する一反省──」、『経済研究』（一橋大学）第7巻第2号、1956年4月、133-139頁。

(52) V. John, *Geschichte der Statistik,* Stuttgart, 1884, S. 167. 足利末男訳『統計学史』有斐閣、1956年、175頁。
(53) Cf. W. F. Willcox, *Introduction to the Reprint of J. Graunt's Observations,* Baltimore, 1939, Introduction.
(54) 松川七郎、前掲書、283頁。
(55) V. John, a.a.O., S. 185. 邦訳、194頁。
(56) C. H. Hull, *op. cit.,* Vol. I, Introduction, p. lxxii.
(57) 松川七郎、前掲論文、128頁。
(58) John Graunt, *Political Observations,* London, 1662, in C. H. Hull, ed., *op. cit.,* Vol. II, pp. 395-396. 邦訳、237頁。
(59) G. N. Clark, *Science and Social Welfare in the Age of Newton,* Oxford, 1937, rpt. 1949, p. 120.
(60) Marquis of Lansdowne, *op. cit.,* p. 333.
(61) Charles D'avenant, *Discourses on the Public Revenues, and on the Trade of England,* London, 1698, in Sir Charles Whitworth col. and rev., *The Political and Commercial Works of that Celebrated Writer Charles D'avenant. LL. D.,* Vol. I, London, 1771, rpt. Farnborough, Hants, 1967, p. 128.
(62) *Ibid.*
(63) 松川七郎、前掲書、20頁。
(64) 松川七郎、前掲「創始期における政治算術」、109-110頁。
(65) William Petty, *Political Arithmetick, op. cit.,* p. 244. 邦訳、25頁。
(66) 竹内啓『社会科学における数と量』東京大学出版会、1971年、2-3頁。
(67) この代表的なものは、『租税および貢納論』あるいは『政治的解剖』における、価値観の展開過程において示されている。ここで、ペティが、1ブッシェルの穀物を1オンスの銀と等価であるというとき、また100人の人間が

100 年間に生産した穀物と、他の 100 人が 10 年間に生産した銀とを等価というとき、さらに大小さまざまの 100 人の人間の食物の 100 分の 1 というとき、これらの数値は実際の観察結果として得られたものではない。Cf. William Petty, *A Treatise of Taxes and Contributions*, London, 1662, in C. H. Hull, ed., *op. cit.*, Vol. I, p. 43. 大内兵衛・松川七郎訳『租税貢納論』岩波書店、1952 年、77 頁。訳文は、一部変更を加えた。

(68) William Petty, *Political Arithmetick, op. cit.*, p. 244. 邦訳、25 頁。

(69) 高野岩三郎『社会統計学史研究（改訂増補）』栗田書店、1942 年、73 頁。一例を挙げると、ペティは、『政治的解剖』において、1672 年におけるアイルランドの土地、その価格、住民、家屋、教会、アイルランドの反乱の影響、政府の構造、軍備、貨幣、貿易、宗教、衣食、言語などについて、克明な数字を示している。しかし、その場合に、ペティは、家屋数から世帯数を計算し、推定世帯の人数をもってただちに都市の人口を算定している。また、草原放牧地の面積および小家族および大家族の所有する馬数の見積平均数から、ただちに全国の家畜数を算定している。Cf. William Petty, *The Political Anatomy of Ireland*, London, 1691, in C. H. Hull, ed., *op. cit.*, Vol. I, pp. 141–147. 松川七郎訳『アイァランドの政治的解剖』岩波書店、1951 年、49–59 頁。

(70) Wilhelm Roscher, *Zur Geschichte der englischen Volkswirtschaftslehre im sechzehnten und siebzehnten Jahrhundert*, Leipzig, 1851, S. 69. 杉本栄一訳『英国経済学史論——一六・一七両世紀に於ける——』同文館、1929 年、147 頁。

(71) Dugald Stewart, *Elements of the Philosophy of the Human Mind*, London, 1792, in Sir William Hamilton, ed., *The Collected Works of Dugald Stewart, ESQ., F. R. SS.*, Vol. II, Edinburgh, 1854, rpt. Hants, 1971, p. 183.

(72) William Petty, *Observations upon the Dublin-Bills of Mortality 1681, and the state of that City*, London, 1688, in C. H. Hull, ed., *op. cit.*, Vol. II, p. 481.

(73) Wilhelm Roscher, a.a.O., S. 70. 邦訳、149 頁。

(74) 大内兵衛「ペッティーの生涯と業績」（高野岩三郎校閲・大内兵衛訳『政治算術』第一出版、1946 年、所収）、81–82 頁。

(75) Eric Roll, *A History of Economic Thought*, London, 1938, 2nd ed., 1945, p. 101. 隅谷三喜男訳『経済学説史』（上）、有斐閣、1951 年、121–122 頁。

(76) なお、ひとくちに経済科学における数量的方法の利用といっても、二つの段階のものに区分される。一つは、すでに述べたように、仮定的な数字を用いて、議論の展開を補助し、命題の意味を明らかにするというものである。これは、数量的方法の最も初歩的なもので、算術的方法とも呼ぶべきもので

ある。ペティが『政治算術』やその他の多くの著作においてしばしば用いたのは、この方法である。数量的方法における二つ目は、算術的方法を現実の数字の統計に結びつけることによって、経験的に検証可能な命題を導き出そうとするものである。この段階のものは、算術的方法を一層前進させたもので、数量的分析と呼んでよいであろう。ペティが最終的に目指していたものは、このような数量的分析であったと思われる。しかし、残念ながら、ペティ以後のおよそ 200 年以上の間、経済学・財政学の領域においては、算術的方法が広く用いられたのにもかかわらず、それを現実の数字と結びつけるという試みはほとんどされなかった。数量的分析という方向での全面的な展開は、20 世紀に入った後の 1930 年以降にケインズの登場によるマクロ経済学の成立を経て、計量経済学の発展によってはじめてなしとげられることになるのである。計量経済学の発展は、ペティが『政治算術』において目指した数量的分析の採用という目標を、より高いレベルで実現したものであるといってよいであろう。こうした点において、ペティの数量的方法を特徴とする政治算術は、まさに近代的な科学的方法であったといってよいであろう。竹内啓、前掲書、55-57 頁。

(77) Friedrich Engels, *Herrn Eugen Dührings Umwälzung der Wissenschaft*, Stuttgart, 1878, in *Karl Marx-Friedrich Engels Werke*, Bd. 20, Berlin, 1962, S. 221. 栗田賢三訳『反デューリング論―オイゲン・デューリング氏の科学の変革―』(下)、岩波書店、1952 年、149 頁。

(78) ステファン・バウアーは、イギリスにおいてペティの政治算術を継承した者として、ダヴナント、グレゴリー・キング (Gregory King)、ジョン・ミッチェル (John Mitchell)、アンドレー・フック (Andrew Hooke)、エラスムス・フィリップス (Erasmus Philips)、ウィリアム・パルトニ (William Palteney)、アーサー・ヤング (Arthur Young)、ジョージ・チャマーズ (George Chalmers)、などの名前を挙げている。Cf. Stephan Bauer, "Political Arithmetic", in H. Higgs, ed., *Palgrave's Dictionary of Political Economy*, Vol. I, London, new ed., 1925, p. 56. また、経済学の早期における展開過程を分析方法の問題視角から鳥瞰したジェイコブ・ホランダーは、前記の者に加えて、ジョセフ・マッシー (Joseph Massie)、トマース・クラーク (T. B. Clarke)、フレディリック・イーデン (F. M. Eden)、ディヴィッド・マクファーソン (David Macpherson)、ジョン・シンクレーア (John Sinclair)、ジェームズ・アンダースン (James Anderson)、リチャード・プライス (Richard Price)、ジェームズ・ラファン (James Laffan)、ジョセフ・プリーストリ (Joseph

Priestley)、トーマス・クーパー (Thomas Cooper)、などの名前を挙げている。Cf. J. H. Hollander, "The Dawn of a Science", in John M. Clark, et al. eds., *Adam Smith 1776-1926: Lectures to Commemorate the Sesquicentennial of the Publication of "The Wealth of Nations"*, Chicago, 1928, rpt. New York, 1966, pp. 5-8. さらに、統計学の成立過程をきわめて体系的かつ詳細に取り扱ったヨーンは、ペティの政治算術を受け継いだ者として、上に列記した者のほかに、ダーラム (W. Derham)、ショート (T. Short)、アーバトノット (J. Arbuthnot)、メイランド (W. Maitland)、シンプソン (W. T. Simpson)、ホッジソン (J. Hodgson)、などの名前を挙げている。Vgl. V. John, a.a.O., S. 195. 邦訳、231頁。

(79) Phyllis Deane, "Political Arithmetic", in J. Eatwell, M. Milgate and P. Newman, eds., *The New Palgrave: A Dictionary of Economics,* Vol. III, London, 1987, p. 902.

(80) T. S. Ashton, *An Economic History of England: The 18th Century,* London, 1955, rpt. 1966, p. 11.

(81) しかしながら、ペティの創始になる政治算術に対して、古典派経済学の創始者たる地位に立つアダム・スミスはまったく別の見解をとっている。すなわち、アダム・スミスは、『諸国民の富』の第4編第5章において、穀物貿易および穀物法を論じるに当たり、政治算術に対して、「わたくしは、政治算術をそうたいして信用していないし、こういう算定のいずれについてもその正確さを保証しようとは思わない。わたくしがこういう算定をとりあげるのは、最も賢明で経験に富んだ人々の見解においても、穀物の国内商業よりもその外国貿易のほうがどれほど重要性が少ないかということを明らかにするためにすぎない」として、そっけない評価を下している (Adam Smith, *An Inquiry into the Nature and Causes of the Wealth of Nations,* London, 1776, ed. by Edwin Cannan, Vol. II, London, 1904, 2nd ed., 1920, p. 36. 大内兵衛・松川七郎訳『諸国民の富』(II)、岩波書店、1969年、793頁)。これは、アダム・スミスが、政治算術を諸推計における単なる統計的な技術であると考えていたことによるものであると思われる。

第7章

公共経費の再検討
―租税制度改革の前提―

第1節　公共経費の種類―国家の諸機能―

　イギリスにおいて、ステュアート朝以来、常に同国を悩ませ続けてきたものは、公共経費増大傾向の異常な上昇カーブであり、それに対応して採用された強権的・抑圧的な各種の収入獲得手段であった。これが、1642年にはじまった内乱の大きな契機ともなっていたのである。したがって、国家財政において、安定した収入源と収入方策とを確立させ、適切な公共経費支出政策を講じないかぎり、再び争乱がはじまらないとは保証できなかった。しかしながら、収入獲得手段が従前のままであっては、国民はとうてい承服しうるものではない。こうしたジレンマをいかに解決するのか、これがペティの課題であった。こうした課題の解決のため、ペティは、まず、国家財政の内的構造に目を向ける。その第一をなすものは公共経費の問題であって、各種経費の列挙とその検討を通じ、公共経費増大の諸原因を挙げ、その対策について論じている。これは、ペティが、財政収入の問題を取り扱おうとする場合には、合わせて公共経費についても触れる必要があることをよく認識していたためである。ペティは、「主要で自明」な公共経費として、次の六つを挙げている。ペティが詳細に叙述している内容を要約すれば、以下のようになる。

　①陸海の国防、国内国外の治安、ならびに他国からの侵害に対する正当防衛の経費[1]。この経費が公共経費となることは、ペティの眼前で繰り広げられた国内および国外における対立・抗争という17世紀のイギリスの情勢から見て、自明のことであった。したがって、ペティはそのことについて一言も触れていない。ただ、ペティは、ホッブズの影響を受けて、この経費増大

の原因となる戦争、とくに内乱誘発の原因を深く追究している[2]。

②元首およびその他の統治者たちの生活維持費、ならびに裁判、処刑、犯罪予防に要する経費[3]。ペティにあっては、国内治安の維持に必要なこの経費の公共性についても、あらためて説くまでもないものであった。ただし、元首費については、それに相応な額を割り当てなければならない理由を、ペティは次のように述べている。「かりに、非常に多くの者がその仲間の一人を国王と呼ぶにしても、この選定された君主の見栄が他より際立って立派に見えないかぎり、また自分のいうことに服従し、自分を喜ばせて他の者には逆のことをなす者に褒賞を与えないかぎり、たとえかれがたまたま仲間の誰よりも優れた肉体的あるいは精神的能力を身に付けていようとも、かれを選定することにはほとんど意義がない」[4]と。ここで、注目すべきことは、ペティが、元首費と文政費との厳密な分離は別として、従来国王の自己収入によって充足させてきたそれらの経常的支出を、公共経費に挙げて議会的収入に依存させなければならない必要について、明らかに認識していることである[5]。

③人間の魂を監督し、その良心を教導するために要する経費[6]。この経費に対しては、当時、反対論があった。そこで、ペティは、この経費の公共性をとくに論証する必要を認め、「この経費は、あの世に関するもので、しかもそこでの各人の特殊な利害に関するものであるから、この意味において公共的経費たるべきではない」[7]という見解に対して、「人間というものがいかにやすやすと法律の目をかすめ、証拠の挙がらない犯罪を犯し、証言を不純にしたり歪曲したりして、法律の意義や主旨を曲げる等々のことをするかを考慮するならば、神の掟に通じている人たちを養成するために、公共的経費を貢納する必要がある」[8]と反論を加える[9]。

④諸々の学校および大学、とくに読み・書き・算術以上に高度の教育をほどこすかぎりでの学校や大学のために要する経費[10]。この経費についても、大部分の学校が、「特殊な人たちの寄贈物にすぎないか、または特殊な人たちが自己の計算においてその金と時間とを費やしている場所」[11]となっていた当時の事情においては、公共経費とするには疑問があった。しかし、ペ

ティは、「それらの目的が、自然の一切の働き (operations) を発見できるように仕向けるために、最高至善の・天賦の才智ある人たちに、ありとあらゆる援助を与えることになるならば、それが不都合なものでないことは疑う余地もなかろう」[12]として、当然に公共経費であるべきであると主張する[13]。

⑤孤児・捨子の扶育費、無能力者・失職者の生活扶助費[14]。ペティが、これらの費用を公共経費とした理由は、食糧を得ようと思えば得られる者に、「こじきをするのを許しておくのは、一層経費のかかる扶養方法」[15]であり、また、「貧民の賃金を制限し、そのために、かれらが無能力になったり、仕事がなくなったりするときに備えて、なに一つ積みたてておけなくなるのを正当としながら、〔一方では〕かれらをしていやしくも飢え死にさせておくということは不当である」[16]と考えたからである。

⑥公道・河川・水路・橋梁・港湾などに要する経費[17]。身体の健全な失職者に対する取り扱いは、身体障害者に対するそれと異なって、公共的な事業につかせることができる。ペティが、この経費を公共経費として認めているのは、失業者を放置しておくことによって生じる労働意欲の減退を最も恐れたからである。ペティは、失業者対策のために、次のような徹底した見解すら表明している。「冗員の仕事についてであるが、外国の諸物品を費消しないような仕事につかせるがよい。そのうえでならば、かりにソールズベリ平原に無用なピラミッドを建設しようが、ストーンヘンジの石をタワーヒルにもってこようが、その他これに類することをしても、たいした問題ではない。というのはこういうことをすれば、最悪の場合においても、かれらの精神を訓練し、従順にし、そして必要が起きた際に、かれらの肉体を一層有利な労働の苦痛に耐えさせるものとするからである」[18]と[19]。

以上、要約すれば、ペティは、軍事費、行政・司法費、宗教費、教育費、社会事業費、公共土木事業費の六つのものを公共経費として挙げている。これらの経費は、確かにペティのいうように「主要にして自明なもの」であるが、必ずしも当時の国家の経費そのものではなかった。当時のイギリス国民が公共経費の内容に「疑念をいだき」「これらの経費を支払うのを好まない」状態であったことを反映して、ペティの公共経費論は単におざなりに社会通

第7章 公共経費の再検討　153

念としての国家の職務を述べようとしたのではないのである。それは、市民革命後におけるあるべき国家の姿を展望するものでもあった[20]。このことは、6種の公共経費のうち宗教費、教育費、社会事業費および公共土木事業費の四つの公共経費が、ペティ独自の提案であることによく表わされている。したがって、ペティは、軍事費と行政・司法費の二つの公共経費と異なり、それらの公共性を論証することにとくに意を注いでいる。ここで、われわれの注意を引くのは、ペティの挙げている6種の公共経費は、直接的にしろ、間接的にしろ、いずれにせよ富の増大に寄与しうるものである、ということである。軍事、行政・司法活動は、国内外の平和と治安を維持し、人々の経済的活動を安全にしかも順調に行わしめることはいうまでもない。ホッブズの影響を大きく受けたペティにおいては、宗教に対する不当な圧迫もまた内乱の一因をなすものであるから、僧侶に対する生活を国家が保証するということは、ひいては安全かつ自由な経済活動を招来して国富の増大に貢献するものと考えられた。教育は個人の技量を高めて労働生産性を向上させ、社会事業は国家による雇用の合理性を高めて、一国における人的資源の効率的利用に資する。また、公共土木事業の促進は、明らかに富の増大に直結している[21]。

第2節　公共経費の調節——「安価な政府」の要請——

　ペティは、6種の公共経費中、軍事費、行政・司法費、宗教費、教育費の四つの経費については、その削減を主張し、社会事業費、公共土木事業費については、その積極的支出を提案している。すなわち、ペティは、軍事費については、「侵略的対外戦争を避けるためには、統治者の収入を少なくし、戦争を遂行するには不十分ならしめることが必要である」[22]とし、また、「防衛戦争は、被侵入国が戦争に対して無準備であることから惹起される。それゆえ、国内において常に戦争の態勢をとっているということが、外国からしかけられる戦争を遠ざける最も安価な方法である」[23]としている。これらの叙述から推察できるように、国防を軽視してはいないが、軍事費の増

大には否定的である。後に指摘するように、ペティの立場からすれば、むしろその削減を主張しているといってよいであろう。行政・司法費については、「行政および法律に関する官職の経費を節減することについていうならば、問題は、不要の・過多の・また時代遅れの官職を廃止することにあるであろう。同時にまた、その他の官職の手数料を削減して、それら各々の仕事についての労働・技芸および信用が必要としている程度のものたらしめることにあるであろう」(24) と述べて、その削減を説いている。宗教費については、ペティは、政治的・社会的・経済的変化があったにもかかわらず、教区や牧師職などには依然として変化がなく、無駄があると考える。そこで、ペティは、政治算術的方法を用いて、次のように必要な教区や牧師職数を計算し、それに基づいて整理統合や改革することによって、物的にも人的にも経費を削減することを提案する。すなわち、「イングランドおよびウェールズの人口が500万人にすぎないとすれば、教区は5,000あれば十分である。つまり、一教区当たり1,000人の信者で運営できる。しかし、ロンドンの中心では一教区当たり5,000人の信者が属している。この割合によれば、イングランドおよびウェールズでは1,000の教区で足りることになる。ところが、実際には約1万の教区が存在している。極端を避けて、教区を半減して5,000にすることによって、1寺禄を年当たり100万ポンドとすれば、50万ポンドを節約することができる。このほかに、教区の人員を半減すれば、現在2、30万ポンドの費用を要する僧正、首牧師および牧師会館、学寮ならびに寺院も半数で足りることになる」(25) と。さらに、教育費についても、ペティは、「神学・法律および医学などの職業の用途を減少させる」(26) ことによって学生数を減少させ、その削減に努めるべきであるという。ここでも、ペティは、やはり政治算術の方法を駆使する。神学生数の減少については、すでに宗教費の節減のところで述べたように、教区の整理統合とそれにともなう人員の減少によって可能であるという。法律学生数の減少については、ペティによれば、「登記制度が確立され、また各種の金融機関が設立されるならば、訴訟事件は10分の1に減少する。また、人口、土地およびその他の富の計算によって、法律家や代書人の数が調整されるならば、その数は100分の1で

十分となる。しかし、実際には、これらの数は必要な数に対して10倍となっており、訴訟事件は、前述の改革が行われた場合に予想される数の10倍となっている。そこで、法律家や裁判所は、100分の1に減少させることができる」[27]ことになる。次に、医学生の減少についても、ペティによれば、ロンドンにおける病人の数を死亡者数から割り出し、ついで、ロンドンの人口とイングランドの全人口との割合からイングランドの病人の数を算出し、これによってイングランドにおいて必要な医者の数を計算することができる。したがって、医学生の数も適当な数に抑制することができることになる[28]。

　以上において見たように、ペティは、6種の公共経費のうち軍事費、司法・行政費、宗教費、教育費については削減を主張している。その理由は、これら4種の公共経費が経済社会に対して資することがわずかであると考えられたからである。しかし、それだけではない。ペティにおいては、これらの経費が削減されればそれだけ、租税徴収が容易かつ公平になると考えられたからである。ペティは、次のようにいっている。「もしも、行政、法律および教会に関連する多数の官職ならびに報酬が節約され、また神学者、法律家、医者……の数も節減されるならば、これらすべての者は社会に対して行うきわめてわずかな仕事に対して、巨額の報酬を得ている者であるから、公共の費用はどれほど大きな安らぎをもって支弁されることであろうか、そしてその課徴もまた、どれほど公平になされるようになることであろうか」[29]と。こうして、ペティが租税問題の検討に先だって公共諸経費の妥当性を再検討しているのは、とりもなおさず、まず国民の負担軽減を図ることによって、理想的租税制度の確立に向けた改革のための前提条件を整えようとしたためである。また、租税負担の軽重の判断に際しては、公共経費の支出面をも含めて、すなわち財政収支全体を考慮して行うことが必要であると考えていたからである。なお、ペティは、社会事業費と公共土木事業費の両経費については、積極的支出を主張している[30]。この理由は、これらの経費が富の増大に大いに寄与するものであると同時に、これによって公共経費がはなはだしく増大するとは思われず、また国民の理解も容易に得られると考えた

からである。

　ペティの『租税および貢納論』は、そもそも租税政策の原理を提示し、理想的租税制度を提案することを目的とするものであった。その場合に、ペティが財政収入と公共経費との相対的関係によって租税問題に取り組み、租税原理とそのとるべき方策とを均衡概念によって解明しようとしたことは、租税学説史上において画期的なことであった。ペティの時代には、財政収入のうちに占める租税収入の割合は、相当に高くなっていた。このことは、イギリス財政がその国民経済を対象としないかぎり、それを維持することが困難である状態を露呈しているものであって、その前途において、経費政策論の台頭、非均衡的・国庫目的主義的財政運営の崩壊および国民経済主義的財政への展開は不可避であることを予知させるものであった。しかし、当時のほとんどの論者は、租税に関しては論評しているが、その租税の起因としての公共支出、すなわち租税収入の前提としての公共経費については触れていない。このことは、とりもなおさず、ペティの展開した租税論の革新性を示すものである[31]。

　また、ペティの公共経費調節は、一面において、「最良の財政計画は最小の経費」という、いわゆる「安価な政府」(cheap government) としての自由主義国家観にも通じるものであった。ペティの挙げている6種の公共経費は、民間部門では実施が困難であるか、あるいは不適当と思われるもののみである。したがって、ペティは、1世紀後に登場することになるアダム・スミスに先んじて、すでに自由社会を要望し、「安価な政府」を希求していたと見て大過ないであろう[32]。さらにいうならば、こうしたペティの公共経費論は、今日財政原則の一つとして重要な役割を演じている、収支均衡原則あるいは量出制入原則への手がかりを与えているといってよい。

注

（1） William Petty, *A Treatise of Taxes and Contributions,* London, 1662, in C. H. Hull, ed., *The Economic Writings of Sir Willam Petty,* Vol. I, Cambridge, 1899, p. 18. 大内兵衛・松川七郎訳『租税貢納論』岩波書店、1952年、37頁。訳文は、一部変

更を加えた。以下、同様。
（２）　*Ibid.,* pp. 21-25.　邦訳、42-45 頁。
（３）　*Ibid.,* p. 18.　邦訳、37 頁。
（４）　*Ibid.*　邦訳、37-38 頁。
（５）　大川政三「ウィリアム・ペティの租税論」、『一橋論叢』（一橋大学）第 29 巻第 1 号、1953 年 1 月、63 頁。
（６）　William Petty, *Treatise of Taxes, op. cit.,* p. 18.　邦訳、38 頁。
（７）　*Ibid.,* p. 19.　同上。
（８）　*Ibid.*　邦訳、38-39 頁。
（９）　ペティは、『政治算術』においても、オランダの宗教政策を見習うべきであるとしている。Cf. William Petty, *Political Arithmetick,* London, 1690, in C. H. Hull, ed., *op. cit.,* Vol. I, p. 262.　大内兵衛・松川七郎訳『政治算術』岩波書店、1955 年、182-183 頁。訳文は、一部変更を加えた。
（10）　William Petty, *Treatise of Taxes, op. cit.,* p. 19.　邦訳、39 頁。
（11）　*Ibid.,* pp. 19-20.　同上。
（12）　*Ibid.,* p. 20.　邦訳、40 頁。
（13）　大川政三は、ペティが宗教費とともに教育費を公共経費に組み入れて国家活動の範囲をこの方面にまで拡大しようとした真の意図は、ホッブズの意を受け継いで、教会に対する国家主権の優越性を確立しようとするところにあった、としている。大川政三、前掲論文、64 頁。
（14）　William Petty, *Treatise of Taxes, op. cit.,* p. 19.　邦訳、40 頁。
（15）　*Ibid.*　同上。
（16）　*Ibid.*　同上。
（17）　*Ibid.*　同上。
（18）　*Ibid.,* p. 31.　邦訳、57 頁。
（19）　このような、一見浪費的とも思われる支出に意義を認める見解は、後のケインズによる有効需要論においても見出すことができる。Cf. J. M. Keynes, *The General Theory of Employment, Interest and Money,* London, 1936, p. 129.　塩野谷九十九訳『雇傭・利子および貨幣の一般理論』東洋経済新報社、1970 年、155-156 頁。しかし、ペティにあっては、慈善的救済のみに依存して交換経済の一因子としての働きをなそうとしない貧民の労働意欲を喚起して、かれらを交換経済の循環の中に取り込み、それによって生産活動の活発化を図ることに重点が置かれている。これに対して、ケインズにあっては、非自発的失業の解消、それによって導かれる有効需要の増加、国民所得の増大に究極の目的

が置かれている。この点に、両者の差異が存する。
(20) 宮本憲一「ペティ財政学の位置―財政学の生成過程に関する一研究―」、『法文学部論集　法経篇I』(金沢大学)、1954年3月、130頁。
(21) 大淵利男『イギリス財政思想史研究序説―イギリス重商主義財政経済論の解明―』評論社、1963年、287-288頁。なお、井手文雄は、ペティの公共経費論に対して、以下の3点を取りあげ、その理由を詳論している。第1は、ペティの公共経費論が、富の増大という政策的目的を基盤として展開されている。第2は、公共経費をできるかぎり圧縮しようとする意図の中に、かれの自由主義思想がうかがわれる。第3に、他面においては、きわめて統制主義的な思想、換言すれば、計画経済的な要素が含まれている。井手文雄『古典学派の財政論（増訂新版）』創造社、1960年、90-95頁。
(22) William Petty, *Treatise of Taxes, op. cit.*, p. 22.　邦訳、42-43頁。
(23) *Ibid.*　邦訳、43頁。
(24) *Ibid.*, p. 25.　邦訳、49頁。
(25) *Ibid.*, pp. 23-24.　邦訳、45-46頁。
(26) *Ibid.*, p. 26.　邦訳、50頁。
(27) *Ibid.*, p. 27.　邦訳、51頁。
(28) *Ibid.* 同上。ペティは、これらの公共経費の節減のために、法律家、僧侶、医師などの必要人員を計算しているが、これによって、実際にこれらの階層の過剰人員を整理し人的資源の合理的配置の実施を構想していたのであれば、国家的統制主義ということになる。なお、これに関連して、卸売商と小売商も富の増大に寄与しない不生産的階層として、次のように厳しく批判している。「これらの人たちは、貧民の労働をたがいにもてあそんでいる博徒であって、社会からは、本来的に、そして本源的になにものを稼ぎとることはしない徒であり、また、政治体の血液と養液、すなわち農業および製造業の生産物を前後に分配する静脈および動脈のほかにはなんらの果実もけっして生み出さぬ徒である」と (William Petty, *Treatise of Taxes, op. cit.*, p. 28.　邦訳、53頁)。そればかりではない。ペティは、「わが国の農産物・製造業・消費および輸入についての記録が発達すると、わが国の過剰の諸物品を他国のそれと交換しうるためにははたしていく人の卸売商が必要であるかがわかるであろうし、またこの国のあらゆる村にまで再分配し、その村々から過剰物資を受け取って帰るには、はたしていく人の小売商が必要であるかがわかるであろう」として、卸売商および小売商の社会的必要数の算定にまで及んでいる (*Ibid.*, p. 28.　同上)。

(29) *Ibid.*, pp. 28-29. 邦訳、53-54 頁。
(30) ペティが、公共経費の生産性をどのように考えていたかは、必ずしも明らかではない。しかし、ペティが、社会事業費と公共土木事業費の増額を主張していることは、マルサス（T. R. Multhus）を経てケインズの雇用理論にまで結びつきうる性質をもつものであった。
(31) 岩下篤廣『財政経済主要理論の歴史的研究』崇文荘書店、1975 年、163-164 頁。
(32) 山﨑怜『《安価な政府》の基本構成』信山社、1994 年を参照せよ。

第8章

税外収入論
―「租税国家」の要請―

第1節　中世的・封建的特権収入論

　ペティが、『租税および貢納論』で取りあげている具体的な財政収入形態とその体系は、整理すると、次のようなものであった。①官有財産収入―官有地収入、②官業収入―富籤、販売独占、銀行および質屋営業、海上および火災保険経営、慈善事業、未成年者・狂人の保護事業、遊技場・娯楽施設の経営、橋梁・道路・渡船場の経営、③特権的収入―独占（発明の権利に関するものおよび新しい製造方法の導入に関するもの）、官職（売官料および官職保持料）、④行政的収入―罰金、貨幣改鋳収入、⑤租税収入―地租、家屋税、関税、人頭税、ご用金、10分の1税、財産税、通行税、ユダヤ人特別税、内国消費税、などである[1]。ここで、ペティが取りあげているものの中には、一般には財政収入の範疇には入らないようなものも含まれている。これは、ペティが、できうるかぎり視野を広げて、国庫に収入をもたらす可能性があるものであるならば、そのすべてについて検討を加えてみる意義があると考えたからである。

　まず、ペティは、税外収入たる官有財産収入、官業収入、特権的収入および行政的収入について、国家収入の見地からその是非について次のように検討を行っている。

　①官有財産収入。この種の収入については、ペティは、王領地からの収入についてだけ述べている。その場合に、ペティは、土地による収入の一部を国家が財政収入として獲得する方法として、王領地制度と地租制度とを比較し、「二つの方法のうち、後者の方が明らかにまさっている。国王にとっては、この方法が一層安固であるし、また一層多くの納税義務者をもつからで

ある」[(2)]として、地租による方法を支持している。ペティが王領地よりも地租を支持する論拠として示しているのはこれだけであり、あまりに簡単すぎてその真の意味を把握することは困難である。しかし、この時代における王領地の財源としての意義を見てみると、ペティが王領地よりも地租を支持した理由がより明らかとなる。王領地による粗収入は、1605年には14.5万ポンド、1621年には約11.5万ポンド、1630–1635年には約12.8万ポンド、1641年には約12.4万ポンドであった[(3)]。その後、1650年代の王領地の乱売によって国王の土地財産は減少し、王政復古期には王領地からまとまった収入を得ることは望めなくなっていた。1670年代には、第二次対オランダ戦争の負債からくる危機を乗り切り、さらに追加的資金の確保を図るために王領地は一層減少し、年額3,000ポンド強を得ていたにすぎなかった[(4)]。こうした当時の状況を考慮するとき、ペティが王領地収入を否定していたと見て

ペティの財政収入体系

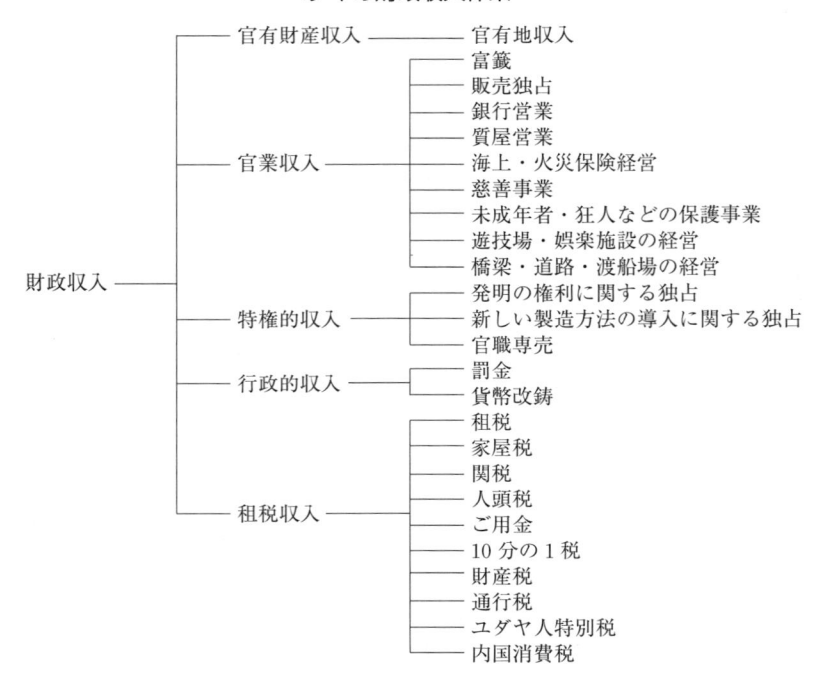

```
                  ┌─ 官有財産収入 ──── 官有地収入
                  │                  ┌─ 富籤
                  │                  ├─ 販売独占
                  │                  ├─ 銀行営業
                  │                  ├─ 質屋営業
                  ├─ 官業収入 ───────┼─ 海上・火災保険経営
                  │                  ├─ 慈善事業
                  │                  ├─ 未成年者・狂人などの保護事業
                  │                  ├─ 遊技場・娯楽施設の経営
                  │                  └─ 橋梁・道路・渡船場の経営
   財政収入 ──────┤                  ┌─ 発明の権利に関する独占
                  ├─ 特権的収入 ─────┼─ 新しい製造方法の導入に関する独占
                  │                  └─ 官職専売
                  ├─ 行政的収入 ─────┬─ 罰金
                  │                  └─ 貨幣改鋳
                  │                  ┌─ 租税
                  │                  ├─ 家屋税
                  │                  ├─ 関税
                  │                  ├─ 人頭税
                  └─ 租税収入 ───────┼─ ご用金
                                     ├─ 10分の1税
                                     ├─ 財産税
                                     ├─ 通行税
                                     ├─ ユダヤ人特別税
                                     └─ 内国消費税
```

大過ないであろう[5]。

②官業収入。まず、富籤収入について、ペティは、基本的に富籤業を民間に委ねることには不賛成であり、半官半民的なものにすべきであると考えていた。しかし、その場合には、収入は僅少となり、財政収入として論じるほどのものではないと論断する[6]。次に、販売独占について、ペティは、この時期に行われていた、石炭、塩、石鹸などの専売のうち、塩を例にとり、これは最も単純な人頭税と同様のものであると考える[7]。ペティは、後に述べるように、人頭税を不公平なものとして否定しているのであり、したがって人頭税の性格をもつ塩の専売に代表される販売独占収入を、否定していると解してよいであろう。さらに、ペティは、かれがヨーロッパ大陸において見聞した特殊な官業収入を列挙している。それは、官営銀行業、官営質屋業、官営保険業、官営の慈善事業、未成年者・狂人の保護事業、遊戯場・娯楽施設の経営、橋梁・道路・渡船場の経営、などによる収入である。これらの収入については、ペティは、個別的にその是非を具体的に述べていない。ただ、これらの収入について述べている箇所の標題「貨幣を徴収するための種々の比較的小規模な方法について」からも推知されるように、ペティは、これら一切の収入を、あまりにも少額なものであるので、くわしく論じるに足らない類いのものであると考えていたようである[8]。なお、厳密にいえば、慈善事業と保護事業は、社会政策の実施を意味するものであって、官業といえなくはないが、そもそも収入を予定すべきものではない。

③特権的収入。ペティは、独占について、発明の権利に関する独占と、新しい製造方法の導入に関する独占とに分けて論じている。ペティによれば、発明の権利に関する独占とは、発明者を保護する目的で、一定期間、発明の独占を許可するものである[9]。また、新しい製造方法の導入に関する独占とは、なんらかの商品に関する優れた製造方法が、一人の熟練した特定の職人のみによって実施され、他の職人によってはうまく行われえない場合に、一定期間、その職人の長に当該製造の独占を許可してほかの職人たちを指導させ、かれらが同様にうまく製造しうるようにすることである[10]。こうして、独占を与えられた者から徴収する独占許可料が財政収入となるのであるが、

ペティは、この種の収入についても、少額であるため多くを論じるに足らないといっている。次に、ペティは、イギリスの行政府に一貫して現われた官職販売（sale of offices）も機能および職業に関する独占の一種であるとして、財政収入の見地からその是非について検討を加えている(11)。ペティは、官職の現状について、かつてのように国家がいまだ十分に発達していなかったときには官職の数は少なく、また官職を遂行することは相当に困難で責任も重かったが、その後の国家の発達によって官職の数が多くなり、国家機構が整備されて官職の仕事が容易となったにもかかわらず、売官料や官職保持料は以前と同様のままである、と批判している(12)。ペティは、この官職販売にともなう収入そのものの是非については直接には論じていないが、官職の現状を批判している点から見て、このような収入も望ましくないものであると考えていたと推測してよいであろう(13)。

　④行政的収入。まず罰金については、これはペティが提唱しているきわめて特異な収入形態である。ペティは、通常行われている刑罰の方法として、死刑、身体の損傷、投獄、不名誉、一時的体刑、大拷問および罰金を列挙し、あらゆる刑罰を罰金刑にすることを提案する(14)。すなわち、「国家が、その成員を殺害したり、その手足を切断したり、投獄したりするのは、同時に国家自身をも処罰することにほかならない」(15)「この見地から、このような処罰はできるかぎり避けなければならず、それらは労働と公共の富とを増加する罰金刑に換刑されるべきである」(16)と。そして、ペティは、換刑された罰金も、当該者の財産の状態に応じて、富裕な者からは多く、貧困な者からは少なく徴集し、破産者であれば強制労働につかせるのがよいと主張する。しかし、ペティは、犯罪の種類と程度に応じて、どのような比率と標準で罰金を課したらよいのかまでは述べていない。いずれにしても、ペティは、罰金を支持しているのであるが、それはあくまでも富の増大の見地から人間の労働力に着目してその労働力保全の立場からのものであって、財政収入の立場からはその是非についてなにも触れていない。したがって、罰金収入それ自体についてのペティの考えは、不明である。最後に、「貨幣の切り上げ・切り下げ、すなわち粗悪化」たる貨幣の改鋳については、当時、国王の特権

において重要な地位を占めていた[17]。しかし、ペティは、この貨幣改鋳という特権の乱用による弊害について、これが財政収入獲得の手段として行われる場合には、租税賦課と同様の作用をもたらすものであることを、次のように指摘している。「国家が、貨幣を増殖するためには、またそうすることによって、貨幣を従来以上のものに思い込ませるために、その国の貨幣の名目価値を引き上げたりまたはその素材を粗悪化したりすることがしばしばあった。……これらすべては、国家が人々に債務を負いながら、課税することにほかならない。そうでないにしても、人々に返済しなければならない借金を国家が使い込んだことであり、同様に、また、恩給・固定地代・年金・手数料・賜金などで生活している人たちすべてに対して、租税同様の負担を負わせることである」[18]と。つづいて、ペティは、「貨幣の引き上げ、または、その粗悪化は人々に対するきわめてみじめな、しかも不公平な課税方法である」[19]として、貨幣改鋳による財政収入の獲得方法を鋭く非難している[20]。

　ペティは、租税収入を除いて、その他の封建的な官有財産収入、官業収入、行政的収入などに対して、概して否定的あるいは消極的立場をとっている。その主な理由は、それらがすでに時代遅れのもので実状に合わなかったり、また徴収しても少額の収入しか期待できなかったからである。このことは、後期官房学派の代表的学者であり、しかもアダム・スミスと同時代人であったドイツのユスティ（J. H. G. von Justi）が、王室の収入源として、第1に王領地収入、第2に特権収入を挙げ、なお不足する場合にはじめて租税収入によるべしと主張した見解とは、著しい対照をなすものである[21]。これは、ペティが、すでにカメラリストやマーカンティリストの域を脱して、古典学派、とくにアダム・スミスの租税論の先駆的存在であったことを示す証左であると見てよいであろう。中世以来、国王の収入の基礎であった、いわゆる特権的・初期重商主義的収入の否定は、「国王は、自己の収入で生活すべきである」という原則論との決別であり、「財政収入は租税収入たるべし」という、シュンペーターの「租税国家」成立への要請であるといってよい。

　ところで、租税は、国民経済とくに財政において、けっして絶対的、純粋

経済的範疇に属するものではなく、歴史的範疇に属するものである。今その発生を理論的に考えれば、その前提としてまず一方においては、個人の自由と所有財産が存在し、他方においては、国家の経済的活動の存在することを要する。さらに、租税発生の第二次的条件は、国家の経済的活動が租税を必要とし、かつこれを要求する意思を有することであろう[22]。これらの観点から、ペティの「租税国家」の主張を見れば、当時のイギリスが、私有財産制度と自由とを背景とする個人主義、自由主義時代を迎えつつあったことを示すものであり、また国王の中世封建的収入を基礎とした家産国家（Patrimonialstaat）から無産国家への移行という現実を反映したものである。否むしろ、それらの一層の促進を要請したものであった、といった方が正しいであろう。このことは必然的に、領地経済から租税経済への移行、専制国家から立憲国家への移行を意味する。ペティの「租税国家」の要請は、こうしたイギリス経済社会の変化をいち早く見抜くとともに、その一層の進展を期待したものであったのである。

第2節　公債収入論

シンクレーアによれば、イギリスにおいて、公債の萌芽的形態は、すでに13世紀のころに認めることができる[23]。チャールズ一世の時代ともなれば、公債は、国内課税および関税とともに、国庫の基本的な源泉となっていた[24]。そして、1660年以降チャールズ二世の王政復古の時代にかけて、公債制度はしだいに整備されていった。その推進力となったのは、ひとえに財政赤字の膨張であった。すなわち、1653年の長期議会解散当時、依然として支払い能力を有していた国家財政は、第一次対オランダ戦争が終結した1654年以降、毎年20万ポンドないし150万ポンドを超える大幅な赤字を計上するに至った[25]。このような財政赤字の膨張の大部分が、公債の発行によって賄われたのである。しかし、公債制度の近代化がいまだ不十分なものであったために、公債発行の困難さのみならず、その他の種々の問題をも引き起こしていた[26]。このような公債をめぐる状況の中にあって、ペティは、

主著『租税および貢納論』を執筆し、同書をもってかれは、「イギリスにおいて、財政に関する問題全般を、組織的に取り扱った最初の学者である」(27)と称されている。さらに、同書に対しては、「財政におけるほとんど全域を包括して論及している」(28)と評されている。

　しかし、ペティは、『租税および貢納論』において、当時、財政上の大きな問題となっており、しかも近代財政学の主要な内容をなしている公債の問題については、ほとんど触れていない。先に、ペティの封建的な官業・官有財産収入およびその他の初期重商主義的収入に対する考えを概観したが、かれは、これらの収入方法には多くを期待せず、むしろ原則的には、消極的・否定的な見解をとっている。封建的収入制度の否定は、とりもなおさず、財政収入は租税収入たるべしということになるのであって、財政は租税経済たるべきことを主張しているのである(29)。しかも、ペティの租税主義の主張は、単に租税収入を財政収入の大宗とすべきで、官業・官有財産収入や公債収入をある程度は認めるというのではなく、ほとんど絶対的に租税収入のみに依存すべきであるというものである。これは、ペティが自由主義をもって国家政策の基調とすべきであると考えていたことに基づくものである。自由主義の立場に立てば、国家の職務をできるかぎり制限して、公共経費をできるかぎり圧縮すべきであり、このためには、公債依存を認めることは危険であり、租税のみですべての公共経費を支弁する方針を確立しなければならないのである(30)。

　封建的な官業・官有財産収入の否定と、租税収入の肯定についてのペティの主張は、主として平時財政におけるかれの収入論ともいうべきものである。それでは、非常臨時の場合に求められる巨額な支出に対して、ペティは、いかにしてその資金を調達しようとしていたのであろうか。ペティは、『政治算術』において、オランダ国民が他国民に比較してより重い租税負担をなしつつも、なお富強である原因を租税政策に求めている。ここにおいて、ペティは、「イギリス国王の臣民の全支出の10分の1で—もしこれが規則的に課税・調達されるならば—優に1万の歩兵・4万の騎兵、4万の水兵を維持し、経常・臨時の双方についての政府の一切の経費を賄うことができる」(31)

第8章　税外収入論　167

と、いっている。このことを論証するために、ペティは、国民がすべて忠良の吏であることを前提として一つの計算表を作成する。すなわち、ペティは、国民一人当たりの1年間の平均支出を7ポンドと計上し、人口を1,000万とすれば、総支出の1割すなわち700万ポンドを得、これをもって先の全公共経費に充てるべきであるとする。ただし、ペティによれば、平時においては、1年間の公共経費は60万ポンドであるという。これに加えて、ペティは、国民が裕福であれば、国民所得はその支出を超過することになるため、支出の1割は所得の1割以下であるようになるという。のみならず、人々がその支出の5分の1を節約し、その生産の努力を5％強化して1割の租税を提供することは、経験からいって耐えられることであるという。いわんや、有事に際して、以上のようなことは、一層容易であるという[32]。このように、ペティは、国民の総支出の1割を租税によって規則的に徴収すれば、大軍を支えて大戦を遂行しうると考えていたのである。このような、非常時における公共経費を公債によることなく、租税によって支弁しようとする見解は、『賢者一言』において、最もよく表明されている。

　すでに述べたように、『賢者一言』は、『租税および貢納論』執筆の約3年後、すなわち1665年の後半に、商権の制覇を目的として戦われた第二次対オランダ戦争によって、イギリス王国の財政が著しく窮迫し、大増税が実施されたとき、その戦費の合理的調達方法を示すために執筆された論策である[33]。この書の「序論」において、ペティは、次のようにいっている。「多くの人が、関税・内国消費税・煙突税などとして、比較的無意識にまた直接支払っているもの……のほかに、毎月わずか7万ポンドの租税調達に貢献するため、その全資産の10分の1を強制的に支払わされているところからすると、もしオランダとの戦争が、昨年どおりの価値を支出しながら、もう2年もつづくならば、陛下が債務をおこしたまわざるかぎり、これらの人たちは、1665年のクリスマス以降、自己の全資産の3分の1を支払わねばならないという事態が生ずるにちがいない」[34]と。さらに、つづけていっている。「しかしながら、もし公共的経費が比例的に課せられるならば、たとえ租税が月額2万5,000ポンドに増額される場合でさえも……自分の全財産の

10分の1以上を支払う人は一人もいないはずである」⁽³⁵⁾と。これらの叙述に見られるように、ペティは、租税の負担が公平になされるならば、対オランダ戦争の費用を十分に賄うことができると考えていた。したがって、戦費といえども、これを公債によって調達することには否定的であったのである⁽³⁶⁾。

さらに、後に述べるように、ペティは、地租、家屋税、関税、人頭税、ご用金、内国消費税、10分の1税、財産税、通行税、ユダヤ人特別税などの各種租税を取りあげ、これらの優劣を比較検討している。その際の基準については、多少の混乱が見られるが、主として「負担の公平」という観点から、内国消費税以外の諸税をほとんど否定している。しかしながら、ペティは、『賢者一言』においては、『租税および貢納論』で展開した内国消費税中心主義を修正し、地租、家屋税、その他の動産税、関税、人頭税の諸税も認めるに至っているのである⁽³⁷⁾。このことは、戦時といえども公債の発行を認めず、あくまでも租税主義を貫こうとする、ペティの強い意思の表われであると考えられる。これは、かれの自由主義国家観では、公共経費の膨張を欲しないのであるから、公債は公共経費を増大させ、財政を不健全にならしめ、また資本の蓄積を阻害すると考えられたからである⁽³⁸⁾。いずれにせよ、ペティは、非常時の戦費においても公債を排斥して租税主義を採用しようとしているのであるから、いわんや、通常の公共経費を公債によって支弁することには反対であったと考えてよいであろう⁽³⁹⁾。このような、戦時公債を排斥して租税収入をもって戦費を支弁するべきであるという主張は、その後、ダヴナント、ヒューム、リカード、ミル（J. S. Mill）およびアダム・スミスなどによって力説され、またピット（William Pitt）やグラッドストーン（W. F. Gladstone）のような政治家によって実行されることになるのである⁽⁴⁰⁾。

注
（1）菅原修「ウィリアム・ペティの累積的国内物産税論について」、『富山大学経済学部論集』（富山大学）第10号、1956年6月、78頁。
（2）William Petty, *A Treatise of Taxes and Contributions,* London, 1662, in C. H. Hull,

ed., *The Economic Writings of Sir William Petty*, Vol. I, Cambridge, 1899, p. 39. 大内兵衛・松川七郎訳『租税貢納論』岩波書店、1952 年、69–70 頁。訳文は、一部変更を加えた。以下、同様。
（3） R. W. Hoyle, ed., *The Estates of the English Crown 1558-1640*, Cambridge, 1992, pp. 10–11.
（4） C. D. Chandaman, *The English Public Revenue 1660-1688*, Oxford, 1975, pp. 110–115.
（5） 王領地の財源としての意義が小さかったのは、次のような理由による。第1に、当時、行政手段が貧弱であったため、獲得可能な収入を最大限に確保することはおろか王領地の保有状況を把握することすら困難であり、またその保有態様もきわめて複雑であった。第2に、王領地が単に財政的資産としてしか考えられておらず、恩顧や報償手段など他の目的への土地利用が国王にとってその財政的価値を減じていた。第3に、戦争など緊急時に巨額の資金を調達するためにしばしば王領地が売却され、土地経営改善への誘因がとぼしかった。Cf. M. J. Braddick, *The nerves of state: Taxation and the financing of the English state 1558-1714*, Manchester, 1996, p. 52. 酒井重喜訳『イギリスにおける租税国家の成立』ミネルヴァ書房、2000 年、66–67 頁。
（6） *Ibid.*, p. 65. 邦訳、111–112 頁。
（7） *Ibid.*, p. 74. 邦訳、128–129 頁。
（8） *Ibid.*, p. 83. 邦訳、143–144 頁。
（9） *Ibid.*, p. 75. 邦訳、129–130 頁。
（10） *Ibid.* 邦訳、131 頁。
（11） *Ibid.*, p. 75. 邦訳、131 頁。財政手段としての官職販売は、当時、フランス、イタリア、スペインなどでも行われた。イギリスで大々的に行われたのは、1540 年代、1620 年代、王政復古期である。Cf. Penry Williams, *The Tudor Regime*, Oxford, 1979, pp. 85–107.
（12） *Ibid.*, pp. 76–77. 邦訳、132–133 頁。エイルマーによれば官職販売は、国王の重要な収入源ではなかった。Cf. Gerald E. Aylmer, *The King's Servants: The Civil Service of Charles I 1625-1642*, London, 1961, p. 246.
（13） *Ibid.*, p. 67. 邦訳、116–117 頁。
（14） *Ibid.*, p. 68. 邦訳、119 頁。
（15） *Ibid.* 同上。
（16） *Ibid.* 同上。
（17） 貨幣の悪鋳は、国王の財政上の貧困や貨幣不足などから、かなり早い時期

から行われていたもので、14世紀のはじめごろから貨幣の量目が減少しはじめている。1ペンス＝1銀貨の重量は、1100年の22.5グレインから1300年の22グレインと200年間ほとんど変化していなかったが、1346年には20グレイン、1412年には15グレイン、1527年には10.5グレインと、14・15世紀の200年間に半減している。山村延昭『イギリス経済史概説』（上）、未来社、1979年、123頁。なお、貨幣の悪鋳は、16世紀に入ると量目減少から品位低下にとって代わり、ヘンリー八世治世下の1543年からはじまる悪鋳では、銀貨の純分は、同年に10オンスであったものが、1546年には4オンスに低減し、金銀の比価は1543年の1：10から、1：5となった。小松芳喬『封建英国とその崩壊過程』弘文堂、1947年、215頁。こうした悪鋳による貶質に対して、すでにヘイルズは、イギリスにおける重商主義思想の最初の文献とされている著作の中で、悪鋳によって国民が貧しくなることを通じて結局国王も貧しくなるのであって、戦争時に軍事品を調達するために十分な資金が徴収できなくなる危険を指摘している。Cf. John Hales, *A Discourse of Common Weal of this Realm of England*, London, 1581, ed. by Elizabeth Lamond, Cambridge, 1893, rpt. 1954, p. 78. 松村幸一・尾崎芳治・武暢夫・山田浩之・山下博訳『イングランド王国の繁栄についての一論』（出口勇蔵監修『近世ヒューマニズムの経済思想—イギリス絶対主義の一政策体系—』有斐閣、1957年、所収）、92-93頁。

(18) William Petty, *Treatise of Taxes, op. cit.*, p. 84. 邦訳、146頁。

(19) *Ibid.*, pp. 90-91. 邦訳、156頁。

(20) この貨幣の悪鋳については、貨幣の問題を集中的に取り扱った『貨幣小論』においても論述されている。Cf. William Petty, *Quantulumcunque concerning Money*, London, 1695, in C. H. Hull, ed., *op. cit.*, Vol. II, pp. 339-448. 松川七郎訳『貨幣小論』（森戸辰男・大内兵衛編『経済学の諸問題』法政大学出版局、1958年、所収）、105-115頁。訳文は、一部変更を加えた。以下、同様。

(21) Vgl. J. H. G. von Justi, *System des Finanzwesens*, Halle, 1766. rpt. Neudruck, 1969, S. 177. 池田浩太郎・大川政三『近世財政思想の生成』千倉書房、1982年、118-119頁。

(22) 大畑文七『国家租税論』有斐閣、1934年、39-51頁。

(23) John Sinclair, *The History of the Public Revenue of the British Empire*, Vol. I, London, 1785, 3rd ed., 1803, p. 380.

(24) H. E. Fisk, *English Public Finance: From the Revolution of 1688*, New York, 1920, p. 49.

(25) M. P. Ashley, *Financial and Commercial Policy under the Cromwellian Protectorate*,

London, 1934, new imp. 1972, p. 68.；池田嘉男「イギリス市民革命の租税構造」、『歴史』（東北史学会）第 28 輯、1964 年 3 月、15 頁。
(26) この点については、竹本洋「王政復古期における公債」、『大阪経大論集』（大阪経済大学）第 166 号、1985 年 7 月を参照せよ。
(27) 井手文雄『古典学派の財政論（増訂新版）』創造社、1960 年、14 頁。
(28) 大淵利男『イギリス財政思想史研究序説——イギリス重商主義財政経済論の解明——』評論社、1963 年、337 頁。
(29) 井手文雄、前掲書、157 頁。
(30) 同上書、158 頁。
(31) William Petty, *Political Arithmetick,* London, 1690, in C. H. Hull, ed., *op. cit.,* Vol. I, p. 305. 大内兵衛・松川七郎訳『政治算術』岩波書店、1955 年、133 頁。
(32) *Ibid.,* p.306. 邦訳、134-135 頁。阿部賢一「サー・ウィリアム・ペティの経済財政学説」、『同志社論叢』（同志社大学）第 2 号、1920 年 6 月、61-62 頁。
(33) 松川七郎「『賢者には一言をもって足る』について」（大内兵衛・松川七郎訳『租税貢納論』岩波書店、1952 年、所収）、224-225 頁。
(34) William Petty, *Verbum Sapienti,* London, 1691, in C. H. Hull, ed., *op. cit.,* Vol. I, p. 103. 大内兵衛・松川七郎訳『賢者には一言をもって足る』（同訳『租税貢納論』岩波書店、1952 年、所収）、168 頁。訳文は、一部変更を加えた。以下、同様。
(35) *Ibid.,* p. 103. 邦訳、169 頁。
(36) 大淵利男は、これらペティの章句に関して、「かれがまったく公債を否定し去っているのであれば、"……provided His Majesty be kept out Debt"、という文字は抹殺されていても、一向にさしつかえないことである」として、かれペティが、戦時財源としてのみならず、平時においても公債発行を認めていたとしている（大淵利男、前掲書、329-331 頁）。
(37) くわしくは、井手文雄、前掲書、136-142 頁を参照せよ。なお、この点に関して、池田浩太郎は、「推奨すべき税種とペティが考えているものには、時には所によって表現に若干の相違がみられる。しかし、この差異のよって来るところは、問題になっている当の租税の使用目的、すなわち、それが経常支出に当てられるのか、あるいは臨時支出に当てられるのか、また期待すべき税収の多寡がどれ程のものであるか、というような考察の前提条件に主としてかかわるものである。さらには、推奨すべき税種を原理的に考察しているのか、現実的収入制度の上に立ってこれを検討しているのか、というような立場の相違に基づいた推奨税種の相違も考えられるであろう」としている

(池田浩太郎・大川政三、前掲書、18-19頁)。
(38) これに対して、松下周太郎は、過去の公債理論を楽観説、悲観説および中庸説の三つのグループに分け、ペティを楽観説に分類している。松下周太郎『財政学要綱(再訂版)』東京敬文堂、1970年、465頁。また、木村元一も、重商主義者は経費の生産促進効果を高く評価していたから、公債についても楽観的であったとしつつ、ペティをもって「重商主義時代の公債謳歌論者」として位置づけている(木村元一『近代財政学総論』春秋社、1968年、249頁)。
(39) 井手文雄、前掲書、96頁。
(40) 黒川芳蔵「アダム・スミスの公債論に就て」、『同志社論叢』第91号、1949年1月、11頁。公債についての18世紀の見解については、E. L. Hargreaves, *The National Debt,* London, 1930, pp. 73-90. 一ノ瀬篤・斉藤忠雄・西野宗雄訳『イギリス国債史』新評論、1987年、76-126頁を参照せよ。

第9章

租税収入論（1）

第1節　租税根拠・負担配分論

　「租税国家」の成立を要望したペティは、「不穏当な租税負担の諸原因はどうすれば減少しうるか」という問題を取りあげ、合理的租税制度を実現するための諸条件を導入しようとしている。ここで、ペティは、現行徴税制度の実状を把握し、自己の見解を述べるのであるが、その中で、「租税がどれほど巨額であろうとも、もしそれがすべての人に対して比例的であるならば、なにびともそのために自己の富を失うことはないであろう」[1]と述べている。そして、また、ペティは、「この国のすべての富—すなわち、土地・家屋・船舶・諸物品・家具・銀器および貨幣—」[2]ともいっている。こうしてみると、ペティは、さしあたっては、租税の本質は貨幣の形態をもってする人々の富の部分的な徴収にほかならないと考えていたようである[3]。

　すでに述べたように、ペティは、その財政論に関するかぎりにおいては、経費論と収入論とを、後者についてはさらに租税論と税外収入論とを比較的整然と述べており、いまだ学問体系とは断定しえないが、すでに近代財政学体系の雛形を提示しているのである。しかし、ペティは、近代の財政学の主要問題のうち、租税の根拠については明確に示していない。ペティによる『租税および貢納論』の執筆動機は、当時のイギリスにおける財政問題に対する解決策の提示、すなわち合理的な財源調達によって財政を再建することであった。そのためには、なによりも、なぜ租税を支払わなければならないのかを国民に納得させることが必須である。そうであるとすれば、当然に、まず租税の根拠が問題とされるはずである。これに関して、ペティは、国家哲学上におけるホッブズの追従者として、絶対王政論を信奉しており、かれ

のこの立場からは、租税の根拠はなんら問題とはならなかった、との議論がある(4)。

　しかし、ペティが、かれの著作とくに『租税および貢納論』において、租税の根拠を明確に示していないのは、それがまったく問題とならなかったからではなく、むしろ、かれの著作の成立にまつわる実践政策的要求によるものであると考えられる。換言すれば、ペティの著作に租税の根拠に関する明確な叙述を欠いているということは、裏をかえせば、かれがすでになんらかの租税根拠論に立脚していることを意味するものであると解してよいであろう(5)。このような、すでにペティの中で確固たる地盤をもち、かれの租税論を支えた思想的基礎について、ハルは、「かれ〔ペティ〕は疑いもなく……ホッブズの政治学派の徒である」(6)（〔　〕内は筆者）と述べている。また、フィッツモーリスは、「ホッブズが理論に描いたところをペティは実際に適用しようとした」(7)といっている。ペティの『租税および貢納論』に現われている租税論を、ホッブズの『リヴァイアサン』に書かれているところのものと対比すると、確かにペティの租税論は『リヴァイアサン』の具体化、数式化である。この意味において、ペティの租税論を理解しようとすれば、ホッブズの政治理論を離れてはよく解しえないとすることは、妥当であると考えられる。

　周知のように、ホッブズは、1651年に公刊された不朽の名著『リヴァイアサン』で、国家の設立について、次のように説いている。ホッブズは、後のマックス・ウェーバー(Max Weber)の理念型的考察と同様な思考操作により、思惟的構成体としての自然状態を想定する。この自然状態においては、すべての人間は平等な心身の諸能力をもち自己の生命の維持という不可侵の自然権を有する。それゆえ、この自然権を行使されるがままに放置すれば、全体的相互的な猜疑不信と不断の相互的恐怖を本質とする悲惨な「万人の万人に対する闘争状態」(bellum omnium contra omnes)が必然的に現出する。そこで、各人は、理性によって発見された戒律または一般法則たる自然法（平和の法）に基づいて、相互に契約を結び、自然権の一部を放棄することによって主権者を設立し、自然状態からの脱却を図る。しかし、このような契

約は、それだけではなんら強制力を保持しておらず、相互的不履行の恐れがある。そこで、契約を確実で有効なものにするために、主権者に絶対的権力を与えなければならない[8]。ここに、いわゆる、「国家」が成立し、偉大なる「リヴァイアサン」が誕生する。国家は、その設立の目的を実現するためのあらゆる手段を実行する権利を有する。学説の審査権、立法権、司法権、戦争・平和に関する権利、官僚任命権、賞罰権、栄誉権などが、これである[9]。これらの諸権利は、絶対的かつ不譲、不可欠なものである。ここで問題にしている課税権は、戦争・平和に関する権利から当然に導出されるものである。国家設立のいきさつからいって、課税の是非を論議したり、課税権を制限したりするようなことは、断じて許されない。こうして、ホッブズは、理性的人間を前提としつつ、絶対的な権力を有する国家すなわち絶対的国家の出現を痛感し、国家契約あるいは社会契約によってそのような国家の成立をみると考え、この絶対的国家の課税権に服従することが、結局において、国家を構成している国民の利益であると説くのである。ようするに、ホッブズにおける租税についての根本的観念は、主権者の利益と人々の利益とは互いに対立するものではなく、主権者の課税権の絶対性と自主的納税の理論とは調和するということであり、ここからホッブズにおける租税の根拠が導出される[10]。

　すなわち、ホッブズは、初期の労作『法学要綱』(*Elements of Law, Natural and Politic*, 1640) において、「主権者によって人々の財産に課せられる租税は、主権者が人々のために維持する平和と防衛の代価にほかならない」[11] と説き、租税は国家より受ける利益の代価であるから、租税はこの利益によって測定すべきことを示している。ついで、『市民論』では、「人々によって公共の用途のために納められるものは、購われた平和の対価にほかならず、この平和を平等に支払わなければならない」[12] ことを指摘している。さらに、主著『リヴァイアサン』において、「主権者権力によって人々に課せられるすべての賦課は、個々人がそれぞれの仕事や職業を実行するのを防衛するために、公共の剣をもつ人々に対して、当然に払うべき賃金にほかならないのである。そこで、それによって各人が受ける便益は、生命の享受であり、生命は貧し

い者にとっても裕福な者にとっても、平等に高価なのである」[13] といっている。こうして、ホッブズにあっては、租税は主権者にも人々にも等しく利益であって、共同の平和と防衛のためになるものである。そこで、人々は、主権者に対して生命保全の代償として、租税を支払わなければならないのである。このような思想は、財政学上あるいは租税学説史上、一般に租税利益説（benefit theory）または租税交換説（exchange theory）と呼ばれている[14]。

　以上におけるようなホッブズの租税理論を手がかりとして、ペティの論述の中に租税の根拠についてのかれの考えを示していると思われるものを求めてみると、『租税および貢納論』の内国消費税について論述している箇所で、次のようにいっている。「人は、公共の平和に浴する分け前と利益とに応じて、すなわち、自己の資産または富に応じて、公共的経費を貢納すればそれでよいということは、一般になにびとといえども承認するところである」[15]と。この叙述は、後に述べるように、直接的には、ペティの租税負担配分原理に関する立場を表明したもので、かれが租税負担配分原理として応益課税原則（benefit taxation principle）と応能課税原則（ablity-to-pay taxation principle）とを併せ支持しているように考えられる。そして、もし、ペティが租税負担配分原理としての応能課税原則を支持しているということになれば、租税根拠論としての租税義務説（obligatory theory）が導き出されることになる。しかしながら、ペティが、最初に、「人は、公共の平和に浴する分け前と利益とに応じて……」といっていることは、種々の課税方法を論じる際に、かれが「国民が、統治され保護されるために、さらに自分たちの君主や国土の名誉のために、不可欠とされるものに対する正当な分け前を支払うことを満足し、それに不服がないものにしておこう」[16]といっていることに対応させて理解すると、ペティにおける課税の妥当性についての根拠は、次のような内容のものとなるであろう。すなわち、人々は社会が平和な状態にあることから、利益を享受している。そのような平和な状態は自然にもたらされたものではなく、国家（政府）の努力によって人為的に形成されたものである。そうであるならば、人々はそのような国家の活動から受けている利益に対して、代価を支払わなければならない。租税は、国家から受けている利益に対

して支払わなければならない反対給付である。こうして、ペティは、基本的には、ホッブズと同様に租税利益説をとっていると考えてよいであろう。しかし、その場合には、ペティが国家の保護（国家よりの受益）として考えていたものが、生命であるのか、財産であるのか、あるいはまたそれらの両者であるのか、が問題となる。ペティの財政収入調達論がホッブズの国家哲学のうえに立脚したものであることを考えたとき、この問題に対する回答も、やはり、先師ホッブズに求めるのが自然であろう。

　ホッブズは、国家保護の対象を生命に求めている。なぜならば、ホッブズにおける「万人の万人に対する闘争状態」においては、財産の保護よりもまず生命の保護の方が重要であったはずであるからである。こうした点から見て、国家の保護においてペティによって第一義的に必要と考えられたものは、財産の保護ではなくて生命の保護であった、と考えるのが妥当であろう[17]。そうであるとするならば、ペティにおける租税の根拠は、ホッブズにおけるそれに帰着することになる。このことは、とりもなおさず、他方で、ペティの租税の根拠における租税利益説が、18世紀以降に入ってフランスのルソー（J. J. Rousseau）によって理論づけられ、ヴォーバン（Seigneur de Vauban）やミラボー（V. R. Mirabeau）などの重農主義、さらにアダム・スミスをはじめとするイギリスの古典学派によって説かれたものとは異なり、一定の制約をもつものであったことを意味している。

　すでに述べたように、ペティの国家に対する把握は、先験的に与えられた自然権から出発し、このような自然権の相互実現のために結ばれた社会契約によって国家が成立するとする、ホッブズの国家観を継承している。このような国家は、現実の未成熟ゆえに、絶対主義的権力によって統治されざるをえず、自主的納税理論をそのうちに秘めているとはいえ、租税協賛権を全面的に受け入れることは困難であった。換言すれば、ペティにおける国家は、個人に対してあまりにも全能でありすぎ、したがって社会契約説の基礎的諸理論である、独立した自由な個人、人間の平等、国民主権、私有財産の保有などを欠落させているのである。この意味で、ペティの租税利益説は、いまだ十全の意味での租税利益説とはいいがたく、萌芽形態の租税利益説であっ

たといわなければならない[18]。

第2節　租税原則論

　ペティは、『租税および貢納論』で租税について論述するに当たり、最初に公共経費を増加・加重せしめる一般的諸原因について論じている。ここで、ペティが挙げている一般的諸原因は、次の六つである[19]。
　①国民が各種公共経費の支払いを好まないこと。これは、国民が、賦課額が多すぎはしないか、または徴収されたものが横領されたり、浪費されたりはしないか、あるいは不公平に取り立てられたり、課徴されたりはしないか、という疑惑を抱くことから起こる。
　②公共経費の支払いを、貨幣で一定時期に支払うのを強制し、諸物品で最も好都合な時期に支払わせないこと。
　③課税権が曖昧であったり、疑わしかったりすること。
　④貨幣の欠乏および鋳貨の混乱。
　⑤国民、とくに労働者および工匠の少ないこと。
　⑥国民が人口・富・産業について無知であること。
　ペティによれば、ここに挙げたこれら六つの公共経費増大の一般的原因は、とりもなおさず、いずれも租税政策における欠陥を表わすものであって、結果的に、国民の租税負担を増大させることになるものである。ペティは、つづいて、租税負担が増大する原因をいかにすれば除去できうるのかという観点から、公共経費増大の6原因を再論している。ここで、ペティが取りあげている原因は、次の11である[20]。
　①元首が自己の必要としている以上に租税を徴収すること。
　②租税が各人の富に比例していないこと。
　③各人が、相互に隣人との比較において、平等に課税されていないこと。
　④租税収入が浪費されること。
　⑤租税収入が、宴会、壮大な外観、凱旋門などに支出され、浪費されること。

⑥国王が国民から調達した租税を、自分のお気に入りの者に授与すること。
⑦租税の支払いを、貨幣で一定時期に支払うのを強制し、諸物品で最も好都合な時期に支払わせないこと。
⑧課税権が曖昧であったり、疑わしかったりすること。
⑨貨幣が不足していること。
⑩人口が少ないこと。
⑪国民が人口・富・産業について無知であること。

すでに指摘したように、ペティは、公共経費増大の一般的原因として、①国民の納税忌避、②金納の強制、③課税権の曖昧さと疑念、④貨幣の欠乏と鋳貨の混乱、⑤国民の数（労働者と工匠）の少なさ、⑥国民の人口・富・産業についての無知、の6項目を挙げていた。いま、これらを不当な租税負担の一般的諸原因として挙げているものと比較してみると、①元首の誅求、②租税負担が各人の富に比例していないこと、③租税が他人との比較において不公平であること、④租税収入の浪費、⑤租税が国王によって寵臣に与えられること、が新たに付け加えられているだけであって、双方の内容はほぼ同様のものであるといってよい。しかも、ペティが挙げている不当な租税負担の一般的原因は、現行の徴税における実状を批判したものであるが、一方で課税に際して依拠すべき基準を意味しており、いわば租税原則（principles of taxation）ともいうべきものを表明しているものと見ることができる。ペティが述べているところを整理すると、次のようになるであろう[21]。

①租税は必要額だけを徴収すること。
②富に比例して課税すること。
③公平に課税すること。
④⑤租税の浪費を慎むこと。
⑥人口・富・産業についての正確な知識をもち、各人の負担能力と課税標準を明確にすること。
⑦賦課権（課税の根拠）を明確にすること。
⑧人口を増加させること。
⑨貨幣の供給量を適正化すること。

⑩金納を強制せず、納税者に対して租税支払いの便宜を図ること。
⑪租税の徴収に際しては、一国の産業を阻害しないように配慮すること。

　ペティは、租税原則を独立のものとして、また系統だてて論じていないが、先の11項目を総括してみると、後年アダム・スミスが『諸国民の富』第5編で提示した、①公平の原則（principle of equality）、②確実の原則（principle of certainty）、③便宜の原則（principle of convenience）、④最小徴税費の原則（principle of economy in collection）という租税4原則（four maxims with regard to taxes）にも通じる見解を示しているといってよい[22]。いま、これらアダム・スミスの租税4原則に則して、ペティの著作の各所に散在している叙述をも合わせて具体的内容を見てみると、次のようになるであろう。

　①公平の原則。ペティは、あらゆるところで、租税は公平でなければならないという考えを表明している。『租税および貢納論』の第3章では、「最も人を怒らせるものは、その人が自分の隣人以上に課税されていることである」[23]といっている。また、第7章では、「この方法〔人頭税〕の欠点は、それが非常に不公平だということである。つまり、能力が違う人たちが、すべて一様に支払わなければならないし、子供たちについての費用が最大の人が、最も多く支払わなければならない、いいかえれば、貧困な人ほどますます重く課税される」[24]（〔　〕内は筆者）といっている。これらによっても、ペティが、租税は公平でなければならないと考えていたことは明らかである。しかし、ここで、いかなる課税方法が公平であるのかが問題となる。これについては、ペティは、「租税がどれほど巨額であろうとも、もしそれがすべての人に対して比例的であるならば、なにびともそのために自己の富を失うことはないであろう」[25]と述べている。ようするに、ペティは、租税によって富の分配が変わることを否定し、比例課税をもって公平の原則に適うものと考えていたようである。ここに、ペティの自由主義思想の一端をうかがうことができる。また、ペティは、免税点についてはなんらも言及しておらず、ここにもかれの公平の原則における一つの特徴が見られる[26]。

　②確実の原則。ペティは、先に示したように、公共経費増大の一般的原因として、課税権の曖昧さと疑念とを挙げているが、これは、明確な課税権の

確立を主張したものであると解してよい[27]。しかし、ペティの確実の原則は、『政治算術』の第5章で、よりはっきりとした形で示されている。すなわち、ペティは、「イングランドにおけるもろもろの租税が支出に対して課せられるものではなく、全財産に対して課せられ、それも土地、資財および労働に対して課せられないで、主として土地だけに対して課せられている。しかも、これがなんらかの公平な、そして無差別な標準によってではなく、党派とか徒党とかいうたまたま優位を占めるものによって課せられている」[28]と述べている。ここで、ペティがいわんとするところは、現行の租税が法律によって明確に制度化されているものによって徴収されているのではなく、徴税者の気まぐれによって徴収されていることは大いに問題であり、確立された明確な課税権の下でだれもが納得する形で徴収されるべきである、ということである。

　③便宜の原則。ペティは、すでに示したように、公共経費増大の一般的原因として、租税の物納を許さず、納期を一定期間に限定し、金納を強制することを挙げていた。このことは、逆にいえば、徴税はできうるかぎり国民の好都合な時期に好都合な方法で行われなければならないという主張である。このような便宜の原則については、ペティは、その著作の随所で触れている。公共経費増大の個別的原因について論述しているところでは、「すべての租税が貨幣で支払わなければならないということは、いくぶん、つらいように思われる。……現物で支払うことにすれば、そのとき、その場で、貧民にとって相当に大きい苦情の種を減らすことになる」[29]と述べている。さらにまた、『政治算術』の中でも、「各々の竈について銀2シリングを支払うべしとするよりも、各人が2シリングの値のある亜麻で支払うようにする方が人々にとっては一層がまんしやすいし、国王にとっては一層有利であろう」[30]「アイルランドでは亜麻で徴税し、イングランドでは亜麻布その他の亜麻製品で徴税すべきという提案をしたが、スコットランドでも……にしんで租税を支払ってもさしつかえなかろう」[31]といっている。これらの叙述において、ペティは、貨幣経済の進展に逆行するような物納さえも推奨して、徴税は納税者の都合を最優先させて行われるべきことを強調している。

④最小徴税費の原則。ペティによれば、公共経費増大の一般的原因のうちの、必要額以上の租税の徴収、租税収入の浪費、不公平な徴収に対する疑念などは、すべて余分な徴税費を招来させる原因となるものであると考えられた。ペティのいうところによれば、「人々が、賦課額が多すぎはしないかとか、または徴収されるものが横領されたり浪費されたりしないかとか、あるいは不公平に取りたてられたり課徴されたりはしないかとか、という疑惑を抱き、延滞したりしぶったりする……。これらすべてが、転じてそれらを徴収するための不必要な経費となる」(32)のである。さらに、ペティは、『政治算術』においても、「これらの租税〔土地への租税〕は、最小の労苦と経費とをもって徴収されるのではなく、徴税請負人に賃貸される……ついにその終局においては、貧民は国王が受取るものの2倍ほども支払わされている」(33)（〔　〕内は筆者）と述べて、租税の徴収が徴税請負人にまかせられる結果、徴税額が実際の課税額よりも多くなってしまうことを指摘している。つまり、ペティは、国民の支払う租税額と国庫への納入額との差額を最小にすべきことを要求しているのである。

　以上、ペティの論述の中から、アダム・スミスの有名な租税に関する4原則に相当するものを拾いあげてみた。もちろん、ペティの租税原則は、アダム・スミスのそれよりもおよそ1世紀も前に提示されたものであるので、アダム・スミスにおけるように特別に一括して論じられているわけではない。しかし、ペティの主著『租税および貢納論』や『政治算術』に論述されているものを統合すると、その表現の巧拙は別として、後年のアダム・スミスの4原則の雛形がすでに示されているといってよい。アダム・スミス自身は、租税原則について論述するに当たり、重商主義の巨星マンの「租税の一般原則」6か条を引用している(34)。また、ウィリアム・テーラー(W. L. Taylor)は、アダム・スミスの恩師フランシス・ハチソン(Francis Hutcheson)の影響があったことを指摘している(35)。そのほかにも、アダム・スミスの租税原則は、ヒュームやヘンリー・ホーム(Henry Home)など、あるいはドイツ官房学の代表者ユスティの『財政制度の体系』(System des Finanzwisens, 1766)の見解にも負っているといわれている。しかしながら、アダム・スミスの租税原則が、

ペティの租税原則にその明快な原型をもっていることは疑いのないところである。

なお、ペティもまた、アダム・スミスと同様に、課税に当たっては人々の経済活動をできうるかぎり圧迫しないようにすべきことを念頭に置いているのであって、租税原則についていえば、重商主義的、絶対主義国家論的立場を超え、自由主義、個人主義の立場に立っていると見てよいであろう。とくに、公平の観念については、イギリスの生成期資本主義の段階において、貨幣経済が進展しつつあるとはいっても、そこには封建的な経済構造と体制が根強く存在し、資本主義経済構造と体制とが鋭く抗争対立しながら、新旧の経済構造と体制とが混然として一体となり、イギリス資本主義の将来的発展を展望する時代であっただけに、優れて進歩的な主張であったと評価してよいであろう[36]。このようなペティの自由主義的租税原則は、アダム・スミスをはじめとしてイギリス古典学派のリカード、マカロック、J. S. ミルなどによって継承されたばかりではなく、フランスのセイ（J. B. Say）、カナール（N. F. Canard）、ルロア・ボリュー（Paul Leroy-Beaulieu）や、ドイツのロッツ（Walter Lotz）、ヤコブ（L. H. von Jakob）、ラウ（K. H. Rau）などの、大陸の諸学者たちにも直接間接に影響を与えたのである。

さらにいえば、ペティは、『政治算術』において、次のようにいっており、国民経済的原則をも考えていたかのようである。「従来十分な仕事口をもたない人々が、海外からその国へ輸入されているような諸物品の生産について働くことを命ぜられ、またはこのことを租税として課せられるならば、……このような租税もまた、共同の富を増進する」[37]と。また、「過剰な穀物は、公共の倉庫に送り、そこを通して社会の最善の利益になるように処分すべし」[38]と。これは、ペティが、租税政策による富の増大を意図した経済政策を説いているのであって、租税の国民経済的原則の主張と見ることができる。アダム・スミスも、租税政策による生産の増大をまったく説かなかったわけではないが、それはかれの論述の背後に隠されたものとして、表立っていなかった。しかし、ペティは、この点において、アダム・スミスよりもかなり積極的に国民経済的観点を強調しているのである。

第3節　租税体系論——各種租税の比較検討——

　ペティは、ホッブズによって提唱された租税の根拠に関する租税利益説を継承した。また、徴税に際して依拠すべき租税原則を明らかにした。この租税原則の要求を実現すべく租税政策を行うためには、まず賦課すべき租税の種類を決定しなければならない。それも、ただ各種の租税を漫然と賦課するのではなく、全体として統一のある制度が形成されるように、望ましい租税を選定する必要がある。こうした観点から、ペティは、「どのようにすればもっとも容易に・迅速に・しかも知らず知らずのうちに徴収しうるかということについて、種々の方法または便法を提案する」(39)として、各種の現行租税について再検討を加え、その優劣・長短について述べている。ペティが直接検討の対象としているのは、当時のイギリスあるいはヨーロッパの諸国で実際に採用されていた、地租、家屋税、人頭税、ご用金、10分の1税、関税、財産税、通行税、ユダヤ人特別税、内国消費税の10種の租税である。その場合に、議論は、多岐にわたって幅広く複雑に展開されている。また、その議論は、基本的には一般論の形式を整えて展開されているが、実際には実践的な時局論の性質をも帯びている。それは、各種租税について検討することが、ペティが活躍した王政復古期のイギリスの政治的・経済的・社会的および国際的状況を見据えながら、政府の財政基盤を強固なものとするために、いかなる手段を講じるのが妥当であるのかという、実践的な問題を検討することにほかならなかったからである。

　地租（Land tax）。ペティは、地租をアイルランドのような新しい国とイングランドのような古い国の二つの場合に分けて検討する。まず、新しい国については、「新しい国家においては、地租の方法が適当であろう、アイルランドにおいてそうであったように、人々がまだ全然土地を所有しさえもしていないうちに、〔この方法について〕協定が成立していたからである」(40)という。そして、この場合には、「地主ばかりが〔租税を〕支払うのではなく、自分の土地からとれる一個の卵、あるいは一個の玉葱を食べているあらゆる人、

もしくはそれを食べて生きているいく人かの工匠を使っているあらゆる人がそれを支払う」(41)ことになるという。この叙述から明らかなように、ペティは、アイルランドのような新しい国においては、地租が妥当であることを認める。それは、新しい国における地租は、地主だけがそれを支払うのではなく、そこから生産された物を消費するすべての者が支払うことになるからである。つまり、ペティが新しい国での地租の創設を支持する理由は、それがペティによって最も平等・公平で理想的な租税と考えられた内国消費税の賦課と同様の結果となると考えられたからである。

他方、イングランドのような古い国においては、地租は不適切であるとする。その理由は、ペティによれば、「地代が確定している人、つまり地代が長期にわたって確定している人が、主としてこのような賦課額の重荷を負担し、そして他の人たちがそれによって恩恵を蒙むることになる」(42)からである。すなわち、イングランドのような古い国では、すでに地代が長期間確定しているため地主が不利益を受け、新たに土地を貸そうとする地主と農業者が利益を受けることになるからである。なぜならば、いま両者が同じ地味・価値の土地を所有しているとするならば、前者は課された地租相当分だけ従来の地代収入が減少し、後者は前者の従来の地代に地租額を加えた地代で貸すことになるからである。しかも、前者の土地の借地農は、その農産物を後者の借地農および農業者が販売する同じ価格で販売するのであるから、結局、農産物価格の上昇を通じて、地租は前者の地主と消費者が負担することになるのである(43)。ようするに、ペティによれば、地租は、第1にあらゆる地主にその負担が公平に課せられない、第2にそれは一部の地主と租税者一般に対してその負担が課せられる、第3にそれは一部の借地農に対して利益をもたらす租税である、と考えられた。こうして、ペティは、最後に、「地租は、消費に対して不規則な内国消費税と化することとなり、少しも苦情をいわない者が最大の負担をするという結果」(44)になるので、不合理であると断定する(45)。なお、以上のような地租についてのペティの論述内容は、租税転嫁を踏まえたうえでのものであることは明らかである。この点については、あらためて後に述べることとする。

家屋税（an Exsicium out of the Rent of Housing）。ペティによれば、家屋税は、その課税対象である家賃を生む家屋が、地租の対象である地代を生む土地のように、単に「収益の手段」として用いられるだけではなく、これに加えて「支出の手段」としても用いられるので、この租税の影響は地租よりも一層不確実であると捉えている。ペティは、次のようにいっている。「家屋には二つの性質、すなわち一方では支出の方法・手段であり、他方では利得の方便・道具であるという性質があるからである。……ところで、地租という方法によって家屋を評価するのは、この後者の性質においてである、内国消費税という方法によるのは前者の性質においてである」⁽⁴⁶⁾と。いいかえれば、家屋税は、賃借者にとっては支出であり、賃貸者にとっては収益となりうる二面性的性質を有する。すなわち、同一の租税でありながら相異なった性質を有している。そこで、地租と同一の性質を有するものは家屋の所有者かあるいは賃貸者であり、賃借者にとっては内国消費税的性質を有するものである。つまり、ペティは、家屋税は最終的に消費者によって負担されるであろうと考えている。しかしながら、ペティは、家屋税は一部しか消費者が負担せず、この点では、古い国における地租の場合と同様に不合理であるという。こうして、ペティによれば、家屋税はその負担が最終的にどのような人々の肩にかかるのかということが、不明瞭な租税である。したがって、ペティは、家屋税は公平性の観点から妥当であるのかどうかを判断することが困難であることをもって、この租税に対して批判的である⁽⁴⁷⁾。この家屋税の負担の転嫁に関する見解についても、後ほどあらためて述べることとする。

　人頭税（Poll-money）。人頭税は、軍事費の調達を目的として1641年に設けられたもので、一般に一人当たり一律に課税されていた。しかし、その後に、この最低限の支払いに加えて、財産と身分とに応じて複雑な等級が設けられた。そこで、ペティによれば、人頭税とは、各個人に対して単純・無差別に課せられるか、あるいは称号または地位に応じて課せられる租税である⁽⁴⁸⁾、ということになる。ペティは、まず、1660年9月にチャールズ二世が軍隊の解散費に充てるために課した現行人頭税を、次のように批判する。「最近とりたてられた人頭税は、おそろしくこみいったものであった。たとえば、

ある単身者の富豪たちが最低率であったのに、ある勲爵士たちは必需品にさえこと欠いているところへ、20ポンドも課せられたりした。これは、受取書に、わざわざ殿様（Esquires）と書いてもらいたがっている虚栄家をうながして、貴族として租税を支払わせたからであり、また、ある人たちには、医学博士あるいは法学博士として、10ポンドを支払わせたりしたものの、その人たちは、その資格ではなんの収入もあげておらず、実務にたずさわる考えもなかったからである。また、ある貧乏な商人のうちには、かれらの力のおよびもつかない租税支払いをさせられるために、商業組合の仕着せをむりやり着せられた人もある。そして最後に、ある人たちは、自分たちの資産に応じて租税支払をしなければならないということにされたものの、その資産が、それについてなにも知らない人によって評価されたために、ある破産者には、世間に対して資産家としての信用を博する機会を与え、課税評価官もまた、慣れ合いによって、そういう風に見えるような評定をしたのである」[49]と。このように、ペティは、現行の人頭税が混乱した納税資格の下で複雑な課税方法となっていることを指摘した後に、この租税を二つに分けて論じている。その一つは、すべての者に一様に課せられる単純な人頭税であり、もう一つは、称号あるいは地位に応じて課せられる人頭税である[50]。ペティは、これら2種類の人頭税について、「人々の数について十分な、そして多数の算定がなされておれば、この租税は容易に・迅速に・しかも経費をかけずに徴収することができるし、またあらかじめ計算しておくことができれば、君主の必要に応じてこれを適合せしめ、そして加減することができる」[51]として、その利点を指摘している。しかし、最終的には、重大な欠点をもっているとして否定する。ペティによれば、前者については、「能力が違う人たちが、すべて一様に支払わなければならないし、子供たちについての費用が最大の人が、最も多く支払わなければならない、いいかえれば、貧乏な人ほどますます重く課税される」[52]ことになり、非常に不公平となるからである。また、後者については、「資格や召命についての称号は、……必然的にも蓋然的にも、その支払能力を意味するものではない」[53]ため、多くの不公平がつきまとうことになるからである。ようするに、ペティは、

ここで租税負担の公平を支払い能力という観点で理解して、人頭税は各人の支払い能力に応じて課されるものではなく、不公平であると考えているのである。

　ご用金 (Benevolence)。そもそも、ご用金は、国家が特別の事業を行うときに、当該事業によって利益を受ける富者や地位のある者に負わせる一種の寄付であった。しかし、ペティは、このようなご用金を一見強制されるものではないように思われるが、結果において強制以上の性格をもっているとして、実質的には租税であると理解している。ペティは、このご用金の利点として、王政復古後の僧侶階級のように、特別の利益を受けた者に貢納させることができることを挙げている[54]。これは、従来免税されていた封建的特権階級も納税すべしという、いわば課税における普遍性の主張であるといってよい。しかし、ペティは、ご用金には以下のような不利な点があるとして、結局、これに反対している[55]。①嫉妬心の強い監視者が納めるべきであったと思う金額を、ある人が納めなかった場合に、その監視者による威嚇と嫌悪とが生ずる。②全国民を党派に分裂させる。③ある者が多額を納めた場合に、他人の偏見を生じさせる。④実際には貧乏な者が、信用を得るために借金をしてまでご用金を納め、このために節倹な愛国者が被害を受ける。

　10分の1税 (Tythes)。10分の1税は、当時における動産課税の代表的なもので、都市住民に課され、俗人を対象にするものと聖職者を対象にするものとがあった。ペティは、10分の1税という租税は、国内のすべての穀物・家畜・魚類・果実・羊毛・蜂蜜・蜜蝋・油・大麻・亜麻の一定部分が、これらを生産した土地・技芸・労働および資財の成果として徴収されるので、ある意味では、公平で不偏なものであると考える[56]。その一方で、ペティは、10分の1税の弊害として、①都市と農村との間での支払いに差が生じる、②現物で支払われるため国王の地代収入が諸物品の価格につれて変動する、③徴収に際して多くの詐術・結託・慣れ合いが起きる、の3点を列挙している[57]。しかし、ペティの10分の1税に対する反感は、次の言葉の中によく示されている。すなわち、「10分の1税というものは、ある領域内において、その地方の労働が増加するにつれて増加するし、労働は人口が増加するにつ

れて増加する。ところで、イングランドの人口は、200年ごとに倍加するから、過去400年の間には4倍になっている。そして、イングランドにおけるすべての土地の地代は、この国における人々の支出の約4分の1であるから、他の4分の3は労働および資財である。この見地からすると、現在10分の1税は、400年前のそれにくらべると、優に12倍に達しているに相違ない」(58)と。このように、ペティは、政治算術的方法で、イングランドにおける10分の1税の収入の増大を算出し、この租税によって僧侶が不当に富んで、しかも、他面、堕落しつつあることを批判している。さらに、ペティは、「聖杯が木で作られていた時代には、司祭は黄金であったが、聖杯が黄金になったら、司祭はただの木になった……。宗教は、司祭の苦行が最も多いときに最も栄える」(59)として、10分の1税によって多くの収入を得ている結果、僧侶が奢侈に流れ、その僧職を汚していることを指摘している。ペティが10分の1税に反対しているのは、このような僧侶に対する反感に基づいている側面もある。

　関税（Custom）。関税は古くから国王の収入の一部を形成していたが、当時における関税は、海上警備の経費に充当するものであると考えられていたので、この警備活動によって保護を受けた商品に対して課せられるという意味をもっていた。しかし、共和制時代以降、租税が国家財政における主要財源となるにしたがって、関税もまた先のような特定政策目的から離れて他の租税と同様に、経常的一般的なものとなり、収入を得ることが目的とされるようになっていた。こうした関税について、ペティは、まず、「君主の諸領土から輸出され、またはそこへ輸入される財貨から租税として切り取られる貢納（contribution）である」(60)と定義している。そして、「なにゆえ君主が、国内向け国外向けの双方について、この租税の支払を受けるのか、その自然的根拠は私にはよく見当がつかない」(61)としている。すなわち、国王がこの関税を徴収するに際して依拠する理論的根拠は、はっきりとしないというのである。関税が租税であり、国王大権に基づいて一方的に取り立てられる封建的賦課金ではないとすれば、何らかの明確な根拠に基づいて徴収されなければならないはずである。関税について検討を進めるに当たっては、まず

第9章　租税収入論（1）　191

この点について明らかにしておく必要がある。しかし、この関税の課税根拠については、ペティは、「この制度が法律によって確定されたのはずっと昔のことであって、それが廃止されるまでは、これを支払わないわけにはいかない」[62]として、妥協的な態度をとっている。

ペティによれば、関税の徴収には、次のような問題点がある。①関税は、未完成で使用に耐えないもの、すなわち製造中の諸物品および改良の途中にある諸物品に課せられる。②関税を徴収するには、多数の官吏を不可欠とする、とくに港の数が多くて、潮がいつも商品の積み出しに都合のよい地方ではそうである。③買収・慣れ合い・物品の隠匿および偽装等々によって、きわめて手軽に密輸できる。④イギリス産で、外国品と交換される少数の物品に対する関税は、人々の全支出を賄うものとしては、あまりにも小部分である[63]。関税にはこのような欠陥があるため、ペティは、出入港するあらゆる船舶に対するトン税、一種の保険割増金（ensurance-poemium）の性質をもつものへの転換など、関税に代わる方法の採用を提案する[64]。

しかし、ペティが関税に反対する根本的理由は、かれの自由貿易論に基づくものであった。いうまでもなく、関税は、経済政策的にきわめて重要な役割を演じる租税である。ペティが関税について論述するに当たって念頭に置いていたのは、まさに関税の国民経済に対する影響であった。ペティは、関税制度の問題点の提示において、当時行われていた重商主義的貿易政策としての輸出入制限政策に対して批判的な見解を展開している[65]。まず「貨幣輸出の禁止」について、とくに理論的根拠を示すことなく、「これは、ほとんど実行不可能のことであり、またほとんど無効・無益なことである」[66]として、反対する。つぎに、ペティは、当時のイギリスで重要とされていた羊毛の輸出禁止についても、「重荷になるような、おろかで時代遅れの課税と官職とをやめるべきである」[67]として、反対する。ようするに、ペティは、一国の貿易を人為的に統制することは、「水をその自然な湧出力以上にひとりで高くあがらそうとする」[68]ものであるとして、これを否定するのである。ペティによれば、「賢明な医者は、自分たちの患者に対して、むやみによけいな世話をやくものではなく、自然の動き（the motions of nature）

に対しては、自らの烈しい投薬によって対抗するよりも、むしろこれを観察し、それに従うものであって、政治学や経済学（Politicks and Economicks）においても、それと同じ方法が用いられなければならない」[69]のである。ここで、ペティのいっている「自然の動き」とは、経済を支配するところの自然法則を指すものであると理解される。ペティは、この自然法則が支配するところの経済社会を、生産力の体系として捉えていたのである。しかも、ペティは、自然法則の支配する経済社会の自立的発展を確信して、それに全面的な信頼を寄せ、国富増大の見地から経済的自由主義の立場をとろうとするのである。ペティが関税に反対する根本的な理由は、当時の関税が経済の自然的発展を阻止し、したがって、国富の増大をさまたげることになるという確信によるものであったのである。すなわち、ペティは、自由貿易論者として、輸出入を不当に抑制することよりもむしろ、それを自由に行わしめることによって、国内生産力を増進させ、一層の国富の増大を実現しようとしたのである[70]。

　財産税（levying an aliquot part of mens Estates）。ペティは、この財産税について、「人の資産の整除しうる部分、たとえば5分の1、20分の1を徴収するという方法が行われ、しかもこの資産は不動産や動産、否それどころか官職や資格、つまり無形財産にも及ぶことになっているが、この方法をめぐって、非常に多くの詐欺・慣れ合い・圧迫さらに紛議が起こりうる。……それはきわめていとうべきもの、よくないものである」[71]といって、痛烈な非難を投げかけている。ペティによれば、この財産税の大きな欠点は、課税に際して客観的な標準を欠くことにある。

　通行税（Toll）。ペティは、通行税については、「あるところでは、橋・堤道および渡船場を公共的経費で建設・維持し、その通行に対しては通行税が徴収されている」[72]としながらも、この租税による収入はわずかであるとして否定的な見解を表明している。

　ユダヤ人特別税。ペティはまた、ユダヤ人特別税についても、「あるところでは、他国人とくにユダヤ人が特別に課税されている」[73]として、先の通行税と同様に、これによる収入はわずかであるとしてその意義を認めてい

ない。

　以上において見たように、ペティにおける内国消費税以外の各種租税の検討は、全体的に、理論的・体系的には特筆すべきものではなく、ただ当時の各種の租税を列挙して、それらを個々に批判しているにすぎない。つまり、ペティにおける各種租税の検討は、必ずしも明快な一貫性をもっているとはいいがたい。あるいは負担の公平の観点から、あるいは労働生産力の増減の観点から、あるいは国王利害の観点から、あるいは一般的国富増進の観点から、あるいは経済的自由主義の観点から、その他課税方法や税収の観点から、その論拠は区々まちまちであって、その理解に苦しむところも少なくない。しかし、いずれにしても、ペティが、内国消費税以外の租税に対しては消極的または否定的な立場をとっているといってよい。このことは、反面で、ペティが、複税制度よりも内国消費税による単税制度の方が望ましいという考えに基づいて、各種の租税を検討していると解してよいであろう。ペティは、１種類の租税に基づいて収入を確保することが適切であると考えながら、「なんらか一つの方法—かりに最善の方法—をもってすれば、徴税の全事業はかたづいてしまうであろう」[74]と述べている。すなわち、ペティは、複数の租税によるよりも、ただ一つの最も理想的であると思われる租税によって公共経費を調達する方が望ましいというのである。そして、ペティが最も理想的であると考える租税が内国消費税であることが、各種の租税を検討する中ですでに示唆されている。いわば、ペティは、ここでは、いわゆる消費税単一税論を志向しているのである。

　しかしながら、一般に、単税制度の下においては、公共経費を支弁するのに十分な税収を挙げることができないし、また公共経費の増加につれて税収を増加させていくこともできない。単一税では、自然増収が少額であるから人為的に増収を図る必要があり、それによって税率が高くなると、租税心理からその租税に反対する気分が国民の間に醸し出される。また、単一税のみをもってしては、負担の公平を実現することが困難である。こうした欠点を単一税がもっているにもかかわらず、ペティが内国消費税以外の諸税を排除し、同税をもって租税制度を設定しようとした理由として、以下の点があっ

たものと思われる。すなわち、当時のイギリスでは、度重なる国内政治上の混乱や対外的戦争などによって国家財政が困難となり、手当たり次第に新税が起こされ、租税制度が混乱に陥り統一性を欠いていた。その結果、イギリス経済を圧迫し、また負担の不公平等々を惹起していた。こうした状況を改善するため、ペティは、内国消費税からなる合理的な租税制度の確立を目指したのである。そして、その場合に、内国消費税による単税制度であれば、制度が単純で明確なものとなり、イギリス経済の循環過程を阻害することが少なく、また徴税費が少額ですむことなどが考慮されたものと思われる[75]。

第4節　租税転嫁論

　ペティは、『租税および貢納論』の第4章から第15章までにおいて、租税を「容易に、しかも知らず知らず」に徴収するには、どのような方法が最も合理的であるのかという問題を立て、地租・家屋税・関税・人頭税・ご用金・10分の1税・財産税・ユダヤ人特別税・内国消費税など各種の租税を検討している。その際に、ペティは、地租、家屋税、関税、内国消費税については、転嫁の観点からも、その是非を説いている。

　ペティは、まず、地租については『租税および貢納論』の第3章で、公共経費を増大させる一般的な原因について論じた際に、次のように叙述している。「地主が、自分の土地を自分の手中に収めているならば、その際5分の1を課税されるのであるから、かれは自分の賃借人たち（under Tenants）に対してその地代をほぼこの比例だけ引き上げるか、さもなければ、自分の家畜・穀物および羊毛を5分の1だけ高く売るであろう。そして、かれの従者もみな同じようにし、それによってかれが支払ったものを、なにほどかは回復するであろう」[76]と。ここで、ペティがいわんとするところは、表面的には地租は地主に負担が帰着する租税であると思われるが、しかし実際にはその負担は地代の引上げか農産物価格の引上げを通じて、借地農か消費者に転嫁されるということである。また、借地農に転嫁された地租は、借地農による農産物価格の引上げを通じて、最終的に消費者に転嫁されるということ

である。ようするに、ペティは、ここで、地租はその負担が終局的に農産物の消費者に帰着する租税である、ということを示しているのである。こうした地租の転嫁は、つづく第4章において、一層具体的に展開されている[77]。

まず、ペティは、「もしこの方法〔地租〕がイングランドにおいて提案されるならば、すなわち、あらゆる地主の地代から整除しうる部分が切りとられるもしくは削減されるならば、その場合には、地代が確定している人、つまり地代が長期にわたって決定している人が、主としてこのような賦課額の重荷を負担する」[78]（〔 〕内は筆者）として、地租を負担するのは、すべての地主ではなく、長期の借地契約を結んでいる地主であることを指摘する。このことを、ペティは、地租が導入されたときに、すでに借地農と長期貸地契約を結んでいる地主と、そのような契約を結んでいない地主とに分けて、次のように論証する。すなわち、「かりにAとBとが地味・価値ともに等しい一筆の土地を所有しているとしよう。そしてまた、Aはこの土地を21年間・年額20ポンドで貸しているが、Bは貸していないとしよう。ところで、そこへ5分の1の租税が課されるようになるならば、その場合Bは25ポンド未満ではこの土地を貸さないであろう。そうでなければ、かれの手取残高は20ポンドとならないからである。ところが、Aは、16ポンドきっかりで満足しなければならない。にもかかわらず、Aの借地農たちは、自分の契約に基づく所収を、Bの借地農たちが売るのと同じ値段（rate）で売るであろう」[79]と。ようするに、この引用文においてペティがいわんとする内容を示せば、以下のようになる。いま、肥沃の程度と面積とが等しい土地を所有している地主Aと地主Bがいるとする。ただし、地主Aは、かれの土地を年間20ポンドの地代で21年間貸し付ける契約を、借地農（A）と結んでいる。地主Bは、そのような契約を結んでいない。そして、このような2人の地主に対して、地代1ポンド当たり4シリングの地租が課せられたとする。その場合、地主Bは、地代を引き上げることによってその負担を借地農（B）に転嫁する。すなわち、地主Bの地代は地主Aと同じく20ポンドであると仮定すると、かれは25ポンド以上の地代を支払うように借地農（B）に要求する。こうして、地主Bは、徴税に応じて一応5ポンドの地租を支

払うが、その5ポンドの負担は借地農（B）が負うことになる。しかし、その負担は、借地農（B）の段階においてとどまってはいない。なぜならば、借地農（B）は、農産物価格を引き上げることによって、その負担を消費者に転嫁するからである。したがって、地主Bの支払う地租の負担は、農産物を消費する消費者に帰着することになる。他方、地主Aの場合には、地代を引き上げることによって、地租の負担を借地農（A）に転嫁することはできない。なぜならば、かれは20ポンドの確定地代を21年間受領するという契約を借地農（A）と結んでいるからである。したがって、地主Aは、地代に課せられる4ポンドの地租を、そのまま負担することになる[80]。こうして、ペティによれば、地租は、「結局のところ地主Aと消費者のところにふりかかってくることになる」[81]のである。それゆえ、ペティは、地租は、長期の借地契約を結んでいない自己の地代を更新することができる地主のみを利することになるため、妥当性に欠けるものであるという。

　ペティは、地租につづいて、同じ第4章で家屋税の転嫁についても検討している。まず、ペティは、この家屋について、「一方では支出の方法・手段であり、他方では利得の方便・道具であるという性質がある」[82]と述べている。ここで、ペティは、家屋には二重の性格があることを指摘しているのである。その一つは、家屋が収益の手段をなす事業所として利用される場合のそれであり、他の一つは居住サービスの消費に対する支出の手段をなすとして用いられる場合のそれである。そして、ペティは、こうした二重の性質をもつ家屋を課税対象とする家屋税について、「地租という方法によって家屋を評価するのは、この後者の性質においてであり、内国消費税という方法によるのは前者の性質においてである」[83]という。ようするに、ペティは、事業所として利用される家屋を課税対象とする家屋税は、地租と同じ性格をもつものとなり、また住宅として用いられる家屋を課税対象とする家屋税は、内国消費税と同じ性格をもつものであるというのである。すなわち、ペティによれば、家屋が事業所として利用される場合には、家主が家賃に対する租税をそのまま負担しても、あるいは家主が家賃を引き上げることによってこの租税の負担を賃借者が負うことになっても、このかぎりにおいては消費者

の負担とはならない。また、家屋が住宅として用いられる場合には、家主が家賃を引き上げて、この租税の負担を消費者たる借家人が負うこととなる(84)。しかしながら、こうした家屋税についての見解には、誤りが含まれている。まず、家屋が収益の手段をなす事業所として利用される場合でも、賃借者が製造・販売する商品の価格を負担した租税額の大きさに応じて引き上げるならば、家屋税の負担は最終的に消費者が負うことになる。また、家屋が支出の手段となす住宅として用いられる場合でも、家主がこの租税の負担を負うならば、ペティのいう内国消費税と同じ性格をもつものであるとはいえない。こうして、家屋税についてのペティの考察は、不十分な内容のものであったといわざるをえない(85)。このことは、ペティ自身が、「家屋の賃料は土地のそれよりも一層不確実である」(86)といっているように、家屋税の負担が最終的にどのような人々に帰着するのかが不明瞭な租税として認識されていたことを意味するものである、といってよいであろう。

　ペティは、第6章において、関税について検討している。かれは、まず、関税についての定義を与え、同税徴収の根拠について述べ、つづいて、関税の基準の問題、すなわち関税率の問題を、輸出関税と輸入関税とに分けて検討している。このうち、輸入関税に対する基準は、輸入商品が完製品か奢侈品か工業用原料であるかによって異なることになるという。まず、完成品に対しては、「ただちに消費するばかりになっているすべての物には、他の条件を同一にしておいて実行できるならば、国内で採れたり、製造されたりする同一物よりも、やや高くつくようにしてもさしつかえない」(87)という。ペティが、ここで述べようとしていることは、次のように理解してよいであろう。すなわち、輸入関税の税率が高ければ、輸入業者の支払う価額が増大し、損失を被ることになる。税率があまりにも高すぎる場合には、輸入そのものが行われなくなることもある。また、輸入商品の価格が引き上げられることによって、その消費者は負担を強いられることになる。反対に、税率が低ければ、国内の同類商品の生産者の利益が侵されることになる。ひいては、それによって関税収入が減少し、国王が損失を被ることになる。こうして、ペティは、完成品の輸入に対する関税の税率は、輸入商品の価格が国内で生

産される同じ種類の商品よりも少し高くなる程度に設定するのが適切である、というのである⁽⁸⁸⁾。また、奢侈品に対する関税については、「奢侈や犯罪を促しがちの只物には、それらのものの使用を抑制する奢侈禁止法の代わりの役目を果たす程度の賦課額を負わせるのもよいであろう」⁽⁸⁹⁾という。ここでは、ペティは、社会的道徳を重視する観点から、奢侈品に対する輸入関税については、そのような商品の消費を抑制する効果を発揮するほどに高い税率が妥当である、としている。さらに、ペティは、工業用原料・半完成品・生産道具などに対する輸入関税については、「十分完成もされず加工もされていないすべての物、たとえば生皮、羊毛、ビーバー (Beaver)、生糸、綿花のような物あるいは製造業用の機具および原料のような物、また同様に染料等々に対しては、いずれも、これを寛大に取り扱わなくてはならない」⁽⁹⁰⁾という。すなわち、国内産業の発達に必要とされる原材料・中間財などに対する関税は、軽度の税率にとどめておくべきである、というのである。以上のことから、ペティは、輸入関税については、その負担が輸入商品を消費する消費者に帰着するが、それは、部分的・不規則的な内国消費税と同様のものとなる、と考えていた。

　最後に、ペティは、第15章において内国消費税について検討しており、すでに述べたように、すべての人々が消費するような特定の物品の課税により、各人の全体の支出、換言すれば、消費能力を間接的に把握することができるとみなしていた。したがってまた、そのような消費財貨への課税が公平な租税理念に適合すると見ていた。そして、その場合に、この租税の具体的な徴収方法については、「この点についてはオランダの慣習を参照すべし」⁽⁹¹⁾とだけ述べて、明示していない。しかし、ペティは、「すべての個々の必需品に対して、それらが消費のために熟しきったまさにそのときに課税すべきである」⁽⁹²⁾といっている。しかも、ペティは『賢者一言』において、戦時における公共経費を国民の衣・食・住およびその他すべての生活必需品のための支出の10分の1と算定して、次のように述べている。「もしかれら〔労働者〕が金曜日の晩に断食し、そして11時から1時まで、2時間もかかる食事時間を1時間半にすることができるならば、それによって労働が20

分の1増加し、消費が20分の1減るから、上述の10分の1は調達されうるであろう」⁽⁹³⁾（〔　〕内は筆者）と。この叙述から察するに、ペティは、内国消費税を一般大衆が消費する必需品に課税し、しかもこの租税を労働者の労働時間延長＝労働力の強化、食物の節約＝生活水準の切下げという形において徴収せよというのである。以上のことから、ペティは、内国消費税について検討するに際して、最初から同税が転嫁することを前提にしていた、といってよいであろう。すなわち、内国消費税は、直接的には生産者または販売者に課されるのであるが、ペティは、この租税が生産者や販売者から消費者へ転嫁され、それ以上には転嫁されないと考えていたのである。とくに、生活必需品に対する内国消費税は、労働者にその負担が帰着すると推断していた⁽⁹⁴⁾。

　以上におけるようなペティの内国消費税の転嫁論については、二つの点が指摘されうる。まず、第1点は、セリグマンによって、「内国消費税の転嫁についてある明確な見解を表明した最初の経済学者」⁽⁹⁵⁾と評され、ペティと同じく内国消費税の推奨者であった当時の重商主義者マンの転嫁論と比較した場合の差異である。マンは、『外国貿易によるイングランドの財宝』において、君主がその人民に損害あるいは圧迫を加えることなしに正しく収入を調達する方法について示した箇所で、次のようにいっている。「ある君主や国家は、……消費される穀物・ぶどう酒・オリーヴ油・塩、その他に対して課税する。……このような重い貢納は、一般に考えられているほど民衆の幸福を害するものではない。なぜなら、内国消費税によって貧民の食料や衣服の価格が騰貴するが、それに比例してかれらの労働の価格（price of their labour）が上がるからである。それによって、負担は〔たとえ、あるとしても〕富者にかかる」⁽⁹⁶⁾と。ここにおけるマンの所論は、内国消費税は、それによって下層消費者大衆の生活必需品の価格を騰貴させることがあっても、これに比例して賃金率もまた高まり、雇用主に転嫁されることになる。しかも、それは、さらに雇用主から富裕な製造品の消費階層に転嫁させられる結果となる、というものである⁽⁹⁷⁾。こうして、マンは、生活必需品に対する内国消費税は、下層消費者大衆＝労働者の負担とはならないゆえをもって、同税を推奨するのである。これに対して、ペティは、生活必需品に対する内国消

費税が、下層消費者大衆の負担となると考えつつ、まさにそのゆえに、同税を推奨している[98]。このように、ペティとマンとが等しく内国消費税を推奨しつつも、その転嫁・帰着論において大きな違いを見せているのは、富の増進において労働力に着眼しているのか否かに起因するものであるといってよいであろう[99]。

　第2点は、内国消費税の負担は、ペティの意図したように、はたして下層消費者大衆に帰着したのであろうかという点である。内国消費税が課されれば、課税された財貨に対する需要および供給の弾力性が中立的なものであるとすれば、一般的には消費者のこの財貨に対して支払う単位当たりの額は増加し、したがって需要量は減少する。また、生産者の受取額も供給量もともに減少する。この種の租税が生活必需品に課された場合には、消費者に転嫁し、消費を減少させる。そして、消費者は、労働力の売り手として賃金引上げの形において、この租税の負担を他に転嫁しようとする。その結果として、この租税の一部は、賃金引上げの形において雇用主の負担に帰することになる。他の一部は、その財貨の供給量＝産出量の減少、したがって利潤減少の形において、生産者の負担に帰することになる[100]。ペティにつづくイギリス重商主義期の著述家ロックは、この点について正しく認識しており、内国消費税は究極的には地主の負担に帰すると説いている[101]。アダム・スミスもまた、生活必需品課税は労働者の賃金を引き上げ、最終的には、一部が地代の減少という形で地主の負担に帰し、他の一部は製造品の価格騰貴という形において、富裕な消費者の負担に帰するとしている[102]。

　以上におけるように、ペティは、具体的な租税についてその転嫁現象の検討を行っている。この租税転嫁の問題は、租税の問題を取り扱おうとする場合に、最も重要な課題の一つである。なぜならば、セリグマンも指摘しているように、すべての租税制度において、その根本問題は、その経済社会に対する影響であるからである。租税の転嫁についての正しい分析がなければ、当該租税の当否に関して、適切な見解は構成されえないからである[103]。すなわち、租税が国民経済に対して与える影響は、何人が租税を納付するかによらずして、何人が租税を負担するのかによって決定されるものである。租

税がそのまま納税者により負担される場合には、何ら問題を生じないのであるが、ひとたび納付された租税が納税者より他に転嫁される場合には、種々の問題が生ずることになる。国民経済的に見た租税の適否は、この転嫁を通じてはじめて判断することができるものである。課税者の租税収入確保という点からのみすれば、納付された租税が何人によって負担されるのかは、租税収入自体とはなんら関係のない問題である。しかし、租税を納付し負担する国民経済の立場からすれば、重要な意義と影響を有するものといわなければならない。さらに、課税者の立場からしても、租税が転嫁することなく納税者によって負担されるのか、また租税が公平に転嫁されて予定された担税者によって負担されるのか、これらのことが税源の涵養および租税政策の将来に対し、また租税自体の実際的適否に対して、重要な関係を有するものである[104]。こうした点を考慮した場合に、租税の検討に対するペティの態度は、高く評価してよいであろう。

しかしながら、ペティの租税転嫁論は、素朴で断片的で未熟な性質のものであり、アダム・スミスがその著『諸国民の富』の第5編第2章で行ったような理論的かつ体系的な展開は見られない[105]。それは、両者の時代的差異、したがって資本主義の発展の程度によるものである。すなわち、ペティの時代においては、資本主義的生産が行われていたとはいえ、いまだ十分な発達を示していなかった。したがって、階級構成や分配関係および所得構成について明確な認識がなく、富あるいは価値の源泉としての土地と労働の理論的分析以上には進むことができなかった。それゆえ、租税が土地と資本と労働との負担関係をめぐって転嫁する事実を明確かつ詳細には認識しえなかったのである[106]。

しかし、ペティが、その内国消費税の転嫁論の中に、理論の当否は別として、労働力したがって生産力の問題を包含させている点は、注目してよいであろう。このことは、ひとり内国消費税の転嫁論にみならず、広くペティの租税転嫁に関する見解全般についていえることである。この点については、ペティの租税転嫁に関する見解が、きたるべき産業資本主義的な租税転嫁論の先駆的要素を内包しているものであることを示しており、したがって、ア

ダム・スミスの整然とした租税転嫁論に対して基礎的視点を与えるものであったのである。それゆえに、ペティは、「科学的な租税転嫁論の祖」[107]と呼ばれるのにふさわしい。

注

（1）William Petty, *A Treatise of Taxes and Contributions,* London, 1662, in C. H. Hull, ed., *The Economic Writings of Sir William Petty,* Vol. I, Cambridge, 1889, p. 32. 大内兵衛・松川七郎訳『租税貢納論』岩波書店、1952年、59頁。訳文は、一部変更を加えた。以下、同様。
（2）*Ibid.*, p. 34. 邦訳、63頁。
（3）宮下幸太郎「ウィリアム・ペティ財政論の特色」、『経済論集』（北海学園大学）第9号、1961年2月、48頁。
（4）たとえば、大内兵衛「ウィリアム・ペティ『租税及び貢納論』の学説史的意義」（東京大学経済学会編『古典学派の生成と展開』有斐閣、1952年、所収）、4頁を参照せよ。
（5）菅原修「ウィリアム・ペティの累積的国内物産税論について」、『経済学部論集』（富山大学）第10号、1956年6月、80頁。
（6）C. H. Hull, ed., *op. cit.,* Introduction, p. lxii.
（7）Edmond Fitzmaurice, *The Life of Sir William Petty 1623-1687,* London, 1895, rpt. 1997, p. 188.
（8）水田洋『近代人の形成』東京大学出版会、1954年、235-237頁。
（9）Thomas Hobbes, *Leviathan, or the Matter, Forme, & Power of a Common-Wealth Ecclesiasticall and Civill,* London 1651, in Sir William Molesworth Burt, col. and ed., *The English Works of Thomas Hobbes of Malmesbury,* Vol. III, London, 1839, pp. 160-167. 水田洋訳『リヴァイアサン』（一）、岩波書店、1973年、37-52頁。
（10）大淵利男『イギリス財政思想史研究序説――イギリス重商主義財政経済論の解明――』評論社、1963年、216-218頁。
（11）Thomas Hobbes, *Elements of Law, Natural and Politic,* London, 1640, in *Works,* Vol. I, 1839, p. 164.
（12）Thomas Hobbes, *De Cive,* Paris, 1642, in *Works,* Vol. II, 1861, p. 173. 本田裕志訳『市民論』京都大学学術出版会、2008年、258-259頁。
（13）Thomas Hobbes, *Leviathan, op. cit.,* p. 334. 邦訳（一）、288頁。
（14）大淵利男、前掲書、227頁。
（15）William Petty, *Treatise of Taxes, op. cit.,* p. 91. 邦訳、157頁。

(16) *Ibid.*, p. 38. 邦訳、65 頁。
(17) 菅原修、前掲論文、81 頁。ロールは、ペティの国家収入調達論がホッブズの国家哲学に大きく影響を受けたものであることを指摘した後に、ペティは「いたるところにおいて個人の利己心を率直に認め、また社会的地位の決定要素としての財産を高く評価している。すなわち、国家は個人の財産を保護するために存在するのであるから、個人は進んで国家の公共経費に貢献しなければならない。貢納は国民が国家の保護の下にその利益を享受する財産に比例しなければならない」と述べている（Eric Roll, *A History of Economic Thought*, London, 1938, 2nd ed., 1945, p. 104. 隅谷三喜男訳『経済学説史』（上）、有斐閣、1951 年、124 頁）。また、早川鉦二は、「国家の人民への給付は、私有財産の保護のみならず人民の生命の保護をもペティは認識していた」「人民の生命と私有財産の保護に対する国家への反対給付として租税利益説が構成されている」としている（早川鉦二「イギリス古典学派の労働者課税論の展開（上）― W. ペティと A. スミスについて―」、『外国語学部紀要』（愛知県立大学）第 2 号、1967 年 12 月、197、198 頁）。さらに、宮本憲一は、「ホッブズは国家が防衛してくれる利益を、生存権という階級観ぬきの平等な慈善的人間の権利からとらえる。……これに対してペティは、生存権にかえて労働がすえられる」としている（宮本憲一「ペティ財政学の位置―財政学の生成過程に関する一研究―」、『法文学部論集　法経篇 I』（金沢大学）第 1 巻、1954 年 3 月、136 頁）。
(18) 北條喜代治「租税利益説の生成」、『経済論叢』（京都大学）第 96 巻第 2 号、1965 年 8 月、67 頁。
(19) William Petty, *Treatise of Taxes, op. cit.*, p. 4. 邦訳、41-42 頁。
(20) *Ibid.*, pp. 32-34. 邦訳、59-63 頁。
(21) 高野利治「サー・ウィリアム・ペティの経済学にかんする一考察 (2)―『租税貢納論』を中心として―」、『経済系』（関東学院大学）第 50 輯、1961 年 9 月、3 頁。
(22) Cf. Adam Smith, *An Inquiry into the Nature and Causes of the Wealth of Nations*, London, 1776, ed. by Edwin Cannan, Vol. II, London, 1904, 2nd ed., 1920, p. 312. 大内兵衛・松川七郎訳『諸国民の富』（II）、岩波書店、1969 年、1188-1189 頁。
(23) William Petty, *Treatise of Taxes, op. cit.*, p. 32. 邦訳、60 頁。
(24) *Ibid.*, p. 62. 邦訳、110 頁。
(25) *Ibid.*, p. 32. 邦訳、59 頁。
(26) 井手文雄『古典学派の財政論（増訂新版）』創造社、1960 年、105 頁。

(27) ペティは、次のように、課税権が確立されていない現状を批判している。「課税権が曖昧であったり、疑わしかったりしたことは、人々が大規模な、また醜悪な反抗をしたり、君主が不本意にも酷烈に徴税したりしたことの原因であった。この著しい例は、船舶税であって、これは20年来全王国の災難の原因としてけっして軽視できないものであった」(William Petty, *Treatise of Taxes, op. cit.,* p. 34. 邦訳、62-63頁)。
(28) William Petty, *Political Arithmetick,* London, 1690, in C. H. Hull., ed., *op. cit.,* Vol. I, p. 301. 大内兵衛・松川七郎訳『政治算術』岩波書店、1955年、124頁。訳文は、一部変更を加えた。以下、同様。
(29) William Petty, *Treatise of Taxes, op. cit.,* p. 35. 邦訳、64頁。
(30) William Petty, *Political Arithmetick, op. cit.,* pp. 272-273. 邦訳、73頁。
(31) *Ibid.,* p. 277. 邦訳、82頁。
(32) William Petty, *Treatise of Taxes, op. cit.,* p. 21. 邦訳、41頁。
(33) William Petty, *Political Arithmetick, op. cit.,* p. 301. 邦訳、124-125頁。
(34) Cf. Adam Smith, *op. cit.,* Vol. II, p. 312. 邦訳（II）、1188-1189頁。
(35) W. L. Taylor, *Francis Hutcheson and David Hume as Predecesors of Adam Smith,* Durham, 1965, pp. 134-135.
(36) 坂入長太郎『重商主義・古典学派の財政論』酒井書店、1974年、56頁。
(37) William Petty, *Political Arithmetick, op. cit.,* p. 269. 邦訳、68-69頁。
(38) *Ibid.,* p. 275. 邦訳、77頁。
(39) William Petty, *Treatise of Taxes, op. cit.,* p. 38. 邦訳、68頁。
(40) *Ibid.,* p. 39. 邦訳、70頁。
(41) *Ibid.* 同上。
(42) *Ibid.* 邦訳、71頁。
(43) 高野利治、前掲論文、9-10頁。
(44) William Petty, *Treatise of Taxes, op. cit.,* p. 39. 邦訳、71頁。
(45) ペティのこの地租論は、近代租税制度の先駆的提案ともいうべきものである。その意味において、かれの論述は画期的であり、その歴史的意義はきわめて大きいといえよう。
(46) William Petty, *Treatise of Taxes, op. cit.,* p. 40. 邦訳、72頁。
(47) E. R. A. Seligman, *The Shifting and Incidence of Taxation,* New York, 1899, 5th ed., 1927, rpt. 1969, pp. 31-32. 井手文雄訳『租税転嫁論』（第1部）、実業之日本社、1950年、39頁。
(48) William Petty, *Treatise of Taxes, op. cit.,* p. 61. 邦訳、108頁。

(49) *Ibid.*, p.61. 邦訳、108-109 頁。
(50) *Ibid.*, p.62. 邦訳、110 頁。
(51) *Ibid.*, p. 63. 邦訳、111 頁。
(52) *Ibid.*, p. 62. 邦訳、110 頁。
(53) *Ibid.*, p. 64. 邦訳、112 頁。
(54) 具体的な例として、1660 年における王政復古に際して、大赦令（Act of Indemnity）を受けた人々や、王政復古以降に聖職者が非常に有利な地位を得た場合を挙げている（Cf. William Petty, *Treatise of Taxes, op. cit.*, pp. 65-66. 邦訳、115 頁）。
(55) 井手文雄、前掲書、117 頁。
(56) William Petty, *Treatise of Taxes, op. cit.*, p. 81. 邦訳、140 頁。
(57) *Ibid.*, pp. 81-82. 邦訳、140-141 頁。
(58) *Ibid.*, p. 78. 邦訳、136 頁。
(59) *Ibid.*, p. 79. 邦訳、137 頁。
(60) *Ibid.*, p. 54. 邦訳、95 頁。
(61) *Ibid.* 同上。
(62) *Ibid.*, p. 56. 邦訳、96 頁。
(63) *Ibid.*, p. 56. 邦訳、99 頁。
(64) *Ibid.*, p. 67. 邦訳、100 頁。
(65) 菅原修、前掲論文、83 頁。
(66) Cf. William Petty, *Treatise of Taxes, op. cit.*, p. 57. 邦訳、10 頁。
(67) *Ibid.*, p. 60. 邦訳、105 頁。
(68) *Ibid.* 同上。
(69) *Ibid.* 同上。
(70) 高野利治、前掲論文、12-13 頁。
(71) *Ibid.*, p. 84. 邦訳、145-146 頁。
(72) *Ibid.*, p. 83. 邦訳、144 頁。
(73) *Ibid.* 邦訳、145 頁。
(74) *Ibid.*, pp. 56-57. 邦訳、100 頁。
(75) 本田直重『租税論（全訂版）』有信堂、1966 年、82 頁。
(76) William Petty, *Treatise of Taxes, op. cit.*, p. 37. 邦訳、67 頁。
(77) 大倉正雄「ウィリアム・ペティの租税国家論（1）―『租税貢納論』の視界―」、『政治・経済・法律』（拓殖大学）第 14 巻第 1 号、2011 年 12 月、23 頁。ここでの論述は、その多くを同論文に負っている。

(78) William Petty, *Treatise of Taxes, op. cit.,* p. 39. 邦訳、70-71 頁。
(79) *Ibid.* 邦訳、71 頁。
(80) 大倉正雄、前掲論文、23-24 頁。
(81) William Petty, *op. cit.,* p. 40. 邦訳、71 頁。
(82) *Ibid.* 邦訳、72 頁。
(83) *Ibid.* 同上。
(84) 大倉正雄、前掲論文、26 頁。ここでの論述は、その多くを同論文に負っている。
(85) 同上論文、26-27 頁。
(86) William Petty, *op. cit.,* p. 40. 邦訳、72 頁。
(87) *Ibid.,* pp. 55-56. 邦訳、98 頁。
(88) 大倉正雄、前掲論文、40 頁。
(89) William Petty, *op. cit.,* p. 56. 邦訳、98 頁。
(90) *Ibid.* 邦訳、98-99 頁。
(91) *Ibid.,* p. 95. 邦訳、164 頁。
(92) *Ibid.,* p. 91. 邦訳、158 頁。
(93) William Petty, *Verbum Sapienti,* in C. H. Hull, ed., *op. cit.,* Vol. I, p. 110. 大内兵衛・松川七郎訳『賢者には一言をもって足る』(同訳『租税貢納論』岩波書店、1952 年、所収)、179 頁。
(94) 井手文雄、前掲書、149 頁。
(95) E. R. A. Seligman, *op. cit,* p. 25. 邦訳（第 1 部）、31 頁。
(96) Thomas Mun, *England's Treasure by Forraign Trade: or, The Ballance of our Forraign Trade is the Rule of our Treasure,* London, 1664, rpt. New York, 1910, p. 85. 渡辺源次郎訳『外国貿易によるイングランドの財宝』東京大学出版会、1965 年、107-108 頁。
(97) 井手文雄、前掲書、149 頁。
(98) セリグマンは、イギリス重商主義期における内国消費税の転嫁に関する見解を、以下の四つに集約している。①内国消費税は、最初は販売者から消費者へ転嫁するが、窮極において貧困な消費者の負担とはならない。②内国消費税は、一般消費者の負担となる。③内国消費税は、土地所有者の負担となる。④内国消費税は、結局、販売者または商人の負担となる。Cf. E. R. A. Seligman, *op. cit.,* p. 23. 邦訳（第 1 部）、27-28 頁。
(99) 能勢哲也『近代租税論』中央経済社、1960 年、31-32 頁。
(100) 菅原修、前掲論文、88 頁。

(101) Cf. John Locke, *Some Considerations of the Consequences of the Lowering of Interest, and Raising the Value of Money,* London, 1692, in *The Works of John Locke,* Vol. II, London, 1714, 3rd ed. 1727, p. 29. 田中正司・竹本洋訳『利子・貨幣論』東京大学出版会、1978 年、92 頁。
(102) Cf. Adam Smith, *op. cit.,* pp. 355-356. 邦訳（II）、1253-1254 頁。
(103) E. R. A. Seligman, *op. cit.,* p. 1. 邦訳（第 1 部）、「序説」、1 頁。
(104) 本田直重、前掲書、111 頁。
(105) アダム・スミスの租税転嫁論については、吉田克己「租税論におけるペティとスミス（4）―租税転嫁論を中心として―」、『国際関係学部研究年報』（日本大学）第 21 集、2003 年 2 月、212-217 頁を参照せよ。
(106) 高野利治、前掲論文、10 頁。
(107) 能勢哲也、前掲書、33 頁。

第10章

租税収入論（2）
―内国消費税の推奨―

第1節　内国消費税の負担公平論

　ペティは、従来の封建的な財政収入制度を否定して、近代的租税国家を構想していた。しかもその場合、ペティは、各種の租税を検討するに当たって、内国消費税以外のの租税については消極的・否定的な態度をとっている。

　一般に、特定の租税を支持する場合には、それをなんらかの観点から積極的に正当化する必要がある。課税の第一義的な目的が、公共経費の財源調達にある以上、特定の租税を支持する基本的動機が、経費を賄うのに十分な収入の獲得にあることはもちろんである。しかし、それだけでは、特定の租税の支持を論拠づけるには不十分であり、収入調達以外の観点からの正当化がさらに必要とされる。たとえば、租税負担の公平性により、特定租税が支持されることがある。また他の場合には、当該租税の経済的作用に注目して、その正当性が論証されることもある。さらには、課税対象の捕捉ならびに徴税の難易という税務行政上の理由がそのために利用されることもある。しかし、これら行政上の事実は、負担の公平あるいはその経済的作用と密接なかかわりを有し、それらとの関連において指摘されることが多い。したがって、特定租税支持の論拠が提供される主要観点は、負担の公平性と経済的作用との二つの観点にしぼられると考えてよいであろう[1]。ペティの内国消費税支持においても、主としてこれらの負担の公平性と経済的作用の二つの観点からなされており、前者については主として『租税および貢納論』において、後者については『政治算術』において論述されている。

　ペティは、『租税および貢納論』の最終章で内国消費税を論じるに当たり、まずその冒頭で、次のようにいっている。「人は、公共の平和に浴する分け

前と利益とに応じて、すなわち、自己の資産または富に応じて、公共的経費を貢納すればそれでよいということは、一般になに人といえども承認するところである」[(2)] と。ここで、前段の「公共の平和に浴する分け前と利益に応じて」(according to the share and interest they have in the Publick Peace) の部分は、国民が租税を支払うのは、国家より利益を受けているからであり、租税は国民が受けている利益の程度によって支払うのが公平であるという意であり、後段の「自己の資産または富に応じて」(according to their Estates or Riches) の部分は、納税者の租税負担能力に応じて、租税額を決定するのが公平であるという意である。通常、前者は租税負担配分原理における応益課税原則と呼ばれ、後者は応能課税原則と呼ばれるものである。ペティは、租税の根拠については租税利益説に立脚しつつも、租税負担配分原理において二元論者であり、しかも両原則は、なんら矛盾することなく渾然調和している。ここにペティの所説の一つの特性をうかがうことができる。国家から受ける利益は、国民の消費方面に現われるという考えは、なおきわめて粗雑であるが、注目してよいであろう。ペティは、応益課税原則と応能課税原則の両原則に適う租税の負担方法をもって公平と考え、それに合致するのが内国消費税であるとするが、果たして両者は完全に一致するのであろうか。国家より最大の利益を受ける者が、必ずしも最大の負担能力を有する者ではないと同様に、国家から最小の利益を受ける者が、必ずしも最小の担税力者とはかぎらない。極端な場合には、国家からの最大の受益者が、最小の担税者で、逆に最小の受益者が、最大の担税力者であることもありうるのである[(3)]。ペティも、この矛盾には気づいていた。ペティは、この問題をかれ独自の富の概念を援用することによって解決しようとする。現実的富 (actual riches) と潜在的富 (potential riches) とが、それである。ペティは、これら二つの富の概念について、次のようにいう。「ある人が、現実に、そして真実に富んでいるというのは、その人が食べたり、飲んだり、着たり、またはその他の方法で、実際的に、そして現実的に享受しているものに応じて富んでいるのである。これに対して、他の人々は、ありあまるほどの富力をもっているにもかかわらず、それをわずかしか利用しないならば、その人は潜在的に、または仮想的

に富んでいるにすぎない」[4]と。この結果、応益課税原則の内容は、次のように訂正されることになる。すなわち「各人は、自分自身のために取得し、そして現実に享受するところに応じて貢納すべきである」[5]と。ペティは、以上のような理論的操作をほどこすことにより、各人の現実的富と消費額および享受利益とは、完全に一致すると考えたのである。すなわち、さまざまな財貨を存分に消費する享楽的な者が真の富者であり、多くの財産を所有していても、わずかな消費しか行わない者は実際には富者ではない、というのである。そうであるならば、財貨をより多く消費して「現実的な富」をより多く抱えている真の富者が、国家からより多くの利益を受けているのであり、そのような享楽的な消費者に対してより大きな負担が課せられる租税が、最も公平であるということになる。

　こうして、ペティは、所有財産のいかんを問わず、消費するすべての者に負担がかかり、しかもその消費の大きさに応じて支払うような租税が、最も公平な租税であると結論づける。換言すれば、公平な租税とは所得や財産を標準とする直接税ではなくて、それらが消費に向けられる間接税でなければならないのである。ペティによれば、公正な租税政策、したがって公平の理念が現実に適用されるに際しては、統治者の主観や恣意によってではなく、経済社会に関する客観的知識を基礎として、客観的標準によって課税されなければならない。この点からして、ペティには、直接特定の者の財産を捉える直接税よりも、そういう所有者から独立した客観的な財貨を捉える間接税たる内国消費税の方が、より公平な租税形式であると考えられたのである。このペティの考え方は、今日の直接税と間接税に対する観念からすれば、奇異に感じられるかもしれない。しかし、人々の財産権がいまだ確定されておらず、しかも不備な徴税組織の下で租税賦課が統治者の恣意や独断に基づいて不公平に行われていた当時にあっては、ごく自然のことであったろう[6]。

　なお、ペティの消費課税の提唱は、かれ独自の発想によるものではない。そもそも、イギリスにおいて、課税の標準として消費支出を最初に考えた者は、ペティの先師ホッブズであるといわれている[7]。ホッブズは、主著『リヴァイアサン』で、次のように述べている。「賦課の平等は消費する人格の

財産の平等よりも、むしろ消費されるものの平等にあるのである。というのは、多く労働して、かれの労働の果実を貯えてわずかしか消費しない人が、なまけて生活してわずかしかえず、えたものをみんな消費する人よりも、多くを課せられるべき理由は、一方が他方よりも多くコモンウェルスの保護を受けているのでないことを見るとき、いったいあるであろうか。しかるに、賦課が、人々の消費するものに課せられるときは、各人は、かれが使用するものについて平等に支払う」(8) と。このように、ホッブズは、課税における公平の基準を各人の富ではなくその消費支出に比例するという点に求め、内国消費税とは明言していないが、明らかにこの種の租税を推奨しているのである。ペティにおける内国消費税の主張は、明らかにホッブズの影響によるものであり、この点においてもホッブズはペティの先駆者であった。

第2節　内国消費税の経済的作用論

　ペティは、内国消費税を理想的租税であるとして支持するに当たり、負担の公平性とともに、経済的作用面＝国富の増大を、その論拠の重要な柱としている。ペティは、『賢者一言』および『産業交易増進論』において、富を「以前の、または過去の労働の成果」(9)「自分自身が使用しうる以上の物品」(10) と規定している。これらの論述によれば、ペティのいう富とは、あらゆる労働によって得られる生産物の中から、飲食などの消費によって失われる部分を控除した残余であると解される。そうであるとすれば、富の増大は、積極的には資本の蓄積と、労働者の労働意欲を喚起し労働供給を増大させることによって、また消極的にはなんらの富の増大をもたらさないような「浪費」を削減することによって、実現されることになる(11)。

　まず、資本の蓄積については、ペティは、すでに紹介したように、内国消費税の議論に先だち、当時の直接税たる財産税に対し、「現代に至るまで、人の資産の整除しうる部分……を徴収するという方法が行われ、しかもこの資産は不動産や動産、否それどころか官職や資格、つまり無形資産にもおよぶことになっているが、この方法をめぐって、非常に多くの詐欺・慣れ合

い・圧迫さらに紛議がおこりうる。……私はもうこれ以上しんぼうづよく反対論をとなえられない。……きわめていとうべきもの、よくないものである」[12]と、強く非難し否定している。ペティが財産税を激しく非難した理由は、この租税が、当時にあっては、税額の査定が課税評価官の意向によって左右され、したがって徴税がきわめて困難であり、またそこに多くの弊害がともなったからである。しかし、それ以上に、この種の恣意的な財産税が、重税感が強く、倹約や思慮によって負担を逃れることが不可能で、イギリスの国富の基礎を大規模に破壊すると考えられたからである。これに対して、内国消費税の場合には、一般大衆を一層大規模に国費の負担に加えさせ、それによって資本家の過重な負担を緩和させ、資本の蓄積を可能にすると考えられたのである[13]。

　次に、内国消費税による労働供給の増大については、ペティの1643年から1645年までの約2か年にわたるオランダ遊学の成果によるものである。ペティが滞在したころのオランダは、国際金融の中心となったアムステルダムを擁しつつ、著しい繁栄と海上商権の伸張を実現していた時期であった。ペティは、この新興の共和国オランダの印象を、メモ的なノートではあるが、「オランダ」という一編に残している。その中には、「公平な租税とその申し分のない使途」（Equall Tax and well bestowed）、「あらゆる人が働く」（All working）、「極度の節約―勤労」（Parsimony-Industry）、「産業交易と消費―大規模な製造業」（Trade and consumption-wholesale manufacture）などの言葉が並んでいる[14]。ここで、ペティが「公平な租税」としているのは、いうまでもなく、16世紀以降、あらゆる生活必需品を網羅して体系的に採用されていた内国消費税を指している[15]。このオランダで観察した内国消費税と節倹・勤労＝国富の増大との関係は、『政治算術』において一層詳細かつ具体的に論述されている。ペティは、同書において、オランダ繁栄の原因は、自然的条件＝位置と、その上層建築としての社会経済的条件＝政策に求め、さらに「政策」の内容を、一般的な産業諸政策と租税政策とに分けて論述している。その場合に、租税政策の中心問題は、生産を促進させ富を増加させることにある。まず、ペティは、「多数の貧民を雇用する織元やその他の者が観察し

たところによると、穀物がはなはだしく豊富なときには、貧民の労働が比例的に高価であって、かれらを雇い入れることはほとんどまったくできない。ただ食わんがため、むしろただ飲まんがために労働する者は、ことほどさように放縦である」[16] として、当時の重商主義者の多くを支配していた「低賃金の経済論」に立脚し、内国消費税の賦課による勤労促進効果について、次のように主張する。すなわち、「過剰物品に課せられる諸々の租税は、無害な租税であろう」[17] と。また、「過剰な穀物は公共の倉庫に送り、そこを通して社会 (the Pubilick) の最善の利益になるように処分すべし」[18] と。さらに、「レヴァント産の干葡萄に、内国消費税を課することもまた、同様に不合理ではない」[19] と述べている。このように、ペティにあっては、内国消費税は、労働意欲の乏しい貧民労働者の消費生活を圧迫することを通じて、かれらの労働意欲を喚起させ、より労働供給を増加させるための有効な手段であると考えられたのである。

　最後に、ペティは、比較的富裕な階層はその収入の大部分を、華美・逸楽・奢侈・娯楽などに支出する傾向があるとし、このような法外な浪費は、富の減少の原因であると考えたのである。内国消費税によって消費を抑制する対象となる者は、次の引用文の中に示されている。すなわち、「かりに勤勉にして創意に富む人たちの資財、すなわち自分たちの生活している国を、洗練された飲食物・服装・家具・気持ちよい花園・果樹園および公共の建物等々によって美化するばかりでなく、貿易や武力によってその国の金・銀および宝石を増加させもする人たちの資財が、租税のために減少し、しかも、それが食べたり・飲んだり・歌ったり・遊んだり・踊ったりする以外には全然能のないような人たちに譲渡されるとしよう。否、形而上学その他無用の思弁にふけるような人たちか、さもなければ、物質的な物、すなわち国家社会において現実的な効用・価値をもつ物をなに一つとして生産しないような人たちに譲渡されるとしよう。私はあえていう。この場合には、社会の富は減少するであろう」[20] と。ペティによれば、消費を抑制する必要がある者は、「形而上学その他無用の思弁にふける者」、さもなければ「国家社会にとって現実的な効用ないし価値のあるものを生産しない者」である。後者に

含まれる者は、具体的には、『租税および貢納論』第2章の公共経費調節論において徹底的に削減整理が主張された、行政・法律および教会に関連する多数の官吏と、神学者・法律家・医師・卸売商・小売商、などである[21]。ペティは、とくに卸売商と小売商については、「貧民の労働をたがいにもてあそんでいる博徒であって、社会からは、本来的にそして本源的になにものをも稼ぎとることをしない徒であり、また政治体の血液と養液、すなわち農業および製造業の生産物を前後に分配する静脈および動脈のほかにはなんらの果実をもけっして生みださない徒である」[22]と酷評している。

しかしながら、ペティは、『政治的解剖』において、民間の消費支出の効果について、次のように問いかけている。「15万の貴族（Optimates）の支出を各一人1年当たり10ポンド以下に抑制するのと、それとも庶民（Plebeians）を消費させ、ひいてはかれらが現在消費している額の二倍をかせぎださせるために、95万の庶民に贅沢の風を起こさせるのと、そのどちらが公共の富（Common-Wealth）にとって一層よいであろう」[23]と。この問いに対して、ペティは、「一方は公共の富をわずかしか益することなく、95万の庶民の間に生活についてのさもしさと、いやしさをつのらせるのがすでにあまりにも眼に見えており、他方は95万の壮麗・技芸および勤勉を増加して公共の富の偉大なる富裕化に至らしめるであろう」[24]と答える。これらの叙述の中に、後年に古典学派のマルサスによってはじめて十分な発展を遂げることになる、消費の増大による富の増大の理論が、萌芽の形ではあるがすでに示されている。つまり、ここで、ペティは、消費支出の生産的効果＝富増大効果を認めているのである。それにもかかわらず、ペティは、所得を減少する効果＝消費を抑制する効果をもつがゆえに、内国消費税を課すべきであるというのである。したがって、ペティの内国消費税についての主張は、その根底において、理論的矛盾を含んでいるといわざるをえない[25]。

ともあれ、ペティは、内国消費税をイギリスの繁栄＝国富の増大と結びつけ、この租税の経済的作用を強調するのであるが、このようなかれの見解は、次の章句に最も集約的な形で表現されている。すなわち、「過去100年間においてオランダおよびジーランドほど、租税および公共的貢納の形で多くの

支払いをした国はヨーロッパのどこにもなく、しかも右と同じ期間に、これらの国と比肩しうるほどその富を増加した国もまったくない……。というのは、これらの国はあらゆるもののうちで食用肉と飲料とに最も重い租税を課すことによって、……24時間でまったくなくなってしまうようなものに過度な支出をすることを抑制し、しかも耐久力が比較的大なる諸物品を一層優遇しているからである」[26]と。また、「これらの国は、異例の場合を除けば、人が利得するところに応じて課税せずに、人が消費するところに応じて課税するのを常としているのであって、とりわけ無用な費消、つまり収益のみこみなき費消に課税しているのである」[27]と。

最後に、ペティは、内国消費税についての論述を終えるに当たって、次の四つの利点を挙げている。第1に、「各人が現実に享受するところに従って〔租税〕を支払うことは、自然的正義である。この理由から、本税は、誰にもほとんど強制とはならないし、しかも自然的必需品だけで満足している人にとっては、きわめて軽いものである」[28]。これは、内国消費税が享受利益＝現実的富＝消費額に応じて課税されるものであるので公平である、という意である。また、内国消費税は、消費という個人の自発的な行為に課せられるものであるので強制的とはならず、最低限の生活必需品だけで生活する者にとっては極めて負担の軽い租税である、との見解である。

第2に、「この租税は、その取り立てを請け負わせないで、規制正しく徴集されるならば、勤倹を約束する租税であり、一国民を富ましめる唯一の方法である。このことは、オランダ人やユダヤ人、その他産業にとって巨富を得たすべての人々について見られるとおりである」[29]。ここで指摘されている利点は、内国消費税の徴収を当時採用されていた請負制度によらないで直接徴収制度にすれば、効率的な同税の徴収が可能となって無駄な徴税費を削減することができて有益である、ということである[30]。

第3に、「何人といえども、同じ物品に対して2倍または2度の租税を支払うことはない。というのは、どのような物でも1度しか使われないからである。しかるに、他の場合には、しばしば見られるように、人は、自己の土地について地代を支払い、煙突についても、称号についても、関税について

も支払うのである。さらに、人は、ご用金についても、10分の1税についても支払うのである。ところが、内国消費税というこの方法においては、何人も一つの方法で、しかも正しくいえば、たった1度だけしか支払う必要がないのである」[31]。ここでは、ペティは、累積的内国消費税による単税制度を採用すれば、人々はさまざまな租税によって何度も課税されることがなくなる、と述べているのである。すなわち、現行制度の下では、地租、人頭税、関税、ご用金、10分の1税などによって幾度にも課税されその負担を負うことになるが、このような不合理な状態が改善される、というのである[32]。

　第4に、「この方法を用いると、国民の富・〔農〕産物、産業および力量(strength)について、いつでも完全な記録をもつことができる」[33]。これは、内国消費税の徴収を通じて人口・富・産業などについての豊富なデータを入手することができ、これを分析し利用することによって人々の租税負担能力を明確にできるばかりでなく、大いに国民経済を発展させることができる、という見解である。

　ペティの内国消費税推奨論は、種々の観点からなされ、しかもそれは必ずしも統一性をもったものではないが、その主要な観点は、先に述べた負担の公平性とこの租税の経済的作用の二つである。これをもって、ペティは、後に、イギリス重商主義期における代表的な内国消費税弁護論者と目されることになるのである。「公平な租税」あるいは「平等の課税」ということは、この時期に内国消費税に賛成し、これを推奨した人々にとってもまた、その主張の根拠であったが、ペティにおけるこの概念の内容は、かれの先師ホッブズのそれに基礎づけられているのである[34]。一方、経済的作用については、ペティは、内国消費税は一国の富の増大に大きく貢献するものであると考えており、こうした見解の源は、かれのオランダ遊学時における同国についての観察に求められうる。この、経済的作用面からの内国消費税推奨論こそが、かれの租税論の大きな特徴の一つであるといってよい[35]。

第10章　租税収入論(2)

第3節　内国消費税の構造論

　消費に応じた課税が最も理想的であるとしたペティにとって、次に問題となるのがその具体的な課税方法である。これについて、ペティは、次のように述べている。「消費に対する課税という観念を、きわめて完全なものにするためには、すべての個々の必需品に対して、それらが消費のために熟しきったまさにそのときに課税することである」[36]と。また、ペティは、「穀物はパンになるまで、羊毛は布またはむしろ衣類そのものになるまでは課税してはならない。そうすれば、羊毛、紡織および仕立ての価値、さらには糸や針の価値も包含されるであろう」[37]とも述べている。これらの引用文によれば、ペティは、内国消費税の課税方法として、かれ独自の累積的内国消費税（Accumulative Excize）の採用を考えていた。それは、ペティによれば、最終消費財となった段階において、「多くの物をまとめて一つの物として」[38]一度だけ課税するという方法である。ようするに、ペティの考える累積的内国消費税は、次のような内容のものであると理解される。すなわち、内国消費税は、最終消費財に課され、中間財には、直接には課されない。しかし、このことは、中間財にはまったく賦課されていないということを意味しているわけではない。ここでは、中間財に対する賦課は、その中間財を用いて製造された最終消費財に対する賦課に包含され、その最終消費財に対する賦課と一括して行われる。したがって、この場合には、多くのさまざまな中間財や比較的少ない最終消費財に対してそれぞれ個別的に賦課される代わりに、中間財に対する課税は、少数の最終消費財に対する課税に累積して包括的に行われることになる[39]。

　こうして、ペティは、理想としては、製造過程の最終段階に達した財貨に対する累積的内国消費税を主張する。しかし、この方法は骨の折れることであり実行困難であるとして、次のように代案を提唱する。「われわれは、土産品および加工品のうち、最も容易に計算しうるような物で、そのうえなるべく〔最終〕消費に近いような物品の目録を作り、それらを列挙し、それら

の物品のうえに、またそれらの物品を入れてあるもののうえに、官印 (Office marks) を押すべきであろう。そうすれば、われわれは、それらの各々について、それが実際に消費されるまでに、なおどれだけの労働または費用がそれに加えられなければならないか、したがってまた、どれだけそれから差し引かなければならないかを計算しうるのである」[40]と。こうして、ペティは、理想とする最終消費財に対する課税が困難な場合には、消費にできうるかぎり近い原材料や半製品に課税することを提案する。それでは、ペティは、課税対象として、具体的にどのようなものを考えていたのであろうか。

　ペティは、できうるかぎり多くの財貨に課税すべきであると考えていたと推測される。この立場から、ペティは、唯一種の財貨を内国消費税の対象として選択しようとする当時行われていた主張を、次のように批判する。「ある人は、ビールが内国消費税を課せられるべき唯一のものであると提案する。これは、人がビールを飲用する量に、すべての他の支出も比例するという仮定に基づいている。しかし、この論が支持しえないものであることは確かである。ことに〔現在行われているように〕、強いビールに対する内国消費税が、弱いビールに対するそれの5倍であるときにおいてそうである。というのは、貧乏な大工・鍛冶職・フェルト製造人等々は、地位のある人たちが弱いビールを飲むその2倍も強いビールを飲むから、10倍もの内国消費税を支払わなければならない結果になるからである。のみならず、これらの工匠のビールに累積されるのは、少量のパンとチーズ・なめし革の衣服、およびバター等々を抜きにした1週2度の牛の頸肉・臓もつ・腐りかかった魚肉・古びた豆類である。ところが、他の〔地位ある人たちの〕場合には、飲料のほかに、自然と技芸とをもって生産しうる一層多くの物が累積されるのである」[41]と。ここでの、内国消費税の課税対象としてのペティの批判は、当時、強いビールが弱いビールの5倍の課税を受けていることを前提にしている。ペティによれば、貧困な職人と富裕な紳士とを比較すると、ビールの種類はともかくとしてその消費量は、前者は後者の2倍のビールを飲むにもかかわらず、ビールとともに消費するその他の財貨の消費量は、後者が前者よりもは

るかに大である。すなわち、ペティは、ビールを唯一種の課税対象とする内国消費税は、各人のビールの消費量が各人のその他の一切の財貨の消費量と比例せず、不合理であると考えるのである(42)。そして、ペティは、他の財貨についても同様のことが起きる可能性があることを指摘し、「ビールについて提案されたことは、塩・燃料・パン等々についてもいえる」(43) という。

それでは、ペティが構想する累積的内国消費税としての条件を満たしうるような租税とは何であろうか。ペティは、「すべての内国消費税の中で、炉税または煙突税（Harth-money or Smoak-money）は最善のものであると思われる」(44) とする。そして、その理由について、「一定の収入をしぼりとるのに最も容易で、最も明白で、最も適切である」(45) という。さらに、つづけて、「炉の数は、人間の頭数のように動くものではないし、そのうえ、たとえそれが無用になり、また過剰となっても、炉を作り変えたり破棄したりするよりは、それに対して僅少の〔租税〕を支払う方が容易であるから。それに、炉はおおい隠すことができない。なぜかといえば、隣人の大部分の者がその所在を知っているから。のみならず、新築に際して、煙突を作るため、40シリングを投ずるほどの人ならば誰でも、2シリング〔の煙突税〕を支払わされるため、煙突なしにしたりしないからである」(46) と述べている。すなわち、ペティは、累積的内国消費税の中で、炉税か煙突税が最善であるというのである。ここで、ペティが取りあげている炉税は、チャールズ二世治世下の1662年に、経常歳入120万ポンドを既存の二大間接税である関税と内国消費税で調達しえなかったために、その補完物として、一つの炉に1シリング年2回課税するというものであった。そして、この租税は、当時、炉自体への課税でなく、炉の数によって示される各家庭の全般的消費水準に対して課税するものであると観念されていた。したがって、炉税は、財産税ではなく、一種の内国消費税として考えられたのである(47)。ペティは、かれが取りあげている煙突税についても、同様の認識をもっていたと見てよいであろう。こうして、ペティは、炉税あるいは煙突税は、課税対象である炉や煙突の数は家族員が変わっても一定していて変動が少ないこと、また炉や煙突は特定の場所に目に見える状態で固定されているため収税吏にとって課税対象

の把握が容易であり、したがって納税者は脱税が困難であることなどの理由によって、累積的内国消費税として最善の租税であると考えたのである。さらに、炉と煙突の数が全国的規模の調査によって統計的に把握されるならば、その収集されたデータに基づいて税収額を正確に見積もることが可能であり、また税収が経済変動によって影響されることが少ないこと、などの理由も考慮されたものと思われる[48]。

　以上において見たように、ペティは、内国消費税を提案し、その中でも累積的内国消費税をもって最善の租税として捉え、炉と煙突を課税対象とすべきであると説く。しかし、これをもって、ペティが単一内国消費税論者であったと考えるのは、早計である。なぜならば、ペティの『租税および貢納論』の執筆動機は、なによりも財政収入の確保という、実践的政策要求に基づくものであったのである。したがって、単一の財貨と課税対象とする内国消費税のみをもって、当時の財政需要を充足しえたのかどうか、はなはだ疑問である。明確に論述こそしていないが、むしろペティは、できうるかぎり多くの財貨を課税対象にすべきであると考えていたようである。

　次に、ペティは、税率に関しては、比例税率の採用を主張している。ペティは、明確に、比例税という言葉を用いてはいない。しかし、一方で、ペティの著作には累進税率についての叙述は見当たらない。もっとも、一般に、消費税においては、累進税率の採用は困難であり、必然的に比例税率とならざるをえない。しかし、ペティが主張する炉税あるいは煙突税においては、累進税率の採用がまったく不可能というわけではない[49]。それにもかかわらず、ペティは、「炉税は少額でなければならない。そうでなければ、耐えられなくなるであろう」[50]といって、炉税の税率が高率とならないことを説くだけで、累進税率の採用にまでは踏み込んでいない。

　また、ペティは、免税点の設定についても、まったく考えていなかったと思われる。炉税・煙突税については、累進税率の採用と同様に免税点の設定は不可能ではないが、これについてはまったく触れていない。このことは、ペティが、免税点についても問題としていなかったことを意味していると考えてよいであろう[51]。

注

（1）大川政三「重商主義における消費税の諸論拠―ジェームズ・ステュアートの所論を中心として―」、『茨城大学文理学部紀要』第9号、1959年2月、74頁。

（2）William Petty, *A Treatise of Taxes and Contributions,* London, 1662, in C. H. Hull, ed., *The Economic Writings of Sir William Petty,* Vol. I, Cambridge, 1899, p. 91. 大内兵衛・松川七郎訳『租税貢納論』岩波書店、1952年、157頁。訳文は、一部変更を加えた。以下、同様。

（3）井手文雄『古典学派の財政論（増訂新版）』創造社、1960年、121-122頁。

（4）William Petty, *Treatise of Taxes, op. cit.,* p. 91. 邦訳、157頁。

（5）*Ibid.* 同上。

（6）島恭彦『近世租税思想史』有斐閣、1938年、169頁。

（7）社会契約に基づき、租税利益説を最初に展開したのはグロティウスであるといわれている。くわしくは、阿部賢一『租税の理念と其分配原理』早稲田大学出版部、1926年、120頁を参照せよ。

（8）Thomas Hobbes, *Leviathan,* London, 1651, in Sir William Molesworth, Bart, col. and ed., *The English Works of Thomas Hobbes of Malmesbury,* Vol. III, London, 1839, p. 334. 水田洋訳『リヴァイアサン』（一）、岩波書店、1973年、288頁。

（9）William Petty, *Verbum Sapienti,* London, 1691, in C. H. Hull, ed., *op. cit.,* Vol. I, p. 110. 大内兵衛・松川七郎訳『賢者には一言をもって足る』（同訳『租税貢納論』岩波書店、1952年、所収）、179頁。

（10）William Petty, *An Explication of Trade and its Increase,* 〔1647?〕, in Marquis of Lansdowne, ed., *The Petty Papers, Some unpublished Writings of Sir William Petty,* Vol. I, London, 1927, rpt. New York, 1967, p. 210. 〔 〕内は執筆年。

（11）大川政三「ペティ財政論の初期資本主義的性格」、『一橋論叢』（一橋大学）第36巻第6号、1956年12月、68頁。

（12）William Petty, *Treatise of Taxes, op. cit.,* p. 84. 邦訳、145頁。

（13）佐藤進『近代税制の成立過程』東京大学出版会、1965年、31頁。

（14）William Petty, *Holland,* 〔1644?〕, in Marquis of Lansdowne, ed., *op. cit.,* Vol. II, pp. 185-186. 〔 〕内は執筆年。

（15）オランダの消費税制度については、以下の文献を参照せよ。E. R. A. Seligman, *Essays in Taxation,* London, 1895, 9th ed., 1921, p. 9. 三上正毅訳『租税論』大日本文明協会、1910年、17頁；F. K. Mann, *Steuer politisehe Ideal,* Jena, 1937, S. 61-72.；石坂昭雄「オランダ連邦共和国の租税構造＝政策―仲継貿易

資本と消費税―」、『社会経済史学』（社会経済史学会）第29巻第3号、1946年2月、21-52頁。
(16) William Petty, *Political Arithmetick,* London, 1690, in C. H. Hull, ed., *op. cit.,* Vol. I, p. 274. 大内兵衛・松川七郎訳『政治算術』岩波書店、1955年、76-77頁。訳文は、一部変更を加えた。以下、同様。
(17) *Ibid.* p. 274. 邦訳、76頁。
(18) *Ibid.,* p. 275. 邦訳、77頁。
(19) *Ibid.* 同上。
(20) *Ibid.* p. 270. 邦訳、69-70頁。
(21) William Petty, *Treatise of Taxes, op. cit.,* pp. 69-70. 邦訳、53-54頁。
(22) *Ibid.,* p. 28. 邦訳、53頁。
(23) William Petty, *The Political Anatomy of Ireland,* London, 1691, in C. H. Hull, ed., *op. cit.,* Vol. I, p. 192. 松川七郎訳『アィアランドの政治的解剖』岩波書店、1951年、159-160頁。訳文は、一部変更を加えた。以下、同様。
(24) *Ibid.* 邦訳、160頁。
(25) 菅原修「ウィリアム・ペティの累積的国内物産税論」、『経済学部論集』（富山大学）第10号、1956年6月、87頁。
(26) William Petty, *Political Arithmetick, op. cit.,* p. 271. 邦訳、71頁。
(27) *Ibid.* 同上。
(28) William Petty, *Treatise of Taxes, op. cit.,* p. 94. 邦訳、163頁。
(29) *Ibid.,* pp. 94-95. 同上。
(30) 大倉正雄「ウィリアム・ペティの租税国家論（2）―『租税貢納論』の視界―」、『政治・経済・法律研究』（拓殖大学）第14巻第2号、2012年3月、56頁。
(31) William Petty, *Treatise of Taxes, op. cit.,* p. 95. 邦訳、163-164頁。
(32) 大倉正雄、前掲論文、56-57頁。
(33) William Petty, *Treatise of Taxes, op. cit.,* p. 95. 邦訳、164頁。
(34) 松川七郎『ウィリアム・ペティ―その政治算術＝解剖の生成に関する一研究―（増補版）』岩波書店、1967年、90-91頁。
(35) 佐藤進、前掲書、30頁。
(36) William Petty, *Treatise of Taxes, op. cit.,* p. 91. 邦訳、158頁。
(37) *Ibid.* 同上。
(38) *Ibid,* p. 93. 邦訳、160頁。
(39) 大倉正雄、前掲論文、53頁。

(40) William Petty, *Treatise of Taxes, op. cit.*, pp. 91-92.　邦訳、158 頁。
(41) *Ibid.*, p. 93.　邦訳、161 頁。
(42) ペティは、内国消費税がある意味では必ずしも公平な租税ではないことを認識していたと思われる。
(43) William Petty, *Treatise of Taxes, op. cit.*, p. 94.　邦訳、162 頁。
(44) *Ibid.*　同上。
(45) *Ibid.*　同上。
(46) *Ibid.*　同上。
(47) 酒井重喜『近代イギリス財政史研究』ミネルヴァ書房、1989 年、358、360 頁。
(48) 大倉正雄、前掲論文、55 頁。
(49) 井手文雄、前掲書、146 頁。
(50) William Petty, *Treatise of Taxes, op. cit.*, p. 94.　邦訳、163 頁。
(51) 井手文雄、前掲書、148 頁

第11章

『賢者一言』における戦時租税論

第1節　戦時における租税体系

　周知のように、ペティが租税について論述した著作の中で、『租税および貢納論』と『賢者一言』が、主要な体系をなしている。これら両著作は、その成立の社会的諸事情において相通ずるものをもち、しかもその主題においても一致している。すなわち、両著作とも、当時のイギリスにおける最大かつ緊急の経済問題であった財政の基礎確立のための租税政策を提示する目的をもって執筆されたものである。『租税および貢納論』をペティの租税論と呼ぶならば、『賢者一言』はかれの戦時租税論と呼ばれるべき著作であるといってよい。

　イギリスは、1652年からの第一次対オランダ戦争につづき、第二次対オランダ戦争に当面した。この戦争は、イギリスにとっては苦戦となることが予想され、また同国の財政も危機に瀕していた。そこで、イギリスは、この戦争に勝利するためには豊富な戦費の確保が不可欠であるとして、巨額の戦費調達の方策を講じた。しかし、ペティの眼には、政府によって採用されたこのような戦費調達方法は、妥当性を欠くものとして映った。そこで、ペティは、かれが新たに考案した政治算術的方法（数量的分析方法）を駆使しつつ、新たな合理的戦費調達方法を示す目的をもって『賢者一言』を執筆したのである。

　17世紀初頭より、オランダの台頭は目覚ましく、漁業・海運業・外国貿易に基づいて著しく繁栄し、その中ごろにはどのような国をも寄せつけないほどの強国に成長していた。第二次対オランダ戦争は、第一次対オランダ戦争と同様に、世界貿易の支配権を掌中に収めて覇権国となっていたオランダ

に対する、後発国イギリスの武力による挑戦であった。イギリスのオランダに対する宣戦布告は、1665年3月4日に発せられたが、戦費を調達するための準備はその前年からすでに始められていた。政府によって策定された戦費調達の方法は、①月割税を新たに追加徴収すること、②炉税を担保としてロンドン・シティから借入をすること、③炉税の直接徴収制を放棄して徴収請負制を採用することにより、請負人 (farmers, undertakers) からの前貸しを得ること、などを柱とするものであった[1]。まず、①については、開戦直前の1665年2月に、月額6万8,819ポンドが3年間課せられて総収入額247万7,500ポンドをもたらす、36か月の月割税 (36 months' Assessment) の徴収が決定された。さらに、戦争が開始された同年の10月には、月額5万2,083ポンドが2年間課せられて125万ポンドの総収入をもたらす、24か月の月割税 (24 months' Assessment) の徴収が決定された[2]。②については、戦争開始前年1664年の7月と11月に、それぞれ6%の利子で10万ポンド、合計20万ポンドの借入が行われた[3]。③については、1666年3月に、政府によって請負制度が導入され、請負金額14万5,000ポンド、期間は7か年で、25万ポンドの前貸を得ることが予定された[4]。

　ペティが『賢者一言』で批判している政府による戦費調達方法とは、とくに月割税である。この直接税は、内乱期の1645年に長期議会によって導入されて以来、重要な財源として位置づけられ、採用されてきた。この租税は、もともとすべての動産・不動産収入に課税することを意図して導入されたが、動産所有者が不正な手段によってその負担を巧妙に逃れ、実際には土地所有者のみが負担するものと化していた。また、この租税は、あらかじめ決定された総税収額を、各州および各都市の間で経済力＝租税力に応じて負担額を割り当てる方式のものであった[5]。しかし、実際には、負担額の各地域への割当は経済力の大きさに比例することなく、不均衡に行われた。その結果、この租税の地域間での負担は、不公平で不公正なものとなっていた[6]。ペティが『賢者一言』で直接批判しているのは、一部の特定の者（地主・借地農）にのみ賦課され、また各地域間での負担の配賦が不公平な、月割税に基づく戦費の調達方法である。

ペティは、新たなオランダとの戦争の戦費を月割税で調達することに対して、「多くの人が、……毎月わずか7万ポンドの租税の調達に貢献するため、その全資産の10分の1を強制的に支払わされている」[7]と述べている。この引用文の意味するところは、月割税によって戦費を調達するため、地主と借地農だけが地代収入の10分の1を同税の支払いに当てるという重荷を負わされている、ということである。また、ペティは、「もしオランダとの戦争が、昨年どおりの価値を支出しながら、もう2年もつづくならば、陛下が債務をおこしたまわざるかぎり、これらの人たちは、1665年のクリスマス以降、自己の全資産の3分の1を支払わねばならないという事態が生ずるにちがいない」[8]と述べている。さらには、「現在の方法にしたがえば、人によっては当然に支払うべきもの、または支払うことを要するものの4倍も多くを支払うことになり、この不つり合いは、租税についての真実の、しかも至極もっともな苦情の種であり、たまたま租税が巨額で、けたはずれになると、どうしてもそう感じられるのである」[9]とも述べている。こうして、ペティは、月割税をオランダとの戦争の戦費調達手段として用いることに反対し、それに代わる別の合理的方法を具体的に示そうとする。それは、あらゆる国民がそれぞれの担税力に応じて戦費の負担に参加することを要請する内容のものであった。

　ペティは、『賢者一言』の「序論」において、戦費を含む公共経費を特定の者からだけではなく、イギリスのすべての人々から幅広く調達することが妥当であることを示唆している。すなわち、「もし公共的経費が〔あらゆる人々の間に〕比例的に課せられるならば、たとえ租税が月額25万ポンドに増額される場合でさえも、自分の全財産の10分の1以上を支払う人は一人もいないはずである」[10]（〔　〕内は筆者）と。ペティは、こうした基本的な考えを前提として、まず、当時のイギリスの公共経費を経常経費と臨時経費（戦費）に分け、それぞれ次のように算定する。経常経費は総額100万ポンドで、その内訳は、海軍20万ポンド、軍需品・火薬6万ポンド、陸軍・守備隊29万ポンド、その他45万ポンドである。臨時的戦費は総額300万ポンドで、海軍が200万ポンド、陸軍が60万ポンド以下、その他が50万ポンド以下で

ある$^{(11)}$。

　次に、ペティは、総額400万ポンドの公共経費の調達方法の具体的な検討に移る。まず、ペティは、イギリスの人口を600万人、国民一人当たりの支出額を6ポンド13シリング4ペンスと推定し、したがって国民総支出額を4,000万ポンドと算定する$^{(12)}$。つづいて、ペティは、イギリス全体の収入の算定を行う。まず、資産による収入について、不動産（土地、家屋、船舶、家畜など）と動産（貨幣、製品、商品、食器類、家具など）とを合わせた一切の資産から生ずる収入を、年に1,500万ポンドと推定する$^{(13)}$。このままでは、国民の総支出額が4,000万ポンドで、資産による収入は1,500万ポンドであるので、2,500万ポンドの収入の不足分が生ずる。この収入の不足分を埋め合わせる方法について、ペティは、次のように述べている。「国民の資財または富からの年々の所収が、1,500万ポンドを生み出すのにすぎないのに、その支出が、4,000万ポンドであるとすれば、その場合には、人民の労働が、残りの2,500万ポンドを提供しなければならないことになる」$^{(14)}$と。ここで、ペティは、労働による収入を考えているのである。ペティは、イギリスの労働人口を300万人と推定し、その労働によって生み出される年間の収入総額は2,500万ポンドと算定する$^{(15)}$。こうして、ペティは、資産による収入（地代、家賃、利子など）が1,500万ポンド、労働による収入（賃金）が2,500万ポンド、イギリス全体の収入が4,000万ポンドであると算定する。

　しかしながら、上記のようなペティの算定プロセスには、問題が存している。というのは、国民総支出額4,000万ポンドから資産よりの収入1,500万ポンドを控除した残額2,500万ポンドは、労働による収入によって賄われるべき国民支出部分ではあるが、労働による収入の全額ではない。すなわち、2,500万ポンドが労働による収入の全額であるためには、4,000万ポンドは、国民総支出額ではなくして、国民総収入額でなければならない。しかし、この4,000万ポンドはもともと総支出額として算出されたものであったにもかかわらず、それがいつのまにか総収入であると考えられている。すなわち、ペティは、ここで、総支出と総収入とを同一視しているのである。しかし、国民総支出と総収入とは必ずしも一致せず、通常、総収入は総支出よりも大

であろう。なぜならば、収入をすべて消費に向けてしまうことはそれほど一般的なことではなく、貯蓄される部分が多少とも存在すると考えられるからである。こうした点を考慮するとき、ペティの算定プロセスをそのまま全面的に受け入れることには無理があるといわれなければならない[16]。しかし、ペティは、上記のような政治算術的方法に基づいて、総収入と総支出とを同一のものとして捉え、租税負担の配分方法についての検討に移る。

　すでに述べたように、ペティは、すべての国民が公共経費の負担に全面的に参加すべきであると考えていた。したがって、国民の収入は資産からの収入と労働からの収入とからなると考えたペティにあっては、当然に租税負担はこれらの両者に配分されることになる。そして、その配分の割合については、総収入に占める資産による収入1,500万ポンドと労働による収入2,500万ポンドの割合に応じて、3対5とすべきであると考える。ここで、ペティは、明らかに、労働と資産とを税源として質的に同等のものとして捉えようとしている[17]。換言すれば、ペティは、労働者を資産保有者と同様に、租税を支払うことができる潜在的能力をもった者として理解しているのである[18]。こうした観点から、ペティは、労働に対して課税されていない現行税制を、「租税負担を過去の財産にかけようとし、現存の諸々の能力〔労働〕を無視している」、また、「貧民に対する虚偽の慈悲心が、……かれらの怠惰を許している」[19]（〔　〕内は筆者）といって批判している。ペティにあっては、労働も資産と同様に、公共経費に対してその役割を果たすべきものであったのである。しかも、ペティは、さほどの困難をともなうことなくこのことが可能であるとして、「もし、イギリス臣民が、……20分の1だけ多く働き、20分の1だけ少なく消費するならば、かれらは自分たちの国王をしてその現有軍事力に二倍するものを維持せしめるであろう」[20]といっている。そして、その具体的な方法について、ペティは、「労働者は、1日当たり10時間働き、1週当たり就業日には3回、日曜日には2回、20回の食事をとる。このことから、もしかれらが金曜日の晩に断食し、そして11時から1時まで、2時間もかかる食事時間を1時間半にすることができるならば、それによって労働が20分の1増加し、消費が20分の1減るから、上述の10分の

1 は調達されうるであろう」[21]と述べている。ようするに、ペティは、労働者が現在よりも労働時間を20分の1増加させ、消費量を20分の1削減すれば、さほどの困難もなく資産保有階層と同じ負担率で租税を支払うことができる、というのである[22]。

ともあれ、ペティは、政治算術的方法によって公共経費が資産保有者と労働者の二つの階層により3対5の割合で分担されるのが妥当であることを導き出した。つづいて、ペティは、この算定された数値を根拠にして、「もし国民の支出が4,000万ポンドであるとすれば、この全体のうちから400万ポンド、すなわち10分の1を政府の必要のために別にしておくことは、すでに現在多くの人たちに対してなされているのと同様の苦難であるとしか思われない。しかしながら、その400万ポンドのうち、100万ポンドあれば経常的支出が賄われ、300万ポンドあれば臨時的戦争支出が賄われる」[23]と説く。ペティによれば、まず、経常経費100万ポンドについては、資産保有階層と労働者階層とがそれぞれに稼得している年間収入の大きさに応じて、したがって資産から37万5,000ポンド、国民から62万5,000ポンドがそれぞれ調達されることになる。資産への課税による37万5,000ポンドの内訳は、地租が21万6,000ポンド、家畜などに対する租税（Levy on the Cattel）が5万4,000ポンド、動産税が6万ポンド、そして家屋税が4万5,000ポンドである[24]。また、600万人と推定されている国民への課税による62万5,000ポンドの内訳は、年間一人当たり19ペンスの内国消費税が47万5,000ポンド、年間一人当たり6ペンスの人頭税が15万ポンドである[25]。

臨時的戦費である年間300万ポンドについては、ペティは、先の経常経費の場合と異なり、その具体的な課税方法については論述していない。しかし、経常経費の調達方法に照らして、300万ポンドを、3対5の割合で、地租・動産税などによる資産への課税で112万5,000ポンドを、内国消費税・人頭税などによる国民への課税で187万5,000ポンドを賄うことを予定していたと考えてまちがいないであろう[26]。

こうして、ペティは、第二次対オランダ戦争時の戦費を含めた公共経費400万ポンドの合理的調達方法について検討し、課税の対象を労働にまで広

げ、適切な課税方法を採用することによって、国民の支出総額の10分の1を徴収するならば、十分な租税収入が得られることを示した。しかも、ペティは、この方法は、労働を5％増大させ、消費を5％削減することで達成されるものであるから、貧民にとってもそれほど大きな負担とはならないと考えていた。その場合に、租税の種類としては、地租・家畜などへの租税・動産税・家屋税・人頭税・内国消費税などが適当であると考えていた。そして、ペティは、これらの諸税によって課税における公平がもたらされるばかりではなく、次のような副次的利益があることを指摘している[27]。

①家屋税：　煙突によって家屋を評価すれば、それらの改善および荒廃の状態を十分に明らかにすることができる。

②地租：　支払額を年々の賃料にではなく全価値に比例させるようにすれば、資産が家屋であっても、それが土地である場合より以上に租税を支払わなくてもよくなる。また、それが財貨である場合よりも、かなり少なく支払うこともなくなる。

③動産税：　他国におけるのと同様に宣誓に基づいて課税されるならば、この租税の不明瞭であった部分を十分に明瞭化することができる。

④人頭税：　単純で普遍的な人頭税は、イギリス王国の偉大なる富と力量、すなわち国民についての状況を明らかにすることができる。称号・位階に対する人頭税は、世人が分不相応にゆきすぎて高位につくのを阻止するであろうし、同時に真に価値のある人を奨励することに役立つ。

こうして、ペティは、第二次対オランダ戦争のための戦費調達方法について、資産に対する地租・家畜などへの租税・動産税・家屋税、国民に対する内国消費税・人頭税こそが最善であることを力説する。そして、この提案の内容は、第三次対オランダ戦争の直前から戦後にかけての1671年から1676年までの間に執筆されたといわれている『政治算術』においても、基本的にはほぼそのまま踏襲されている。

第2節 『賢者一言』における租税論の特質と意義

　ペティによる『賢者一言』は、『租税および貢納論』において展開された租税に関する基本的な考え方を踏まえて執筆された、戦時租税論をその内容とする論策である。この論策では、社会経済現象の数量的観察・表章が実際に行われている。すなわち、『租税および貢納論』でも、国富について、また国民の支出などについて、正確に算定することの必要と重要性とがしばしば繰り返されていた。しかし、この論策においては、それらが実際に算定され、おびただしい数字となって配列されている。ペティにとって、税源としてのイギリスの富を客観的に計量することは、租税負担の公平について論じる場合の不可欠の前提をなしている。この論策では、それを実際に行うことによって、『租税および貢納論』の趣旨を一層徹底させているのである[28]。そして、ここでの国富算定の直接的なねらいは、公平な租税負担による税収増大の可能性を示すことであり、それまでの土地に対する課税の偏りを排して、労働に対する課税の可能性を示すことにあったのである[29]。

　『賢者一言』において展開されている租税論の内容は、『租税および貢納論』におけるそれとは、いささか異なった点をもっている。第1に、租税負担配分原理における見解に違いが見られる。国家はどのような根拠で課税を行うことができるのか、あるいは租税負担の配分はどのような基準に依拠して行うべきであるのかという課題は、租税論における中心的論点である。ペティは、『租税および貢納論』において、租税の根拠については明確に述べていない。しかし、ペティが、種々の課税方法を論ずる際に、「国民が、統治され保護されるために、さらに自分たちの君主や国土の名誉のために、不可欠とされるものに対する正当な分け前を支払うことに満足し、それに不服がないものとしよう」[30]といっていることから推察して、基本的には、先師ホッブズと同様に租税利益説をとっていた[31]。したがってまた、租税負担配分原理についても、「人は、公共の平和に浴する分け前と利益とに応じて、……公共的経費を貢納すればそれでよいということは、一般になにびと

といえども承認するところである」⁽³²⁾「各人は自分自身のために取得し、現実に享受するところに応じて貢納すべきものなのである」⁽³³⁾と述べて、応益課税原則の立場を重視していた。しかし、ペティは、『賢者一言』においては、労働者を資産保有者と同じく租税を負担する潜在的能力をもった者として捉え、応分の負担をすべきであることを説いている。こうしたペティの見解は、租税負担の基準を納税者の負担能力に求める租税負担配分原理における応能課税原則が示されたものであるといってよいであろう⁽³⁴⁾。しかも、ここでは、この立場が前面に強く押し出されている。一般に、租税の根拠としての租税義務説は租税負担配分原理の応能課税を志向し、租税利益説は応益課税に結びつく。しかし、租税利益説は、応益課税に結びつくだけではなく、応能課税をも導く場合もある⁽³⁵⁾。ここでのペティの見解は、課税の根拠は公共サービスからの受益の存在に求められているが、租税負担配分は負担能力に応じて行うとするのである。

第2に、『租税および貢納論』においては、消費、享受利益あるいは富という概念は登場していたが、「収入」という概念は見当たらない。しかし、ここでは、この「収入」という概念が新たに登場し、しかも、ペティの租税負担の配分方法において重要な役割を果たすに至っている⁽³⁶⁾。

第3に、『租税および貢納論』においては、内国消費税以外の租税を原則的に否定していたのであるが、ここでは、内国消費税以外の租税を理論的に容認するに至っている。この点は、『租税および貢納論』において展開された租税論との最大の違いであるといってよい。

ペティは、『租税および貢納論』においては、各種の租税の適否を検討し、内国消費税をもって自然的正義に適う最も合理的なる租税であるとして支持し、それ以外の租税についてはほとんどすべてを否定している⁽³⁷⁾。このかぎりにおいては、ペティは、理論的にはあたかも内国消費税単税論者であるかのごとくである。また、後年の『政治算術』においては、その現実的可能性を論証することに努めている。しかし、いまや、ペティは資産に対する租税として地租・家屋税・動産税などを、国民に対する租税として人頭税・内国消費税を提案しており、内国消費税以外の租税が認められることになって

いる。しかし、このことをもって、ペティが、内国消費税重視の考えを放棄してしまったと断定するのは早計であろう。ペティは、『賢者一言』においても、依然として内国消費税中心主義の考え方を変えていないのである[38]。すでに述べたように、ペティは、国民全体の資産よりの収入と労働よりの収入の割合を3対5と推定し、これに基づいて租税を3対5の割合で資産と労働に対して課税されなければならないと説いた。そこで、経常経費100万ポンドを賄うためには、37万5,000ポンドは資産に対して、62万5,000ポンドは労働に課税されなければならないこととなる。資産に対する租税としては、地租・家屋税・動産税などが、労働に対する租税としては、人頭税および内国消費税が考えられている。国民に対する租税62万5,000ポンドの内訳は、人頭税が15万ポンド、内国消費税が47万5,000ポンドであった。したがって、租税収入総額中に占める内国消費税収入の割合は、50％に達する。臨時的戦費300万ポンドについても、同様に考えてよいであろう[39]。

こうして、ペティは、『賢者一言』においても引き続いて内国消費税を租税体系の中核に置こうとしているのである。そして、第二次対オランダ戦争の約10年後に執筆された『政治算術』においても、イギリスの経済力増大の立場から、内国消費税の重要性を強調している。しかし、ペティが、ここで、内国消費税以外の諸税を明白に容認するに至ったことは、その租税論における一つの大きな修正であるといわなければならない[40]。このような、ペティにおける内国消費税についての主張の修正の問題は、『租税および貢納論』と『賢者一言』とがともに租税問題を取り扱った時事の論策であるにもかかわらず、前書は租税に関する原論的な性格をもっており、後書は対オランダ戦争時の戦時租税論＝戦費調達論であったという、両論策の基本的性格の差異によるものと思われる。

なお、上述したようなペティの内国消費税中心主義の修正論の中に、いまだ粗雑ではあるが、現代的な補完的租税体系の構想の萌芽を見出すことができる。すなわち、ペティが『賢者一言』で提案している内国消費税以外の諸税の容認は、当時の租税制度の問題点であった、負担における不均衡に対する改善方法の一つでもあったと解される。ペティによれば、この不均衡こそ

が、国民の間の「租税に対する真の、かつ最大の不満の種」と映ったのである。そこで、ペティは、現行租税制度に付随している租税負担の不均衡の問題を、内国消費税を中核としつつこれに人頭税を加え、あるいはあらゆる種類の資産から得られる収入に対する租税をも追加することにより、いわばタックス・ミックス（tax mix）を通じて解決しようとしていたとも考えられる[41]。

『賢者一言』は、商権獲得をめぐって戦われた第二次対オランダ戦争にイギリスが勝利するために、焦眉の急を告げる戦費を合理的に調達する方法を示すことを目的として執筆された小論策である。ペティの提示した戦費調達案は、ときの政府によって採用されることはなかったが、その後の租税論あるいは租税政策に大きな影響を及ぼすものであった。ペティは、戦費調達上の租税主義に立脚して、戦費は公債によることなく租税によって調達されるべきであるとの基本的立場をとっている。このことは、『政治算術』においても示唆されているが、本論策においてはより詳細かつ具体的に論述されている。後年のイギリスにおいては、ドイツにおける公債主義とは反対に、戦費といえどもできうるかぎり租税をもって賄うべきであるとの立場が伝統的に形成された。こうした租税中心主義の戦費調達方法は、18世紀の中葉に登場する古典学派のアダム・スミスおよびリカードなどの所説を遵奉したものである[42]。これに先だって、ペティが戦時における租税中心主義を主張したことは、イギリス租税学説史上において評価されるべきであろう。

また、ペティは、戦費を主として内国消費税によって調達すべきであることを提案しているが、これについても、当時にあってはきわめて異例で大胆な内容のものであった。というのは、王政復古期においては、チャールズ二世の意思により、前期ステュアート朝の財政方式が踏襲され、経常経費は内国消費税・関税・炉税などの間接税で、臨時的経費は月割税・補助金・人頭税などの直接税で調達するということが通例となっていた。ようするに、内国消費税のような間接税ではなく、月割税のような直接税で臨時的経費を賄うというのが、財政運営を支配していた当時の通念ともいうべきものであった。したがって、ペティによる戦費を内国消費税で調達するという提案は、

当時の伝統的・慣習的観念に対して大きな転換を迫るものであったのである[43]。そして、ペティのこうした見解は、かれから政治算術的方法を継受したダヴナントやグレゴリー・キングなどによって、月割税のイギリス経済に及ぼすマイナスの効果の観点から、一層強調されることになる[44]。

注
（1）酒井重喜『近代イギリス財政史研究』ミネルヴァ書房、1989年、379頁。
（2）大倉正雄『イギリス財政思想史—重商主義期の戦争・国家・経済—』日本経済評論社、2000年、24頁。
（3）Stephen Dowell, *A History of Taxation and Taxes in England, from the earliest Times to the Present Day*, Vol. II, London, 1884, rpt. New York, 1965, pp. 26-27. 仙田左千夫『イギリス公債制度発達史論』法律文化社、1976年、96頁。
（4）C. D. Chandaman, *The English Public Revenue 1660-1688*, Oxford, 1975, p. 92. 酒井重喜、前掲書、396頁。なお、この請負は失敗に終わり、1667年7月に、わずか1万4,000ポンドが得られたにすぎなかった。その主因は、一般大衆の抵抗はもとより、議会側が、終始、徴税請負人に敵対的態度をとりつづけたことであった。仙田左千夫、前掲書、97頁。
（5）隅田哲司『イギリス財政史研究—近代租税制度の生成—』ミネルヴァ書房、1971年、173-174頁。
（6）とりわけ、北・西部諸州に対しては相対的に軽く、ロンドン周辺の諸州には重く賦課された。Cf. C. H. Firth and R. S. Rait, eds., *Act and Ordinances of the Interregnum 1642-1660*, Vol. I, London, 1911, pp. 631-633.
（7）William Petty, *Verbum Sapienti*, London, 1691, in C. H. Hull, ed., *The Economic Writings of Sir William Petty*, Vol. I, Cambridge, 1899, p. 103. 大内兵衛・松川七郎訳『賢者には一言をもって足る』（同訳『租税貢納論』岩波書店、1952年、所収）、168頁。訳文は、一部変更を加えた。以下、同様。
（8）*Ibid.* 同上。
（9）*Ibid.*, p. 104. 邦訳、169頁。
（10）*Ibid.*, p. 103. 同上。
（11）Cf. *Ibid.*, p. 111. 邦訳、180頁。後に、オグが概算したところによると、第二次対オランダ戦争を遂行するために当時のイギリス政府が実際に費した経費の総額は、580余万ポンドであった。Cf. David Ogg, *England in the Reign of Charles II*, Vol. I, Oxford, 1934, p. 319.
（12）William Petty, *Verbum Sapienti, op. cit.*, p. 105. 邦訳、109-110頁。このイギ

リスの人口についての推定に当たっては、ペティ自身もその執筆に関与したといわれるグラントの『自然的・政治的諸観察』における研究に依拠しているものと思われる。
(13) *Ibid.*, pp. 106-108. 邦訳、171-174 頁。
(14) *Ibid.*, p. 108. 邦訳、175 頁。
(15) Cf. *Ibid.* 同上。なお、後年の『政治算術』においては、イギリスの人口は 1,000 万人、国民一人当たりの年支出額は 7 ポンドと推定している。こうした数値についての矛盾は、他にもいくつか見られる。
(16) 井手文雄『古典学派の財政論（増訂新版）』創造社、1960 年、139-140 頁。
(17) 大倉正雄、前掲書、27-28 頁。
(18) 同上書、29 頁。
(19) William Petty, *Verbum Sapienti, op. cit.*, p. 114. 邦訳、185-186 頁。
(20) *Ibid.*, p. 113. 邦訳、184 頁。
(21) *Ibid.*, p. 110. 邦訳、179 頁。
(22) ペティは、『政治算術』の第 7 章においても、数に違いが見られるが、同様の見解を表明している。その大要を示せば、以下のとおりである。国家非常の戦時の場合には、歩兵 10 万、騎兵 4 万、水兵 4 万を必要とし、そのための経費は 1 年間に 500 万ポンドである。他方、経常経費は年当たり 60 万ポンドである。しかしながら、イギリス国民一人の 1 年間の支出額は 7 ポンド、人口は 1,000 万人であるから、総支出額は 7,000 万ポンドである。そこで、総支出額の 10 分の 1 で十分に戦時における費用を支弁しうることとなる。しかも、総支出の 10 分の 1 をとり去られることは、けっして国民にとって苦痛なことではない。というのは、国民が 20 分の 1 だけより少なく支出し、20 分の 1 だけより多く働けば、けっして無理なことではない。Cf. William Petty, *Political Arithmetick*, London, 1690, in C. H. Hull, ed., *op. cit.*, Vol. I, pp. 305–306. 大内兵衛・松川七郎訳『政治算術』岩波書店、1952 年、134-135 頁。
(23) William Petty, *Verbum Sapienti, op. cit.*, p. 110. 邦訳、179 頁。
(24) Cf. *Ibid.*, pp. 111-112. 邦訳、181-182 頁。
(25) Cf. *Ibid.*, p. 112. 邦訳、182 頁。なお、ペティが、ここで労働への課税としないで国民への課税としているのは、内国消費税と人頭税が、形式的には 300 万人の労働者だけではなく、600 万人の全国民を対象に課せられる租税であるからである。
(26) 大倉正雄、前掲書、32-33 頁。
(27) William Petty, *Verbum Sapienti, op. cit.*, p. 115. 邦訳、187 頁。

(28) 松川七郎「『賢者には一言をもって足る』について」（大内兵衛・松川七郎訳『租税貢納論』岩波書店、1952 年、所収）、227-228 頁。
(29) 浦田昌計『初期社会統計思想研究』御茶の水書房、1997 年、183 頁。
(30) William Petty, *A Treatise of Taxes and Contributions*, London, 1662, in C. H. Hull, ed., *op. cit.*, Vol. I, p. 38. 大川兵衛・松川七郎訳『租税貢納論』岩波書店、1952 年、68 頁。訳文は、一部変更を加えた。以下、同様。
(31) くわしくは、吉田克己『イギリス重商主義とウィリアム・ペティ―近代的租税論の先駆―』八千代出版、2012 年、第 8 章第 1 節を参照せよ。
(32) William Petty, *Treatise of Taxes, op. cit.*, p. 91. 邦訳、157 頁。
(33) *Ibid.* 同上。
(34) 大倉正雄、前掲書、30 頁。Cf. C. D. Chandman, *op. cit.*, p. 139.
(35) 山本栄一『租税政策の理論』有斐閣、1975 年、28, 31 頁。Cf. R. A. Musgrave, *The Theory of Public Finance: A Study in Pubilic Economy*, New York and London, 1959, Chap. 4・5. 木下和夫監修、大阪大学財政研究会訳『財政理論』（I）、有斐閣、1961 年、第 4・5 章。
(36) 井手文雄、前掲書、1960 年、138 頁。
(37) Cf. William Petty, *Treatise of Taxes, op. cit.*, Chap. 4・5・6・7・9・12・13. 邦訳、第 4・5・6・7・9・12・13 章。
(38) 井手文雄、前掲書、139 頁。
(39) 同上書、142 頁。
(40) ケネディは、ペティが『租税および貢納論』における内国消費税中心主義の主張を捨てて、『賢者一言』においては別の租税体系をとっていることを指摘している。Cf. William Kennedy, *English Taxation 1640-1799: An Essay on Policy and Opinion*, London, 1913, new imp. 1964, p. 4.
(41) *Ibid.*
(42) アダム・スミスは、戦時に重税を課せば、早く戦争を止めることとなり、また軽々しく戦争を起こさないであろうから、戦争の期間が短く平和の期間が長く、したがって新規の資本蓄積が阻害される期間が短いと論じている。Cf. Adam Smith, *An Inquiry into the Nature and Causes of the Wealth of Nations*, London, 1776. ed. by Edwin Cannan, Vol. I, London, 1904, 2nd ed., 1920, p. 411. 大内兵衛・松川七郎訳『諸国民の富』（II）、岩波書店、1965 年、1337-1338 頁。リカードもまた、租税の負担感が心理的に戦争防止の役割を果たし、節約に対する努力が公債の場合よりも大きく、一国の産業に及ぼす攪乱が長期にわたらないなどの理由を挙げて、戦費は全額租税によって賄うべきであると説

いている。Cf. David Ricardo, *Essay on the Funding System,* Edinburgh, 1820, in Piero Sraffa and Maurice H. Dobb, eds., *The Works and Correspondence of David Ricardo,* Vol. IV, Cambridge, 1951, rpt. 1966, pp. 185-190. 井手文雄訳『リカアドウ公債論』北隆館、1948年、99-100頁。

(43) 大倉正雄、前掲書、36頁。当初、国王側（政府）には、戦費を内国消費税をもって調達する考えがあったが、議会（庶民院）の反対を受けた。その意味では、ペティによる戦費を内国消費税をもって調達するという提案は、宮廷の意に沿うものであったといってよい。

(44) 竹本洋「王政復古期の租税と経済—『政治算術』による臨時税の経済的効果の測定—」、『経済学雑誌』（大阪市立大学）第85巻第2・3号、1984年9月、51-72頁を参照せよ。

第 12 章

ペティにおける租税政策の実践的性格

第 1 節　イギリス資本主義の促進

　17世紀のイギリスは、慢性的かつ深刻な財政危機に見舞われつづけた。とくに、17世紀の中葉以降には、王権と議会との対立に起因する一連の政治的変換は、国家財政を悪化させる大きな要因となった。クロムウェル政権の後を継いだ復古王政が、国庫の扉を開けてみたら、中には現金は一ペンスも入っておらず、借金証文ばかりであったという有様であった。また、国際的な重商主義的商業覇権をめぐるスペイン、オランダおよびフランスとの対立・抗争は、財政悪化をますます深刻化させた。こうした中にあって、ペティが取り組んだのは、中長期的な立場に立って、当時の最大かつ緊急の経済問題たる財政の基礎を確立することであった。洞察力に富んでいたペティは、中長期的な視点に立って、新たな租税原理のうえに新たな租税体系が確立されなければならないことを、痛切に自覚していたのである。

　ペティが取り組んだ課題を要約すれば、イギリスに「租税国家」を実現し、そのための基礎を築くことであった。そして、その具体的方法として、第1には、租税の根拠、租税負担の配分、租税原則、租税の転嫁などの租税原理に裏づけられた理想的な租税を導出すること、第2には、資本制的生産様式の一層の発展を通じて国富の増大を図ること、であった。こうした課題を解決するに当たって、ペティは、代表的な内国消費税推奨論者として、その合理性を積極的に論証することに努めたのである[1]。

　まず、ペティは、租税の根拠に関して租税利益説に立脚し、消費こそ真の富であるとする富概念を援用して、合理的な租税として内国消費税を推奨した。ここで、ペティが、租税利益説の立場をとって貧者にも租税負担を可能

ならしめることを意図したことは、地主階級をはじめとして、貿易業者や生産者などの当時の資本家階級の利益に適うものであった。なぜならば、いかなる貧者といえども、社会の構成員であるかぎりは、多かれ少なかれある程度の利益を国家より受けていると考えるのが自然である。資産の保護とは別に、いかなる階層に属する者であるのかは問わず、すべての者が少なくとも一様に生命の保護という利益を国家より受けるのである。そうであるならば、租税利益説によれば、貧者も当然にその受ける利益に応じて納税すべきであるとの議論が成り立つことになり、資産保有階層は貧者と租税の負担を分かち合うことになるのである[2]。

　ペティが推奨する内国消費税導入以前におけるイギリスの租税収入は、主に戦費の調達を目的とした直接税としての15分の1税、10分の1税ならびに補助金からなっていた。15分の1税と10分の1税は、12世紀後半に起源をもち、13世紀を通じて発達した。家畜、穀物、商人や手工業者の在庫商品、家具調度品、金銭などを課税対象とする動産税が、エドワード三世治下の1334年に定形化されたものである。その後は、土地、建物を主とする固定資産からの収益が課税対象とされるようになった[3]。補助金は、エドワード四世治下の1472年がはじまりであるとされ、ヘンリー八世治下の1515年以降にようやく定着した直接税である。その課税対象は、異なった二つの範疇を合わせもつもので、一つは、土地、建物よりの収益を中心とし、賃料、奉仕、相続財産、年金、報酬、給与、その他の所得または収益に対するものであった。他の一つは、一定評価額以上の金銭、延べ金、宝石、在庫商品、借財、一切の報酬、家畜類、家財道具、その他の動産に対するものであった[4]。そして、この補助金は、先の15分の1税および10分の1税とともに、その課税対象からも推察されるように、土地所有者あるいは動産所有者によって負担され、当時の貧民はこれらの租税の負担から免れていた[5]。ケネディによれば、「絶対王政期の主要財源たる直接税は、中流ないし上流階級に賦課され、賃金ははっきりと免税されていた」[6]、また、「16世紀の中葉から1640年まで、貧民は意図においても、実際においても、課税においてほとんど免除されていた」[7] のである。さらに、マーガレット・ジェームズ

(Margaret James) の言葉を借りれば、「貧民が被った負担は、輸入物品の購入価格支払いにおける独占特許料の転嫁分のみであった」[8] のである。こうした、当時における租税負担の状況にあって、ペティが立脚している租税の根拠としての租税利益説は、いわゆる貧民大衆（賃金労働者・職人・農業労働者・手工業者・下層ヨーマン）を国家財政に参加させ、資産保有階層の租税負担の相対的軽減を可能とするものであったといってよいであろう。

さらに、ペティの展開している内国消費税論そのものの中にも、資産保有階層の租税負担軽減に対する内容が含まれている。ペティは、消費に比例して課税することが最も合理的であるとし、その課税方法については、「消費に対する課税という概念を、きわめて完全なものとするには、すべての個々の必需品に対して、それらが消費のために熟しきったまさにそのときに課税することである」[9] といっている。他方において、ペティは、ビール、塩、燃料、パンなどの唯一種の品目を内国消費税の課税対象として選択しようとする主張に対し、「これらの物品をある人は一層多く消費し、他の人は一層少なく消費する」[10] として、その不合理性を批判する。こうしたペティの主張は、奢侈品か生活必需品かの基準によって品目を選択することなく、可能なかぎり多くの品目を、理想としては一切の品目を内国消費税の課税対象にすることを意図するものであると考えてよいであろう。こうした網羅的な課税対象品目に対する内国消費税は、租税負担軽減という点で、資産保有階層にとって都合のよいものであった。

次に、ペティは、税率に関しては、比例税率を主張している。もっとも、内国消費税においては累進税率の採用は困難であり、必然的に比例税率とならざるをえない。しかし、内国消費税であっても、累進税的要素を加味することがまったく不可能というわけではない。すなわち、生活必需品的性格の強い品目ほど低い税率を適用し、逆に奢侈品的性格の強い品目ほど高い税率を適用することによって、一種の累進税的効果をもたせることが可能である。しかし、ペティの著作には、このような構想についての論述は見当たらない。このことは、ペティには、大衆課税を避ける意思のなかったことを示すものであるといってよい[11]。

そしてまた、ペティは、累進税率と同じく、免税点についてもまったく触れていない。もとより、内国消費税においては、免税点の設定は困難である。したがって、ペティが内国消費税を理想的な租税であるとして推奨したことそれ自体が、すでに免税点を問題として取りあげないことを意味している。いずれにしても、この免税点について考慮しないこともまた、ペティが大衆課税を意図していたことを示すものであるといってよいであろう[12]。そして、これら比例税率の採用と免税点の不考慮は、いずれも資産保有階層の租税負担上における利益に合致するものであったといってよいであろう[13]。

　ペティは、『租税および貢納論』において、「租税国家」の成立を展望しつつ内国消費税の合理性を論証することに努めたが、『政治算術』と『賢者一言』においては、この租税が貧民労働者の消費生活を圧迫し、かれらをより強度な労働に駆り立てるための手段として有効であることについて説いている[14]。その背後にあるのは、「労働は富の父であり、能動的要素である」[15]、「君主の偉大さや栄光は、君主がよく統一し、よく統治している人民の数・技芸及び勤勉にある」[16]という言葉の中に示されている、労働・勤勉の重要性に対する認識である。

　イギリスの17世紀には、資本主義の生成にともなって雇用労働ないし賃金労働が普及した。しかし、当時の労働者は、伝来の慣習的に固定した生活水準を基準として、怠惰になったり勤勉になったりした。つまり、不作によってもたらされた穀物価格の騰貴による生計費の高騰、あるいは不況による賃金の下落などで、伝統的な生活水準の維持が困難になれば、労働者は勤勉になる傾向にあった。これに対して、豊作や好況などの場合には、労働者は怠惰となる傾向にあった[17]。こうした性向を当時の労働者がもつ中で、17世紀初頭にさまざまの農業改良の試みが行われ、その結果として穀物生産量が増大し、物価の動向に大きなウェイトを占めていた穀物価格が下落した。他方において、17世紀後半には、人口増加圧力が弱まり、物価とりわけ穀物価格が安定的に推移し、また名目賃金も上昇したことによって実質賃金が上昇し、労働者の生活は以前よりも改善された。そして、この実質賃金の上昇は、貧民労働者における怠惰を顕著に発現させ、労働不足を生じさせ

た[18]。このことは、新興の資本主義的経営者たちにとっては痛手であり、ひいてはイギリス経済の発展にとって大きな障害であった。そのため、貧民労働者の怠惰の問題が当時の著述家の関心を集めることとなった。この時期のイギリス重商主義関係の文献には、当時の貧民労働者は怠惰であったという記述が多く見られる[19]。ペティもまた、その著作において、貧民労働者の怠惰を激しく非難している。

　ペティは、『政治算術』の第2章において、「多数の貧民を雇用する織元やその他の者が観察したところによると、穀物がはなはだしく豊富なときには、貧民の労働が比例的に高価であって、かれらを雇い入れることはほとんどまったくできない。ただ食わんがため、むしろただ飲まんがために労働する者は、ことほどさように放縦である」[20] といっている。また、「イングランドにおいて費消されている穀物が……数年の平均年額で1,000万ポンドに値するとすれば、非常な豊年には、右の穀物は3分の1安値となり、莫大な利益が期せずして共同の富に付加されるかも知れない、という結果になる。ところが、現在では、それは量においてもまた質においても、人民を過食させてしまうほど消費されており、そのためにかれらは自分たちの日常の労働をいとうようになっているのである」[21] といっている。つづけて、ペティは、「同様のことは砂糖・タバコおよびこしょうについてもいえよう。しかも、過剰栽培のために、不合理な安値を呼んでいるのである」[22] ともいっている。これらの引用文に表わされているように、ペティは、17世紀イギリスにおける他の著述家と同様に、貧民労働者はどうにもならないほどの怠け者であって、少しでも生存していけることになると、もっと働いてそれに応じて生活水準を上げようとはしないで、むしろできうるかぎり働かないで暮らそうとするものであると信じていた。こうした労働者観をとるならば、当然に、賃金の自然的な最高水準はできうるかぎり低い生活水準であるべきであるということになる。したがって、ペティは、貧民労働者には、最低生活のみを与えるべきことを主張し、実質賃金が低いときには、製造業者は欲するだけの労働者を手に入れることができることを説くのである[23]。

　ペティの時代、貧民労働者の労働に対する消極的な性向を積極的なそれへ

と転化させる方策として、児童労働の要請、救貧法（Poor Law）への反対を含む強制労役場（workhouse college of industry）の提唱、住居制限法（Settlement Law）への批判、移民受入政策への積極的評価、貧民労働者の生活改善の抑圧等々、一連の方策が各々相互に関連を保ちつつ提案された。そして、それは、なによりも低賃金論に代表的に表現される[24]。このような政策の体系は、「貧困の効用の原理」（the doctrine of the utility of poverty）[25]あるいは「低賃金の経済」（economy of low wages）[26]への思想として把握することができる[27]。賃金低下への方法としては、まず、名目賃金の引下げが早くから提唱されたが、このほかにも、実質賃金の切下げも主張された[28]。これは、食糧を主とする必需品の価格の騰貴政策をその内容とするものであった。実質賃金切下げ論が提唱されたのは、この方法がより実行しやすく、また土地所有者との妥協の余地があったからである[29]。ペティは、こうした実質賃金の切下げを、内国消費税の賦課をもって実現させようとしたのである。

17世紀のイギリスの著述家たちは、オランダこそが重商主義の原理を正しく実施しているよい例である、と確信していた。そして、オランダの富は、その外国貿易による輸出超過が持続したためであり、この輸出超過は労働者の勤勉と節倹とによるものである、と考えていた。ペティも、こうした「オランダ賛美論者」の一人であった。そこで、このように、ペティがオランダを重商主義の理想国家として賛美するに至った背景には、国王と議会との間の内乱が白熱化した1643年に、繁栄の絶頂を迎えようとしていた同国に遊学したことが大きくかかわっている。ペティは、およそ2年にわたるオランダ滞在中に、脈絡に乏しい名詞を並べただけの31項目からなるメモ的なノートを残している。これは、いわば、ペティが行った社会観察の最初の記録ともいうべきものである。この中に、「公平な租税〔消費税〕とその申し分のない使途」（〔　〕内は筆者）、「あらゆる人が働く」、「極度の節倹―勤労」という項目が含まれている。このことは、ペティが、オランダの繁栄の基礎を、節倹と勤労という観点から捉えようとしていたことを示している。そして、この「勤労」は、その後のペティの著作における経済学上の全理論の統一的基礎をなす概念となった[30]。

ペティは、『政治算術』の第 2 章において、オランダの課税方法（内国消費税）を富の増加に結びつけて、高く評価している[31]。こうしたオランダの消費税制度に対する評価を、先のオランダ遊学時におけるメモ的ノートと合わせて理解するとき、それが貧民労働者の労働意欲を喚起する効果を有するという認識の下におけるものであったといってよいであろう。ここに、労働者の性格の本質は怠惰にあるという概念に依拠して、貧民労働者は内国消費税賦課による実質的低賃金の場合こそ、生活の必要に迫られてその労働力の供給を増加させるという、いわゆる「低賃金の経済」論者としてのペティの側面がよくうかがえる[32]。

　また、ペティは、第二次対オランダ戦争にともなう戦費調達を主題とした『賢者一言』においても、課税が貧民労働者の怠惰を抑制し、労働を促進する要因になることを強調している。まず、ペティは、『賢者一言』の「序論」において、公共経費をある特定の階層からではなく、イギリス国民すべてから幅広く調達することが妥当であることを示唆する[33]。そして、このような考えを前提として、ペティは、つづく第 1 章と第 2 章において、イギリスの諸階層の間で配分されるべき租税負担の妥当な割合を、かれが創始した政治算術の方法に基づいて、資産と労働によって 3 対 5 の割合で負担されることが妥当であるとする[34]。このことは、とりもなおさず、租税負担は、地主・農業者・海運業者・商人・製造業者・金融業者・利子生活者などの資産保有者と労働者との間で 3 対 5 の割合で配分されるのが妥当である、ということを意味するものである。そして、その場合に、ペティは、内国消費税と人頭税によって負担すべきであり、労働者が現行よりも労働時間を若干増加させ、消費量を若干減少させれば、それほど困難もなくこれらの租税を負担することができると考えている[35]。

　さらにまた、ペティは、貧民労働者に対する課税上の温情的措置についても、次のように鋭く批判している。すなわち、「貧民は、あらゆる種類の経費に対して、現在のところ 1 年一人当たりせいぜい 1 シリングを支払っているにすぎないが、かれらに対する虚偽の慈悲心が、かれらのために仕事を与えないでおくという残酷さとからみ合いわれわれ自身がかれらを雇うことを

好まぬままに、かれらの怠惰を許している。このようにして、かれらのある者は悪習慣に圧倒され、また他の者はむさくるしい貧困と獣的な無秩序のままに放置されているのである」[36] と。ここに示されているペティの見解は、『政治算術』で主張された「低賃金の経済」論に通じるものであるといってよいであろう。つまり、『政治算術』では、内国消費税による低賃金が貧民労働者の労働を促すことが力説されているのに対して、ここでは、同税がかれらの怠惰を抑制する要因となることが強調されているのである[37]。

　イギリスの中世においては、政治は国王—家臣の関係が貫かれ、財政収入は主として国王が私的に所有する土地やさまざまな独自の権利や特権に基づいて獲得された。しかし、1640年代以後には、国家財政は公的なものになり、その基礎を課税に置き、国富中の一層大きな部分を占めるようになった[38]。いわゆる、シュンペーターのいう「直轄国家から租税国家への転換」(the replacement of the demesne state by the tax state) がなされたのである[39]。

　一方、経済史家ネフによれば、イギリスの17世紀は、18世紀の産業革命には及ばないまでも、著しい産業発展期に相当していた[40]。森林の牧場化あるいは耕地化、新たな工業都市の簇生、毛織物工業の農村への拡大、炭田の開発などによって、イギリスの国土の様相は著しく変化した。いまだ、家内生産が工場生産よりはるかに大きな比重を占め、したがって賃金労働者は優越的な存在とはなっていなかったが、資本による生産の支配、資本所有者たるいわゆる商人＝製造家の生産面への進出は、着々と進んでいた。そればかりではなく、家内生産のかたわらには、鉱山・製塩・金属・造船・硝子・染料・火薬・石鹸などの資本家的製造業が新たに登場し、大量の資本と賃金労働者の供給を必要としていた[41]。

　ようするに、17世紀のイギリスにおいては、「租税国家」への移行と資本主義経済の生成とが、いまだ古きものを残存させつつも、同時的に進行していたのである。こうした財政史・経済史的状況の中で、ペティは、租税関係の著作を公刊したのである。そして、それらの中で、ペティは、イギリス経済の資本主義化を一層推進することこそが、とりもなおさず、「租税国家」を実現し強固化する最も確実な、また最も根本的な方法であると考えたので

ある。それゆえ、ペティは、所要の財政収入を調達するための理想的な課税方法を探る場合にも、その課税によって資本の蓄積、したがってイギリス資本主義経済の発展が阻害されないように考慮することを忘れなかったのである[42]。すなわち、ペティの主張する租税利益説とそれに基づく内国消費税は、資産保有者の租税負担軽減と貧民労働者の労働意欲喚起を通じて、資本家的生産の要求に合致し、一層それを促進するための条件を準備するものであったのである。こうした見解は、その後、資本の蓄積に基づく国内市場の拡充を背景として、ジョン・スミス（John Smith）、アーサー・ヤング（Arthur Young）、ジョサイア・タッカー（Josiah Tucker）、ウィリアム・テンプル（William Temple）などの生成期産業資本のイデオローグたちによって、一層明確な形をとって主張されることになるのである。

第2節　租税制度改革における社会的合意の形成

　巨額の国家債務を抱え、しかもその後において長きにわたり多大の財源調達が必要な場合には、租税負担の増大に向けての抜本的な租税制度改革が求められる。17世紀のイギリスは、まさにそのような状況に置かれていた。そして、そのためにとられた措置が、新たな内国消費税の導入であった。その際、ペティは、この内国消費税を支持する論客として、同税に対する国民の理解を得ることに努力を傾けた。

　そもそも、内国消費税は、1643年3月に、内国消費税課徴法令の前文に貿易の確保、軍隊の維持、国家債務の償還のためとされながら、主として、内乱の戦費調達に充てることを目的として創設された。導入当初は、応急的で臨時的な財政手段と考えられていたが、その後に、恒久化されていった[43]。また、課税物品も奢侈品にとどまらず生活必需品にまで拡大され、漸次その負担の逆進的性格を顕在化させていった。さらには、これにとどまらず、工業製品や原材料にまで及ぶほとんど全物品を網羅するに至った[44]。このために当然、内国消費税は、一般大衆の反抗を受けねばならなかった。内国消費税に対する批判の理由には種々のものがあったが、最大の理由は、

その課税対象が広範囲で生活必需品にもかけられ、これまで絶対王政下でほとんど租税負担を負っていなかった下層一般大衆が恒久的な租税負担者に組み入れられたことである(45)。このような事態に対する政府の姿勢は、いわば二面的であった。すなわち、一方では一部の品目に対する課税撤廃を行い、また内国消費税があくまで緊急事態下の臨時税であることを強調して、批判の沈静化に努めた。しかし、他方では、より一層顕著に法的規制の強化、違反者の処罰という強硬な手段に訴え、その徴税を強行していった。すなわち、1647年2月の法令では、全国民に内国消費税納税の義務を強調し、違反者および反対行動に対する処罰の規定を設けた。また、1654年3月の法令で、違反者に対する没収、差押え、体刑など取締規定が一段と明確化された。さらに、1658年2月および6月には、政府の布告が出され、脱税者の摘発および生産用具の差押えを督励してその厳正なる実施のため、全国の治安判事に積極的な協力体制をとることが命ぜられた。このようにして、内国消費税の徴収が、一連の法的規制をたてに強行されたのである(46)。こうして、内国消費税は、強権的手法によって導入された。そのため、国民の大きな反発を招き、イギリスの各地で反内国消費税運動が展開されて、同国を混乱に陥れたのである。

　以上のような内国消費税をめぐる状況下で、ペティは、イギリスの国家財政を再建・強化するために、租税制度改革による財政収入の増加策を提示しようとしたのである。そして、それは、当時激しい非難を受けていた内国消費税を租税体系の中核に据える内容のものであった。しかし、国民がはたしてこの租税を認容するのかどうかは、はなはだ疑問であるといわざるをえなかった。こうした見解は、当時の識者に共通したものであった。その困難さを、ペティの先師であるホッブズが、いみじくも次のように指摘している。「窮乏した人々はみな、まるで私財をすり減らしたのは国の取立てのせいであるかのように、自分の怠惰と贅沢から国家の統治へと過失を転嫁するのが常である。……そして自分の貧困を国の課税のせいにする人々の苦情が最も正当なものになるのは、『私は当然支払うべき負債を支払ったために窮乏に陥っているのだ』といういい方をした場合である」(47)と。ホッブズが指摘

しているこうした当時の国民の納税意識は、ペティの租税制度改革論における思想的根底をなしている。そこで、ペティは、目下イギリス国家に求められている租税政策の方向性および内容を広く国民一般に知らしめて、租税制度改革についての社会的合意を形成する目的をもって、『租税および貢納論』、『政治算術』、『賢者一言』などを公刊するに至った。そして、ペティは、これらの著作において租税負担の増大に向けた租税制度改革論を展開するに当たり、公平な課税と国民経済発展の原動力を阻喪させないことに留意するとともに、納税者たる国民を説得することに意を注いだ。

　まず、ペティは、それまで課税を免れていた下層一般大衆をも新たに納税者に組み込むことになる内国消費税に対して、当時のイギリス国家がこの租税の負担によく耐えうる状態にあることを、客観的に論証することに努めた。ペティが用いたその方法は、17世紀「科学革命」あるいは「啓蒙主義」(Enlightenment) の所産といわれている、かれが新たに考案した「政治算術」と呼ばれる方法であった。「政治算術」とは、国家社会のあり方を、「数量と重量と尺度」によって可能なかぎり数量化して示そうとする試みである。ペティは、この方法を国家財政の面にも適用し、国民国家イギリスの租税負担能力の限界を数量的可視的に把握し提示しようとした。すなわち、ペティは、平時・戦時の際に内国消費税を中心とする租税体系によって、イギリス国家がどの程度の税収を確保することができるのか、そして公平で負担とならない徴税方法とはどのようなものであるのかを数字的に明らかにしようとした。ペティは、租税負担能力に関する統計的データの収集と分析とが、合理的な租税政策の実施に際して重要であることを、次のように主張している。「君主たるものが、自分自身必要とする以上のものを取り立てるのは、……君主のために非常に不利である」[48]と。そして、君主はそのような不都合を避けるために、「〔租税負担能力に関する〕非常に正確な知識」（〔　〕内は筆者）を得る必要がある、と。さらに、ペティは、租税政策が統計的データとその分析を踏まえて行われるべきであることを、内国消費税の導入に賛意を表しながら、一層具体的に述べている。「第1になすべきことは、この国民全体の支出総額のうち、個々人が自分のために支出するところはどれほどであるか、

次に、そのうちのどれほどが公共に必要な部分であるかを計算することである」[49]と。ようするに、ペティによれば、徴税に際しては、必要な公共経費と、その徴収によって見込まれる税収額とを十分に査定したうえで、それを行うべきであると主張するのである。

　一般的には、租税負担能力は、一国の経済力・経済規模＝国民所得に依存するといってよい。そこで、ペティは租税賦課の基礎にある国民所得の規模を具体的に算定することを試みた[50]。ペティは、この国民所得を、人々の労働の年価値と国のストックと富の年当たりの果実の合計であるとした。さらに、ペティは、国民所得を年間消費とみなす簡単な基本的前提に立って、食料・家屋・衣類や他の生活必需品を計算することで、消費総額すなわち国民所得を算出・推計したのである。こうして、ペティは、イギリス国民の消費実態から算出された国民所得の推計値4,000万ポンドに基づいて、租税負担が国民経済にとって適切かつ負担とならない水準を算出し、提示したのである[51]。こうした、ペティの数量的方法による経済・財政に関する定量分析は、当時の曖昧かつ不正確な統計資料に基づくものであったが、それでもイギリス国民に、同国の経済力＝租税負担能力を知らしめるためには有益なものであった。このことは、とりもなおさず、内国消費税の導入・固定化に向けた租税制度改革に対する国民の抵抗を一定程度和らげることに役立ったことを意味する。とりわけ、17世紀中葉以降においては、国家による租税政策決定の根拠の明示に対する国民の欲求と、そのためには政治算術的な方法に基づく数量表示が有益であるという考え方が高まる中で、納税者の合意形成にとってきわめて有効に作用した[52]。

　また、ペティは、内国消費税を推奨するに当たって、国民の間に租税一般に対する疑惑あるいは反感のあることを察知し、これを払拭することに努めた。当然のことながら、租税制度は広い意味の財政制度の一部であり、両者は密接に関連している。こそで、まず、ペティは、租税負担増大に対する批判に対しては、租税徴収額だけで是非を論断しないで、財政収支全体の中において判断を下すべきであると説く[53]。「諸々の租税は、もしそれらがただちにわが国の国産の諸物品に支出されるならば、人民全体にとってほとんど

有害なものではなく、ただ個々人の富や財産について変化を生ぜしめるのみである。とりたてていえば、それを土地を所有しながら遊んでいる人たちから、腕のある勤勉な人たちへ移すという変化を生ずるのみである」(54)と。さらに、ペティは、租税収入の使途によっては、イギリスの富を減少させるよりもむしろ増加させることがあることを強調する。「かりに、貨幣が租税の形で、それを無駄に食べたり飲んだりすることに使う人から引きあげられ、それを土地の改良・漁獲・鉱山の作業・製造業等々に用いる別人に交付されたとしよう。このような租税が、右の相異なる人たちをその成員とする国家にとって、有利であるのは明白である。のみならず、もし貨幣が、それを上述のように食べたり飲んだりすることや、またはその他の腐敗しがちな物品に使う人から引きあげられ、それを服地に振り向ける人へ譲渡されるならば、私はいう、この場合でさえ、共同の富にとって多少とも有利である。なぜならば、服地は総じて食物や飲みものほど急速には腐敗しないからである。しかしながら、もし右の貨幣が家屋の調度に使われるならば、その利益はなおいくらか大きく、それが家屋の建築に使われるならば、その利益はさらに大きい。もし土地の改良・鉱山の作業・漁獲等々に使われるならば、その利益はなおさら大きいが、金・銀を国内にもちきたすために使われるならば、その利益は最大である」(55)と。

　ようするに、ペティは、租税は、誰から徴収されて誰に支出されるかによっていろいろな判断が可能であるので、どのような人々からどの程度徴収し、どのような人々にどれほど支出するのかを考慮する必要があり、ただ租税徴収の絶対量の多寡だけで是非を判断するのは早計である、と説くのである(56)。このことを、ペティは、実例を示して強調している。「過去100年間において、オランダおよびジーランドほど、租税および公課の形で多くの支払いをした国はヨーロッパのどこにもない」(57)と。そして「同じ期間に、これらの国と比肩しうるほどその富を増加した国もまったくない」(58)と。このように、ペティは、租税負担が妥当なものであるかどうかの判断に当たっては、それを財政支出との組み合わせのうえに立って行う必要があり、租税負担増大が必ずしも有害ではないと説くのである。

さらに、ペティは、租税収入が、浪費されるのではないかという納税者の批判に対して、次のように説く。「人は、取りたてられた貨幣が宴会・壮大な外観・凱旋門等々に支出されるのではないかと思うとき、大いに不平をこぼす。それに対して私は次のように答える。すなわち、この支出は、徴集された貨幣をそのために働く職人たちに払い戻すことにほかならない。そして、これらの職業は、無駄で、ただ装飾のためばかりのものと思われるであろうが、貨幣は最も有利な者、すなわち醸造家・パン製造人・裁縫師・靴職人等々にただちに払い戻されるのである」(59) と。すなわち、ペティは、重税に対する納税者の批難に対しては、それは事業活動を阻害して人々に損害を招くものではなく、一時的に君主の栄華のために使用されることはあっても最終的には、再び人々の手に戻ってくるものである、と説くのである。さらに、租税収入が国王の寵臣に授与することに対しても、「お気に入りの者に与えられた貨幣は、その次の、あるいはまわりにまわって、われわれ自身の手か、またはわれわれがよかれと望み、しかもそれに値すると思う人たちに手に入るであろう」(60) と説くのである。以上におけるようなペティの言説は、今日のわれわれから見ると奇異なものに映るが、増税に向けた租税制度改革において、国民の批判・懸念を可能なかぎり払拭しようとする努力が、ここによく示されている。

　租税国家においては、国民は、できうるならば租税負担を回避したいと考えるのが普通である。このことは、とりたてて非難されるべきことではない。こうした国民の納税意識を前提とするならば、既存の租税体系の中に新税を導入し、租税負担の増加をともなう租税制度改革を意図する場合には、なによりも社会的合意の形成に努めなければならない。換言すれば、当該租税制度改革の合理的根拠および内容とその道筋を明らかにし、国民を説得する責務が徴税側に求められる(61)。ペティの租税政策は、まさにこうしたことを考慮した内容のものであったのである。租税政策に対するペティの基本的な姿勢は、10分の1税の性質を解明する目的について述べた、「人を説得して必要なだけの租税を静穏に負担するようにさせること」(62) という文言の中に、明確に示されている。

注

（1） 大川政三「租税―租税原則―」（高橋長太郎・林栄夫編『現代の財政理論』春秋社、1957 年、所収）、156 頁。
（2） 井手文雄『古典学派の財政論（増訂新版）』創造社、1960 年、144-145 頁。
（3） 隅田哲司『イギリス財政史研究―近代租税制度の生成―』ミネルヴァ書房、1979 年、164-165 頁。
（4） 同上書、165 頁。
（5） 15 分の 1 税と 10 分の 1 税は 1624 年に消滅し、また補助金は 1663 年をもって最終的に廃止された。同上書、167 頁。
（6） William Kennedy, *English Taxation 1640-1799: An Essay on Policy and Opinion*, London, 1913, new imp. 1964, p. 22.
（7） *Ibid.*, p. 83.
（8） Margaret James, *Social Problems and Policy during The Puritan Revolution 1640-1660*, London, 1930, p. 245.
（9） William Petty, *A Treatise of Taxes and Contributions*, London, 1662, in C. H. Hull, ed., *The Economic Writings of Sir William Petty*, Vol. I, Cambridge, 1899, p. 91. 大内兵衛・松川七郎訳『租税貢納論』岩波書店、1952 年、158 頁。訳文は、一部変更を加えた。以下、同様。
（10） *Ibid.*, p. 94. 邦訳、162 頁。
（11） ペティは、課税品目の種類によって税率を異なったものにすることをまったく考えなかったわけではない。しかし、これは、財貨の製造に対して投下された人的物的生産要素の量に着目した区別であって、生活必需品か奢侈品かの違いによる区別ではない。Cf. *Ibid.*, pp. 91-92. 邦訳、158-160 頁。
（12） 井手文雄、前掲書、146-147 頁。
（13） 同上書、148 頁。
（14） 大川政三「ペティ財政論の初期資本主義的性格」、『一橋論叢』（一橋大学）第 36 巻第 6 号、1956 年 12 月、71 頁。
（15） William Petty, *Treatise of Taxes, op. cit.*, p. 68. 邦訳、119 頁。
（16） *Ibid.*, p. 22. 邦訳、42 頁。
（17） 林達『重商主義と産業革命』学文社、1988 年、98-99 頁。
（18） D. C. Coleman, *The Economy of England 1450-1750*, Oxford, 1977, p. 103.
（19） ピーター・マサイアスは、こうした労働者観をとる者として、ジョン・ウェイランド（John Weyland）、トーマス・マンリー（Thomas Manley）、ジョン・ホートン（John Houghton）、ウィリアム・ペティ（William Petty）、

ジョサイア・チャイルド（Josiah Child）、バーナード・マンデヴィル（Bernard Mandeville）、ジョン・ロー（John Law）、デイヴィッド・ヒューム（David Hume）、ジョナス・ハンウェイ（Jonas Hanway）、ジョン・マクファーランド（John Macfarland）、ウィリアム・テンプル（William Temple）、ジョン・ポレックスフェン（John Pollexfen）、ジョシュア・ジー（Joshua Gee）、ジョン・ケアリー（John Cary）、ダニエル・デフォー（Daniel Defoe）、ウィリアム・アレン（William Allen）、ジョサイア・タッカー（Josiah Tucker）、フランシス・フォーキィー（Francis Fouquier）、ヘンリー・フィールディング（Henry Fielding）、ビショップ・バークリ（Bishop Berkeley）、ロジャー・ノース（Roger North）、などの名前を挙げている。Cf. Peter Mathias, *The Transformation of England*, London, 1979, pp. 150-151.

(20) William Petty, *Political Arithmetick*, London, 1690, in C. H. Hull, ed., *op. cit.*, Vol. I, p. 274. 大内兵衛・松川七郎訳『政治算術』岩波書店、1955年、76-77頁。訳文は、一部変更を加えた。以下、同様。

(21) Cf. *Ibid.*, p. 275. 邦訳、77-78頁。

(22) *Ibid.* 邦訳、78頁。

(23) Cf. M. T. Wermel, *The Evolution of the Classical Wage Theory*, New York, 1939, p. 11. 米田清貴・小林昇訳『古典派賃金論の発展』未来社、1958年、26頁。

(24) 渡辺源次郎「重商主義の賃銀論―賃銀・雇傭理論の諸原型について―」、『商学論集』（福島高商）第20巻第4号、1952年3月、142頁。

(25) Cf. E. S. Furniss, *The Position of the Laborer in a System of Nationalism: A Study in the Labor Theories of the Later English Mercantilists*, Boston and New York, 1920, Chap. VI.

(26) E. F. Heckscher, *Mercantilism*, Vol. II, Stockholm, 1931, trans. by M. Shapiro, London, 1935, 2nd ed., 1955, rpt. New York, 1983, p. 165.

(27) イギリス重商主義期における低賃金論には、ファーニスが「動機の混淆」（mixture of motive）と呼んでいる二つの観念が存していた。一つは、輸出製品の価格低下への直接的方策としての低賃金論で、もう一つは、労働力の陶冶（discipline）＝節倹と勤労とへの要請に基づくそれである。Cf. E. S. Furniss, *op. cit.*, p. 131.

(28) 名目賃金切下げの提唱は、すでにマンリーに見られる。Cf. Thomas Manley, *Usury at Six per cent, examined*, London, 1669, p. 22.

(29) 渡辺源次郎、前掲論文、142-143頁。

(30) 松川七郎『ウィリアム・ペティ―その政治算術＝解剖の生成に関する一研

究―(増補版)』岩波書店、1967 年、109-112 頁。

(31) William Petty, *Political Arithmtick, op. cit.*, pp. 268-269. 邦訳、67-68 頁。これに対して、ロック、ケアリー、ポレックスフェン、デフォーなどは、「低賃金の経済」論の立場から必需品課税に一定の理解を示しつつも、内国消費税の負担を一般消費者大衆にかぶせきれない場合における収益関係の悪化と、物価上昇が名目賃金を騰貴させる場合における国際競争力の低下とを恐れて、この租税に反対した。石坂昭雄「租税制度の変革」(大塚久雄・高橋幸八郎・松田智雄編『西洋経済史講座』〔IV〕、岩波書店、1960 年、所収)、188 頁。

(32) 早川鉦二「イギリス古典学派の労働者課税論の展開(上)― W・ペティと A・スミスについて―」、『外国語学部紀要』(愛知県立大学)第 2 号、1967 年 12 月、199 頁。しかし、早川鉦二は、「ペティにおいて『低賃金の経済』論者として立ち現われているのは、租税収入の確保に主眼点があるのであって、勤労意欲の喚起による剰余価値の収得にあるのではない。労働者への重課が勤労意欲の喚起にその意図をもつものとしても、ペティにおいては剰余価値の増大を図る資本家の欲求に必ずしも意識的に応えるものではない」としている(同上論文、199-200 頁)。

(33) William Petty, *Verbum Sapienti,* London, 1691, in C. H. Hull, ed., *op. cit.*, Vol. I, pp. 105-110. 大内兵衛・松川七郎訳『賢者には一言をもって足る』(同訳『租税貢納論』岩波書店、1952 年、所収)、169-180 頁。訳文は、一部変更を加えた。以下、同様。

(34) 大倉正雄『イギリス財政思想史―重商主義期の戦争・国家・経済―』日本経済評論社、2000 年、28 頁。

(35) Cf. William Petty, *Verbum Sapienti, op. cit.*, p. 110. 邦訳、179 頁。

(36) William Petty, *Verbum Sapienti, op. cit.*, p. 114. 邦訳、185-186 頁。

(37) 大倉正雄、前掲書、30 頁。しかし、わが国のイギリス財政史研究において、重商主義期における内国消費税が、主として産業資本家の肩にかかるものであったとする解釈がある。たとえば、石坂昭雄は、この解釈をとっている。石坂昭雄、前掲「租税制度の変革」、188 頁を参照せよ。また、池田嘉男は、「産業資本にあっても、消費税の惹き起こす原料高と売行き減退という二重の苦痛を蒙っており、常々その撤廃を要求していた」としている(池田嘉男「イギリス市民革命の租税構造」、『歴史』〔東北史学会〕第 28 輯、1964 年 3 月、7 頁)。

(38) Cf. M. J. Braddick, *The nerves of state: Taxation and the financing of the English state, 1558-1714,* Manchester, 1996, pp. 12-20. 酒井重喜訳『イギリスにおける租税

国家の成立』ミネルヴァ書房、2000 年、12-19 頁。
(39) Vgl. J. A. Schumpeter, *Die Krise des Steuerstaates,* Graz and Leipzig, 1918, S. 6-17. 木村元一・小谷義次訳『租税国家の危機』岩波書店、1983 年、14-28 頁。
(40) J. U. Nef, *The Rise of the British Coal Industry,* Vol. I, London, 1932, p. 165.
(41) M. H. Dobb, *Studies in the Development of Capitalism,* London, 1946, pp. 139-143. 京大近代史研究会訳『資本主義発展の研究』(I)、岩波書店、1955 年、201-206 頁。
(42) 大川政三、前掲「租税―租税原則―」、157 頁。
(43) 仙田左千夫「イギリス・ピューリタン革命期における財政収入制度」、『彦根論叢』(滋賀大学) 第 144 号、1970 年 7 月、36-39 頁。
(44) Cf. G. E. Aylmer, *Rebellion or Revolution?: England 1640-1660,* Oxford and New York, 1986, p. 53.
(45) 佐藤進『近代税制の成立過程』東京大学出版会、1965 年、13 頁。
(46) Margaret James, *op. cit.,* p. 36.
(47) Thomas Hobbes, *De Cive,* London, 1642, in Sir William Molesworth, Bart, col. and ed., *The English Works of Thomas Hobbes of Malmesbury,* Vol. II, London, 1861, p. 159. 本田裕志訳『市民論』京都大学学術出版会、2008 年、240 頁。
(48) William Petty, *Treatise of Taxes, op. cit.,* p. 53. 邦訳、94 頁。
(49) *Ibid.,* p. 91. 邦訳、157 頁。
(50) Cf. Paul Studenski, *The Income of Nations: Theory, Measurement, and Analysis: Past and Present,* New York, 1958, pp. 27-28. 藤田哲雄「重商主義期の戦争とイギリスの財政統計―近代イギリスにおける租税・財政政策と『政治算術』―」、『経済科学研究』(広島修道大学) 第 9 巻第 2 号、2006 年 2 月、138 頁。
(51) Cf. William Petty, *Verbum Sapienti, op. cit.,* p. 5. 邦訳、172-176 頁。
(52) John Brewer, *The Sinews of Power: War, money, and the English State 1688-1783,* London, 1989, p. 223. 大久保桂子訳『財政=軍事国家の衝撃―戦争・カネ・イギリス国家 1688-1783―』名古屋大学出版会、2003 年、230 頁。そもそも、「政治算術」は、財政運営の担当者に対する政策提言の術の性格を有していた。また同時に、「政治算術」の出現は、税務行政の領域で中央集権的官僚制の色濃いイギリス国家が経済・財政運営の現場で政治算術の理論・知識を利用し、国家財政自体を操作可能であるとみなす思考様式の出現を意味するものでもあった。
(53) 大矢圭一『イギリス財政思想史』ミネルヴァ書房、1968 年、10 頁。
(54) William Petty, *Treatise of Taxes, op. cit.,* pp. 36-37. 邦訳、66-67 頁。

(55) William Petty, *Political Arithmetick, op. cit.,* pp. 269-270. 邦訳、67-68 頁。
(56) 大矢圭一、前掲書、11 頁。
(57) William Petty, *Political Arithmetick, op. cit.,* p. 271. 邦訳、71 頁。
(58) *Ibid.* 同上。
(59) William Petty, *Treatise of Taxes, op. cit.,* p. 33. 邦訳、60-61 頁。
(60) *Ibid.* 同上。
(61) 小西砂千夫『日本の税制改革―最適課税論によるアプローチ―』有斐閣、1997 年、3 頁。
(62) William Petty, *Treatise of Taxes, op. cit.,* p. 80. 邦訳、139 頁。

終　章
ペティ租税論の歴史的意義

　ペティの生涯は、「経済学の建設者」と称されているアダム・スミスのちょうど1世紀前に展開された。17世紀のイギリスは対外的戦争の連続であった。重商主義時代の政策史を史実に即して検証したレオナルド・ゴメス (Leonard Gomes) によれば、「戦争状態は、ヨーロッパの列強諸国——イギリス・スペイン・オランダ・フランス——の間では、ほとんど日常的関係であった。つまり、かれらはその時代のほとんどを地勢的・王室的な戦いに従事していた。……1600年から1667年にかけては、わずか1年だけが平和であった」[1]にすぎなかったのである。こうして、ペティの生きた半世紀は、イギリスが外に連続的な戦争をともなう血みどろの貿易競争を勝ち抜きながら、内に内乱・共和政治・王政復古・専制という激動を通じて、世界史上いち早く絶対王政の支配を脱し、資本主義経済を確立させつつ産業革命へと進む基礎を築いた時期であった。

　ペティは、多方面の才能に恵まれた人であり、また稀に見る行政的手腕の人であったけれども、かれが後世にまでその名をとどめることになったのは、いうまでもなく財政経済の領域における著述家としてである。このことは、多くの経済学説史家が、その学史の第1頁をペティに与えている事実によって明らかである。

　ペティが著述家として活躍した王政復古の時代には、窮迫状態に陥っていた国家財政の再建が、最大かつ緊急の経済問題となっていた。そこで、社会や経済に関する現実的な問題を深く洞察できる才能に恵まれていたペティは、この焦眉の財政再建問題にひと一倍強い関心を寄せ、その解決に向けて精力的に取り組んだ。その場合に、ペティは、ただ単に国庫収支の破綻の回避、あるいは収支のつじつまを合わせようとしたのではなかった。ペティの時代における国家財政の破綻の直接的な要因は、あいつぐ対外的戦争の結果とし

て増加の一途をたどった戦費の調達と、平時における戦債の処理とであった。しかし、根本的要因は、王領地収入、封建的な土地保有関係に基づく諸収入および国王の特権とされていた関税収入を基軸とする中世以来の伝統的な財政収入体系が、一連の動乱の過程で全面的に崩壊していたにもかかわらず、それに代わるべき近代的な国家収入体系も、またそのための新たな指導原理もいまだ不十分のままであったことによるものであった。このことを、ペティは、よく認識しており、新たな指導原理のうえに新たな租税体系が確立されなければならないことを、痛切に自覚していたのである(2)。そこで、ペティは、まず国家財政の内的構造に目を向ける。その第1をなすものは、経費論であって、公共経費の各項目の列挙とその妥当性の検討を通じて、公共経費増大の諸原因を挙げ、その対応策を論じている。第2は収入論であって、租税が主として貨幣をもって国民より徴収されるものであり、国民は国家から与えられる便益の代償として貢納すべきものであるとし、徴税に際しての一般的原理を提示する。そして、租税負担の公平を、また国民経済的作用を考慮することが重要であると考え、こうした観点より現行の各種租税を検討することにおいて最も適切な課税方式を見出そうとする(3)。

　ペティは、租税問題について検討するに当たり、その方法的基礎として、「政治算術」＝数量的方法を適用した。「政治算術」とは、客観的、具体的表現をとって表われるような社会経済的現象の知識に基づいて議論を進めようとする、経験主義的、統計的方法であった。このような社会、経済に対する客観的知識は、政府が適切な租税政策を実行するうえにおいて、必要不可欠のものである。一般に、当時の徴税当局が租税の新しい物的基礎を認識することなく、従前の制度や慣習に拘泥していたことを考えると、ペティの「政治算術」は、非常に進歩的意義をもっていたものといわなければならない。数量的可視的把握方法である「政治算術」は、政府の租税政策の実行に際して、経済社会に関する客観的な知識を与える役割をもっていたのである。すなわち、「政治算術」は、人々の党派的な感情や個人的意見によって左右されないような正確な客観的知識のうえに租税政策を置こうとする意図をもっていたのである(4)。そして、それは、とりもなおさず、税務行政の領域で中

央集権的官僚制の色彩が濃厚であったイギリス国家が、租税政策あるいは広く財政運営の場で「政治算術」の知識を活用し、国家財政自体を操作可能であるとみなす思考様式への道を切り拓くものであったのである。名誉革命以後においては、ペティによって基礎が築かれたこの「政治算術」に触発されて、租税国家の出現と徴税機構の整備とによりつつ、租税関係のデータの収集・蓄積が図られて、租税政策への応用が進められていった[5]。

　ペティは、租税国家の成立を切望し、当時批難の的となっていた恒久財源としての内国消費税を中核とした租税体系を確立することによって財政再建を図り、また強固な財政基盤を築き、ひいては世界経済の主導権をめぐる抗争に勝利を収めようとした。ペティにとって、内国消費税は、負担の公平、税収確保、イギリス資本主義の形成の促進に適うものであり、当時のイギリスの諸状況を考慮した場合に、最良の租税であると考えられたのである[6]。しかし、ペティの内国消費税を中心とした租税制度改革構想は、ただちに王政復古政府によって採用されるには至らなかった。ペティの内国消費税論が租税政策面で影響力をもちえなかったのは、主として次のような理由が考えられる。すなわち、第1に、ペティの立場が単純明快ではなく、またかれ独特の言いまわしが議論の難解性を高めた。第2に、ペティは、イギリスにおける必需品課税への伝統的な反感を分配論への展開に利用しようとせず、また貧困者を免税することにはためらいがあったので、普通の論法によって免税論を受け入れることができなかった。第3に、ペティの租税に関する所論は、学問的にはある程度完成されたものであったが、補完的租税体系の一部としての内国消費税をも認めるに至ったので、実践的な響きは弱くなってしまった[7]。

　しかしながら、ペティの内国消費税論は、1688年の名誉革命以降に行われた近代的かつ本格的な租税政策には少なからぬ影響を与えた。名誉革命以降には、イギリスは、九年戦争（1689-1697年）、スペイン継承戦争（1701-1713年）、オーストリア継承戦争（1740-1748年）、七年戦争（1756-1763年）、アメリカ独立戦争（1776-1783年）、などを経験した。こうした重商主義戦争のための戦費調達に際し、当時のイギリス政府は、財政史家のパトリック・オブラ

イエン (Patrick K. O'Brien) の言葉を借りるならば、「公債発行によって賄うのか、あるいは租税の賦課によって賄うのか、そのどちらであるのか」[8] という、基本的な選択に直面した。しかし、ペティが主張したような戦費を租税収入に求めるという租税政策は、採用されなかった。その理由は、当時におけるイギリスの租税の歳入調達力にあった。すなわち、この時代の大半を通じて、イギリスは、覇権を握るヨーロッパの国家として台頭しつつはあったが、弾力的ないし信頼に足るような租税制度をもっていなかった[9]。そのため、ピーター・ディクソン (Peter M. Dickson) が指摘しているように、名誉革命以降のイギリス政府は、戦争に際して戦費財源を租税ではなく公債に大きく依存せざるをえなかった。そして、平時には、租税増徴によって公債の処理を行ったのである[10]。そのため、1680年代以降には、財政収入に占める租税収入の比率が着実に増大し、90％を超えるまでになった[11]。その意味では、ペティの期待どおり、イギリスに租税国家が成立したのである。それにともなって、税収の構成にも変化が生じ、直接税の割合は、1690年代には約45％であったが、1790年代には約20％に低下した。関税もまた、重要性を失い、約20％台で推移した。これに対して、内国消費税は、1690年に約30％であったが、1780年代には55％ほどに増加した[12]。こうして、1799年にピットが所得税を導入するまでは、内国消費税が一貫して税収の中心を占め、この時期におけるイギリス財政政策のまさに基礎を形成したのである。しかし、それは、ペティの見解とは逆の意味で公債発行を支える役割を担うことにおいてであった。ともあれ、内国消費税は、あいつぐ対外的戦争の生起による財政の困窮とともに、この時期におけるイギリスの租税体系の最重要な構成要素の一つをなすに至ったのである。

　次に、租税学説史上におけるペティの租税論の位置づけについてであるが、これについては、以下の三つの見解が示されている。すなわち、第1にペティをカメラリストとするもの[13]、第2にペティをマーカンティリストとするもの[14]、第3にペティをアダム・スミスの先駆者＝生成期産業資本のイデオローグとするもの[15]、がそれである。まず、ペティをカメラリストとする見解には賛同することができない。16世紀から18世紀のドイツにお

けるカメラリストの租税論の本質は、王領地にも等しい狭隘な領邦を対象とし、王室の国庫収支を中心とした税務行政や租税制度に直接関係のある官僚を主体とした租税技術論であった[16]。たしかに、ペティも、カメラリストと同様に国庫の収支を重視している。また、カメラリストの著作には、ペティの「政治算術」的な知識が含まれている。しかも、カメラリストも、後期になると、国民経済的視野の中で租税を論じようとする端緒を見せている。しかし、カメラリストの目的は、あくまでも君主の富の増大＝国庫的立場であり、経済問題は租税問題との関連において問題とされるにすぎなかった[17]。これに対して、ペティにおいては市民社会の富＝国民経済的立場であり、それと直接つらなるものは市場経済であり、租税は市場経済との相互関連性において問題とされたのである。さらには、ペティが対象としているイギリス国家は、カメラリストが取り扱う小国家ではなく、すでに広く国際市場との関連を保っている近代的な租税国家である。したがって、ペティは、狭隘な国庫の外に広大な経済社会が存在し、そこには国庫から一応独立であるところの自然的な経済法則が支配している事実を認めている。また、政治算術的方法についても、単なる統計的知識の集積であることを超えて、しばしばその中に経済学の理論を見出すことができる。これらのことは、ペティがカメラリストと大きく異なる点である[18]。

　次に、ペティをマーカンティリストであるとする見解についても、これをそのまま容認することはできない。概して、ペティをマーカンティリストとして評価する立場は、かれが金・銀などの豊富を貿易の終局的成果と見て、この金・銀などをもたらすものとしての外国貿易を重視しているという点を強調する。すでに述べたように、ペティの租税論の基底には、当時のイギリスの国富増進という、実践的な目的が存していた。その場合に、ペティは、まず金・銀・宝石こそが富の形態として最も理想的なものであると考えていたことは否めない。しかし、ペティは、これらだけが唯一の富であると考えていたのではなく、他の一般財貨をも同時に富の実体であると解していたのである。しかも、ペティは、国富を国王個人の富としてではなく、むしろ市民社会の富として把えていた。これらのことは、ペティが、富の観念におい

て、重商主義的観念をほぼ脱却していたことを示すものであるといってよいであろう[19]。

また、ペティは、財政収入論において、封建的な王領地収入や特権収入および公債収入などの税外収入には多くを期待せず、むしろ消極的・否定的な見解を示し、近代的な租税国家を構想している。これは、ペティが、自由主義をもって国家諸政策の基調とすべきであると考えていたことに基づくものと思われる。自由主義の見地に立てば、国家による財産や資本による経済活動は望ましくないのであって、ここに、官業収入、官有財産収入を否定することとなる。また、同じく自由主義の立場からいえば、国家の職務をできるかぎり制限し、したがって公共経費をできるかぎり節減すべきであり、このためには、公債依存を認めることは危険であり、租税のみをもって一切の公共経費を支弁する方針を確立しなければならないことになる[20]。

さらに、ペティは、租税をその負担関係を中心に論述しているが、生成期資本主義時代における国民経済循環の姿を意識して、租税が、ある場合には国富の損失となり、ある場合には国富の増加に寄与すると述べて、国民経済循環過程における租税の再分配的作用を認識していた。換言すれば、ペティは、租税が国富の増大、すなわち国民経済の発展に、いかなる因果関係をもつかという国民経済理論を、素朴な表現ではあるがすでに考えていたのである[21]。このこともまた、ペティが、完全にとまではいえないにしても、重商主義的思想を脱却し、アダム・スミスの租税論に対する先駆者であることを示すものであるといってよいであろう[22]。

イギリスにおいて、18世紀後半に至って産業資本主義が成立し、その産業資本主義下の経済社会は自由主義経済社会である。この時代においては、王室家計と国家財政とが明確に分離し、生産力は市場経済の自立的再生産の下においてはじめて最大となりえた。また、国家が自ら財産、資本を所有して財政収入を得ることは拒否され、国家は無産国家であるべきであるとされた。ようするに、この時代の国家は、財政収入の獲得は租税手段によるほかはなく、租税国家としての実質を完全に具備するに至った[23]。こうした時代の租税論の代表的なものが、アダム・スミスのそれである。

アダム・スミスの租税論は、生産力の理論としての『諸国民の富』の一構成要素として、その第5編においてきわめて詳細に展開されている。すなわち、まず、アダム・スミスは、財政収入について、国庫主義と自由主義の見地より、官業収入、官有財産収入を、また国富増進の観点から公債を否定し、公共経費は租税収入によって支弁されるべきことを説いている。租税についての論述については、アダム・スミスは、はじめに、租税の一般原理である、租税原則論、租税根拠論および租税負担配分論を展開している。ついで、複雑多様な租税を収入または税源に基づいて四つの体系に整理し、租税原則論と租税転嫁論を基準として、それぞれについてその特質・長短に言及している[24]。こうした租税の検討についてのプロセスは、ペティのそれを思い起こさせる。アダム・スミスも、ペティと同様に、大いに内国消費税について論じているが、そこにはペティのような単税論的な主張は見られない。また、ペティが念頭に置いていた生活必需品に対しては反対している。しかし、アダム・スミスが生活必需品に対する内国消費税に反対したのは、労働力を保全し、富の生産の増大を図らんとする窮極的意図より出たものと解される。このように、生産力との関連において内国消費税を検討したことについては、アダム・スミスはペティと一致するのである[25]。

ようするに、ペティとアダム・スミスとの間には、税外収入論については、ほとんどその見解を同じくしている。租税論については、ペティの租税論は、その理論と実際との両面にわたって、構造的にも体系的にも未熟なものといわざるをえない。それは、ペティが、経済理論において幾多の独創的見解を表明しながら、いまだ一連の理論体系を形成しうるに至らず、したがってまた租税論においても、理論的基礎づけにまで到達しえなかったからである。これに対して、アダム・スミスの租税論は、その理論と構造とにおいて整然たる体系を備えており、ペティのそれをはるかに超えている。しかし、ペティの租税論が、なお未熟でありながらも、すでにアダム・スミスのそれの原型的意義をもっていることは評価してよいであろう[26]。

アダム・スミスの租税論を登場させた社会経済的基盤は、産業資本主義の確立・発展であった。しかし、いうまでもなく、このような社会経済的基盤

は、突如として18世紀後半に至って成立したものではない。経済学説史家のロールが指摘しているように、その萌芽はすでに17世紀において見ることができる[27]。そして、このような産業社会の発展とともに、租税論もまた発達を遂げることになった。その代表的なものが、ペティが、『租税および貢納論』をはじめとする一連の著作の中で展開した租税論であったのである。それは、ペティが、当時における産業資本主義の胎動をいち早く感知していたことによるものであった。ペティの時代は、表面的には重商主義の盛時であったが、他方においては産業資本主義の準備が着々と進められていたのであった。こうした歴史的動向を敏感に察知し、それを反映したペティの租税論は、1世紀後に展開されたアダム・スミスの産業資本主義下における自由主義的租税論を先取りし、その先駆となりえたのである[28]。そして、それは、封建的ないし重商主義的経済体制を打破してその桎梏に閉じ込められていた生産力の発展を図るべく、新しい経済体制の確立を準備するものであったのである。古い体制における国家は、商業資本と結び付いて、いわゆる本源的蓄積の槓杆となっていたが、ペティは、このような国家を否定し、新しい社会経済体制＝産業資本主義的自由経済社会に即応する国家のあり方を、租税制度改革を通して指示しようとしたのである。再言するならば、ペティは、その著作『租税および貢納論』や『賢者一言』などによって、重商主義の解体時期を早め、アダム・スミスの租税論への端緒を開いたのである。この点にこそ、ペティの展開した租税論の最も重要な特徴と、租税学説史上におけるかれの特殊な役割とがあるのである[29]。

　なお、ペティの租税論を、今日のそれを念頭に置いて見てみると、すでに述べたように、その方法的基礎として、かれが「政治算術」と呼んだ数量的方法を用い、客観的な知識に基づいて論じている点に、大きな特徴をもっている。このことは、租税問題に対する理論的考察を促すものであって、その後の租税論における科学的方法の発展史上きわめて重要な意義をもつものであった。近代租税論に対するペティの貢献が、いかに大きなものであったのかが、この点において最もよく示されている。

　また、一般に、租税論の本来的な問題領域とされるのは、次のようなもの

である。すなわち、①租税とは何であるのか、②租税はなんのために徴収されるのか、③租税はいかなる根拠に基づいて徴収されるのか、④租税は何に対して課せられるのか、⑤租税は誰によって負担されるのか、⑥公平な租税とはどのようなものであるのか、⑦租税はどのような経済的作用をもたらすのか、⑧租税制度をどのように組み立てるのか。系統だてられてはいないが、ペティは、租税の根拠の問題を除いて、その他の問題領域についてはすべて論じている。この意味で、ペティの展開した租税論は、今日におけるそれと同様に包括的な内容をもつものであったといってよいであろう。

こうして、近代性に根ざした体系的・包括的なペティの租税論は、現代の租税論の水準より顧みても、多くの示唆に富んだ内容を包蔵するものであり、今日においてもなお高く評価されるものであるといってよいであろう。ハルの次のような言葉、「いやしくも、公共の収支に関する問題となれば、ペティの学説は十分に考え抜かれていて、明晰であり、首尾一貫している。かのコンベンション議会の成就した財政制度の改革については、多くの議論も出たが、かれの『租税および貢納論』に比すべきものはなかった。そしてこのペティの傑作は、ヒューム以前のイギリス経済学の文献中において、示唆に富む点においても、分析力においても、雄大さにおいても、迫力においても、他のいかなる書物もおよばなかった、といってもほめすぎではない。その後において、いろいろの思想が発展したが、その胚種はほとんど本書にある」[30] が、このことをよく表わしている。

いまさらいうまでもなく、租税は、きわめて歴史的な概念であり、資本主義社会の発生とともに生成し、その変貌とともに変化してきた。現代の各国における租税は、それぞれの国における資本主義経済の発展の程度とその個性的な有様とを反映して、それぞれに特徴的な制度と構造をもっている。しかし、それはまた同時に、今後における資本主義社会の変化にともなって、租税体系と各種租税の仕組みを適宜変更させていかなければならないことを意味している。その場合に必要とされるのは、直面している租税問題に対する深い洞察に基づいた的確な判断である。17世紀のイギリスにあって、国内外ともに大きな変革期・転換期の中で展開されたペティの租税論は、まさ

に、そのようなものであったのである。すなわち、ペティは、イギリスの現状の客観的把握から租税問題の吟味へと至り、租税の国民経済に及ぼす影響の重要性を認識し、国民の担税力および客観的な課税標準の明確化、租税負担の公平、租税の経済的作用、徴税方法の改革などの論点を通して、税収の増大と安定を図ろうとしたのである。ペティの租税論は、当時のイギリスが置かれていた諸状況と動向とを的確に理解し、それに適合させつつ租税の新たな発展方向を示すものであったのである[31]。換言すれば、ペティの租税論は、与えられた歴史的租税環境を見直し、新たなるものへと前進させていく非凡なものを内蔵していたのである。

注

（1）Leonard Gomes, *Foreign Trade and the National Economy: Mercantilist and Classical Prespectives,* New York, 1987, p. 12.
（2）田添京二『欧州経済学史の群像』白桃書房、1995年、21頁。
（3）喜多登「ペティの財政理論について」、『政経論叢』（明治大学）第27巻第6号、1959年3月、135-136頁。
（4）島恭彦『近代租税思想史』有斐閣、1938年、166-167頁。
（5）藤田哲雄「重商主義期の戦争とイギリスの財政統計―近代イギリスにおける租税・財政政策と『政治算術』―」、『経済科学研究』（広島修道大学）第9巻第2号、2006年2月、138頁。
（6）大倉正雄『イギリス財政思想史―重商主義期の戦争・国家・経済―』日本経済評論社、2000年、4-5頁。
（7）宮本憲一・鶴田廣巳編『所得税の理論と思想』税務経理協会、2001年、26頁。
（8）Patrick K. O'Brien, "The political economy of British taxation 1660–1815", *Economic History Review,* 2nd ser., Vol. 41, No. 1, 1988, p. 2. 玉木俊明訳『イギリス税制のポリティカル・エコノミー 1660～1815年』（秋田茂・玉木俊明訳『帝国主義と工業化1415～1974』ミネルヴァ書房、2000年、所収）、167頁。
（9）*Ibid.* 邦訳、166頁。
（10）Cf. P. G. M. Dickson, *The Financial Revolution in England: A Study in the Development of Public Credit 1688-1756,* New York, 1967, pp. 216-248.
（11）Cf. M. J. Braddick, *The nerves of state: Taxation and financing of the English state 1558-1714,* Manchester, 1996, pp. 6-10. 酒井重喜訳『イギリスにおける租税

国家の成立』ミネルヴァ書房、2000 年、7-11 頁。
(12) Cf. Patrick K. O'Brien, *ibid.,* p. 9. 邦訳、179 頁。
(13) フィッツモーリスは、ペティをカメラリストであると位置づけて、「ホッブズが理論に描いたところを、ペティは実際に適用しようとした。……租税制度の全面的改革を通して国家富源を積極的に開発することにより、さらに国家活動が教育や海軍および商業知識を含めた多くのいまだなおざりにされている諸方面に拡大されることによって与えることのできる利益を取り扱っている」といっている（Edmond Fitzmaurice, *The Life of Sir William Petty 1623-1687,* London, 1895, rpt. 1997, p. 188)。また、相澤秀一も、フィッツモーリスと同様の立場に立って、「カメラリズムはそのイデオロギーとしては、多分に政策的意味を有ち理論体系と言はんよりはむしろ一つの財政行政的な技術であつた。17 世紀の英国に於ける政治的問題は、国家即ち国王の収入に関する問題であつた。いかにして収入ある公平な課税がなされうるかの財政問題であつた。こうした問題解決の献策が 1662 年、ペティによつてなされた。茲にかれがカメラリスト的性格を多分に含んでゐる根拠がある」としている（相澤秀一「ウィリアム・ペティーの経済説」、『経済論叢』（京都大学）第 40 巻第 3 号、1935 年 3 月、131 頁)。
(14) ロールは、ペティをカメラリストと位置づけることに対して「大変な誤解にもとづくものであり、経済思想史上におけるペティの正しい位置づけによって、はっきりと拒否されなければならない」といっている（Eric Roll, *A History of Economic Thought,* London, 1938, 2nd ed., 1945, p. 102. 隅谷三喜男訳『経済学史』（上）、有斐閣、1954 年、122 頁)。この見解をとる者には、ヘネー、白杉庄一郎、島恭彦、などがいる。白杉庄一郎によれば、ペティは、「一面において重商主義に対し相当批判的な思想を抱懐してはゐたが、しかも他面なほ重商主義的思想をのこしてをり、それを完全に脱却してゐないばかりではなく、かえってそれを純化徹底してゐるとみられるべき傾向を示してさえいる」といっている（白杉庄一郎「ペッティの『租税論』」、『経済論叢』（京都大学）第 56 巻第 6 号、1943 年 6 月、73 頁)。
(15) この見解をとる者には、マルクス、エンゲルス、イングラム、ルイジ・コッサ（Luigi Cossa)、ロッシャー、ルーヨ・ブレンターノ（Lujo Brentano)、ベヴァン、ロール、井手文雄、大川政三、宮本憲一、大内兵衛、などがいる。
(16) 池田浩太郎・大川政三『近世財政思想の生成―重商主義と官房学―』千倉書房、1982 年、29-30 頁。
(17) 井手文雄『古典学派の財政論（増訂新版）』創造社、1960 年、156-157 頁。

(18) 島恭彦、前掲書、24、168頁。
(19) 井手文雄、前掲書、154-155頁。
(20) 同上書、158頁。
(21) 岡野鑑記「ウィリアム・ペティの財政本質論」、『商経法論叢』（神奈川大学）第10巻第3号、1959年11月、73-74頁。
(22) ジョンソンは、その著『アダム・スミスの先駆者』の中で、ペティの著作について次のように述べている。「かれの著作の多くは、単なる下書的記録であったので、それらは編成、連続性、完全さを欠いていた」と（E. A. J. Johson, *Predecessors of Adam Smith: The Growth of British Economic Thought,* London, 1937, rpt. New York, 1965, p. 96）。また、「ペティの論策は、統一と包括性とを欠いている。特殊な経済問題に応じて書かれたので、かれの諸論策はまったく体系的研究の体裁を整えていないのである。それらは、単に当時の問題に関するかれの意見であった」と（*Ibid.,* p. 97）。ジョンソンの指摘するように、ペティの著作は、それ自体として統一性と包括性を欠いている。このことは、多くのペティ研究者によって指摘されているように、ペティの所論には、重商主義を超えた見解や批判的な見解と重商主義的な見解とが混在している。
(23) 井手文雄『新稿　近代財政学（第3改訂版）』税務経理協会、1976年、72-73頁。
(24) Cf. Adam Smith, *An Inquiry into the Nature and Causes of the Wealth of Nations,* London, 1776, ed. by Edwin Cannan, Vol. II, London, 1904, 2nd ed., 1920, Book. V, Chap. II, III. 大内兵衛・松川七郎訳『諸国民の富』（II）、岩波書店、1969年、第5編第2・3章。
(25) 井手文雄、前掲『古典学派の財政論（増訂新版）』、150頁。
(26) 岡野鑑記「ペティとスミスの財政論」、『商経法論叢』第11巻第2号、1960年8月、46頁。
(27) ロールは、17世紀のイギリス経済について「こんな風にして、国家干渉の後退は、独占の消滅、競争の増大と手に手を取って進行していった。こうした二つの傾向を共に生み出し、またそれによって一段と強化された根源は、工業生産の成長であった。産業革命として知られている諸変革が余りにも壮観であったがゆえに、かえってそれに劣らぬ重要性をもった17世紀と18世紀初めの産業上の進歩がおおいかくされていたのであった。たとえ産業革命に比して、発展の足どりは遅く、また範囲も限られていたとはいえ、それは質的には、より重要であったのである」と述べている（Eric Roll, *ibid.,* p. 103. 邦訳〔上〕、122頁）。

(28) 井手文雄、前掲『古典学派の財政論（増訂新版）』、158 頁。しかしながら、ペティとアダム・スミスとの租税論における先駆者的相関関係を明確に把握することは、けっして容易なことではない。しかし、アダム・スミスがペティの著作を熟読したであろうことは、『諸国民の富』の第 1 編第 2 章の中にペティの『賢者一言』よりの引用が、また第 8 章の中に『政治算術』からの引用があることによって推察することができる。

(29) 大内兵衛も、同様の立場で、「ようするに、マーカンティリズムというのは封建時代から資本主義時代へうつる相当長期間のいろいろの国の政策であり政策思想である。それは、資本主義がそのうちから生まれてきた星雲のようなものであった。イギリスのマーカンティリズムはそういう星雲としても典型的なものであったが、その典型的なマーカンティリズムのうちで一番早く資本主義的な形を整えかけてきたのが、ペティの経済学であり財政政策であった。彼の『租税論』は、そのペティの雄大な学説の最初の提題であり、その解答であった。それは、マーカンティリズムではないとはいえぬが、本質的に資本主義的な志向をもち、その思想的胚種を有していた」としている（大内兵衛「ウィリアム・ペティ『租税及び貢納論』の学説史的意義」〔東京大学経済学会編『古典学派の生成と展開』有斐閣、1952 年、所収〕、76 頁）。

(30) C. H. Hull, ed., *The Economic Writings of Sir William Petty*, Vol. I, Cambridge, 1889, p. lxx.

(31) 大川政三・小林威編『財政学を築いた人々―資本主義の歩みと財政・租税思想―』ぎょうせい、1983 年、「はじめに」を参照。

参 考 文 献

1　外国語文献

Aman, F. and Aspromourgos, T., "Petty contra Hobbes: A Previously Untranslated Manuscript", *Journal of the History of Ideas*, Vol. 46, No. 1, 1985.

Ashley, M. P., *Financial and Commercial Policy under the Cromwellian Protectorate*, London, 1934, new imp. 1972.

――, *England on the 17th Century 1603-1714*, Harmondsworth, 1954, 3rd ed., 1970.

Ashley, W. J., *The Economic Organisation of England: An Outline History*, London, 1914. 徳増栄太郎訳『英国経済組織の史的考察（改訂増補）』森山書店、1939 年。

Ashton, R., "Revenue Farming under the Early Stuart", *Economic History Review*, Vol. 3, No. 3, 1956.

Ashwoth, W. J., *Customs and Excise: Trade, Production, and Consumption in England 1640-1845*, Oxford, 2003.

Aspromourgos, T., "Political Economy and the Social Division of Labour: The Economics of Sir William Petty", *Scottish Journal of Political Economy*, Vol. 33, No. 1, 1986.

――, "The Life of William Petty in relation to His Economics: A Tercentenary Interpretation", *History of Political Economy*, Vol. 20, No. 3, 1988.

――, On the Origins of Classical Economics: Distribution and Value from William Petty to Adam Smith, London and New York, 1996.

――, "An Early Attempt at some Mathematical Economics: William Petty's 1687 algebra letter, together with a previously undisclosed Fragment", *Journal of the History of Economic Thought*, Vol. 21, No. 4, 1999.

――, "New Light on the Economics of William Petty (1623-1687): Some Findings from Previously Undisclosed Manuscripts", *Contributions to Political Economy*, Vol. 19, No. 1, 2000.

――, "The Mind of the Oeconomist: An Overview of the Petty Papers' Archive", *History of Economic Ideas*, Vol. 9, No. 1, 2001.

――, "The Invention of the Concept of Social Surplus: Petty in the Hartlib Circle", *European Journal of the History of Economic Thought*, Vol. 12, No. 1, 2005.

Aubrey, J., *Aubrey's Brief Lives,* ed. by O. L. Dick, London, 1950, 3rd ed., 1958.

Aylmer, G. E., *Rebellion or Revolution?: England 1640-1660,* Oxford and New York, 1986.

Bacon, F., *Advancement of Learning,* London, 1605, in James Spedding, Robert Leslie Ellis and Douglas Denon Heath, eds., *The Works of Francis Bacon,* Vol. III, London, 1858, rpt. Stuttgart, 1963. 服部英次郎・多田英次訳『学問の進歩』岩波書店、1974 年。

――, *Novum Organum,* London, 1620, in James Spedding, Robert Leslie Ellis and Douglas Denon Heath, eds., *op. cit.,* Vol. I. 桂寿一訳『ノヴム・オルガヌム』岩波書店、1978 年。

――, *The Essays or Counsels, Civil and Moral,* London, 1625, in James Spedding, Robert Leslie Ellis and Douglas Denon Heath, eds., *op. cit.,* Vol. IV. 渡辺義雄訳『ベーコン随想集』岩波書店、1983 年。

Bauer, S., "Political Arithmetic", in H. Higgs, ed. *Palgrave's Dictionary of Political Economy,* Vol. I, London, new ed., 1925.

Beer, M., *Early British Economics from the XIIIth to the Middle of the XVIIIth Century,* London, 1938, rpt. New York, 1967.

Bevan, W. L., "Sir William Petty: A Study in English Economic Literature", *Publications of the American Economic Association,* Vol. 9, No. 4, 1894.

Blackstone, W., *Commentaries on the Laws of England,* Vol. II, Oxford, 1768, 8th ed., New York, 1978.

Blaug, M., "Economic Theory and Economic History in Great Britain 1650–1776", *Past and Present,* No. 28, 1964.

Bonar, J., *Philosophy and Political Economy in some of their Historical Relations,* London, 1893, 2nd ed., 1909. 東晋太郎訳『経済哲学史』大鐙閣、1921 年。

Bonney, R., *The Rise of the Fiscal State in Europe 1200-1815,* Oxford, 1999.

Bowley, M. E. A., *Studies in the History of Economic Theory Before 1870,* London, 1973.

Brace, L., *The Idea of Property in Seventeenth-Century England,* Manchester, 1998.

Braddick, M. J., *Parliamentary Taxation in Seventeenth-Century England: Local Administration and Response,* Woodbridge, 1994.

――, *The nerves of state: Taxation and financing of the English state, 1558-1714,* Manchester, 1996. 酒井重喜訳『イギリスにおける租税国家の成立』ミネルヴァ書房、2000 年。

Brewer, A., "Petty and Cantillon", *History of Political Economy,* Vol. 24, No. 3, 1992.

Brewer, J., *The Sinews of Power: War, money, and the English state 1688-1783,* London, 1989. 大久保桂子訳『財政＝軍事国家の衝撃―戦争・カネ・イギリス国家 1688－1783―』名古屋大学出版会、2003 年。

Buck, P. W., *The Politics of Mercantilism,* New York, 1942, rpt. 1964.

Butterfield, H., *The Origins of Modern Science 1300-1800,* London, 1949, new ed., 1957. 渡辺正雄訳『近代科学の誕生』講談社、1978 年。

Chalk, A. F., "Natural Law and the Rise of Economic Individualism in England", *Journal of Political Economy,* Vol. 59, No. 4, 1951.

Chandaman, C. D., *The English Public Revenue 1660-1688,* Oxford, 1975.

Clark, G. N., *Science and Social Welfare in the Age of Newton,* Oxford, 1937, rpt. 1949.

――, *The Wealth of England, from 1496 to 1760,* Oxford, 1946. 大淵彰三監訳、亀山潔・岩田文夫訳『イギリスの富―イギリス経済史 1496-1760―』学文社、1970 年。

Coleman, D. C. ed., *Revisions in Mercantilism,* London, 1969.

――, *Industry in Tudor and Stuart England,* London and Basingstoke, 1975.

――, *The Economy of England 1450-1750,* Oxford, 1977.

――, "Mercantilism revisited", *Historical Journal,* Vol. 23, No. 4, 1980.

Court, W. H. B., *The Rise of the Midland Industories 1600-1838,* Cambridge, 1938.

Creedy, J., "On the King-Davenant 'Law' of Demand", *Scottish Journal of Political Economy,* Vol. 33, No. 3, 1986.

Cunningham, W., *The Progress of Capitalism in England,* Cambridge, 1916. 塚谷晃弘訳『イギリス資本主義発達史』邦光書房、1963 年。

Dale. P. G., *Sir W. P. of Romsey,* Romsey, 1987.

D'avenant, C., *An Essay upon Ways and Means of Supplying the War, London, 1695,* in Sir Charles Whitworth, col. and rev., *The Political and Commercial Works of that Celebrated Writer Charles D'avenant, LL. D.,* Vol. I, London, 1771, rpt. Farnborough, 1967.

――, *An Essay on the East-India Trade,* London, 1696, in Whitworth, col. and rev., *op. cit.,* Vol. I. 田添京二・渡辺源次郎訳『東インド貿易論』東京大学出版会、1966 年。

――, *Discourses on the Public Revenues, and on the Trade of England,* London, 1698, in Whitworth col. and rev., *op. cit.,* Vol. I.

Davis, R., "English Foreign Trade 1660–1700", in W. E. Minchinton, ed., *The Growth of English Overseas Trade in the 17th and 18th Centuries,* London, 1969.

Deane, P., "William Petty", *International Encyclopedia of the Social Sciences,* No. 12, 1968.

―――, *The State and the Economic System: An Introduction to the History of Political Economy,* Oxford, 1989. 中矢俊博・家本博一・橋本昭一訳『経済認識の歩み―国家と経済システム―』名古屋大学出版会、1995 年。

Dempsey, B. W., "The Historical Emergence of Quantity Theory", *Quarterly Journal of Economics,* Vol. 50, No. 1, 1935.

Deyon, P., *Le mercantilisme,* Paris, 1969. 神戸大学・西洋経済史研究室訳『重商主義とは何か』晃洋書房、1975 年。

Dickson, P. G. M., *The Financial Revolution in England: A Study in the Development of Public Credit 1688-1756,* New York, 1967.

Dietz. F. C., *English Government Finance,* Vol. I, London, 1921.

Dobb, M, H., *Studies in the Development of Capitalism,* London, 1946. 京都大学近代史研究会訳『資本主義発展の研究』(1)、岩波書店、1955 年。

Dowell, S., *A History of Taxation and Taxes in England, from the earliest Times to the Present Day,* Vol. I・II, London, 1884, 3rd ed., New York, 1965.

Dussauze, H. and Pasquie. M., *Les oeuvres economiques de Sir William Petty,* Paris, 1905.

Einzig, P., *The Control of the Purse: Progress and Decline of Parliament's Financial Control,* London, 1959.

Eisenstin, L., *The Ideologies of Taxation,* New York, 1961.

Endres, A. M., "The Functions of Numerical Date in the Writings of Graunt, Petty, and Davenant", *History of Political Economy,* Vol. 17, No. 2, 1985.

―――, "The King-Davenant 'Law' in Classical Economics", *History of Political Economy,* Vol. 19, No. 4, 1987.

Engels, F., *Herrn Eugen Dührings Umwälzung der Wissenschaft,* Leipzig, 1878, in *Karl Marx-Friedrich Engels Werke,* Bd. 20, Berlin, 1962. 栗田賢三訳『反デューリング論―オイゲン・デューリング氏の科学の変革―』(下)、岩波書店、1952 年。

Evans, G. H. Jr., "The Law of Demand: The Roles of Gregory King and Charles Davenant", *Quarterly Journal of Economics,* Vol. 81, No. 3, 1967.

Farrington, B., *Francis Bacon: Philosopher of Industrial Science,* London, 1951. 松川七郎・中村恒矩訳『フランシス・ベイコン―産業科学の哲学者―』岩波書店、1968 年。

Fisher, F. J., "Commercial Trends and Policy in Sixteenth Century England", *Economic History Review,* Vol. 10, No. 2, 1940.

―――, "London's Export Trade in the Early Seventeenth Century", *Economic History*

Review, 2nd ser., Vol. 3, No. 1, 1950.

Fisk, H. E., *English Public Finance: From the Revolution of 1688,* New York, 1920.

Fitzmaurice, E., *The Life of Sir William Petty 1623-1687,* London, 1895, rpt. 1997.

Furniss, E. S., *The Position of the Laborer in a System of Nationalism: A Study in the Labor Theories of the Later English Mercantilists,* Boston and New York, 1920.

Garegnani, P., "Value and Distribution in the Classical Economists and Marx", *Oxford Economic Papers,* Vol. 36, No. 2, 1984.

Goblet, Y. M., *La transformation de la géographie politique de l'Irlande au XVIIe siècle dans les cartes et essais Anthropogéographiques de Sir William Petty,* 2 Vols., Paris, 1930.

Goodacre, H., "William Petty and the Early Colonial Roots of Development Economics", in J. K. Sundaram, ed., *The Pioneers of Development Economics,* London, 2005.

Gould, J. D., "The Trade Depression of the early 1620's", *Economic History Review,* 2nd ser., Vol. 7, No. 1, 1954.

──, "The Trade Crisis of the early 1620's and English Economic Thought", *Journal of Economic History,* Vol. 15, No. 2, 1955.

──, "The Date of England's Treasure by Forraign Trade", *Journal of Economic History,* Vol. 15, 1955.

Grampp, W. D., "Liberal Elements in English Mercantilism", *Quarterly Journal of Economics,* Vol. 66, No. 4, 1952.

Graunt, J., *Natural and Political Observations mentioned in a following Index, and made upon the Bills of Mortality, London,* 1662, in C. H. Hull, ed., *The Economic Writings of Sir William Petty,* Vol. II, Cambridge, 1899. 久留間鮫造訳『死亡表に関する自然的及び政治的諸観察』栗田書店、1941年。

Greenwood, M., "Graunt and Petty", *Journal of the Royal Statistical Society,* Vol. 91, No. 1, 1928.

Gregory, T. E., "The Economics of Employment in England 1660–1713", *Economica,* Vol. 1・2, No. 1, 1921.

Groenewegen, P. G., "Authorship of the Natural and Political Observations upon the Bills of Mortality", *Journal of the History of Ideas,* Vol. 28, No. 4, 1967.

Groves, H. M., *Tax Philosophers: Two Hundred Years of Thought in Great Britain and the United States,* Wisconsin, 1974. 高木勝一・山城秀市・大淵三洋訳『租税思想史──大ブリテンおよびアメリカ合衆国における200年間にわたる租税思想──』駿河台出

版、1984 年。

Hales, J., *A Discourse of the Common Weal of this Realm of England,* London, 1581, ed. by Elizabeth Lamond, Cambridge, 1893, rpt. 1954. 松村幸一・尾崎芳治・武暢夫・山田浩之・山下博訳「イングランド王国の繁栄についての一論」(出口勇蔵監修『近代ヒューマニズムの経済思想—イギリス絶対主義の一政策体系—』有斐閣、所収)、1957 年。

Haney, L. H., *History of Economic Thought: A Critical Account of the Origin and Development of the Economic Theories of the Leading Thinkers in the Leading Nations,* New York, 1920, rpt. 1923. 大野信三訳『経済思想史』(上)、而立社、1923 年。

Hargreaves, E. L., *The National Debt,* London, 1930, rpt. 1966. 一ノ瀬篤・齋藤忠雄・西野宗雄訳『イギリス国債史』新評論、1987 年。

Harris, F., "Ireland as a Laboratory: The Archive of Sir William Petty", in Miachel Hunter, ed., *Archives of the Scientific Revolution: The Formation and Exchange of Ideas in Seventeenth-Century Europe,* Woodbridge, 1998.

Heckscher, E. F., *Mercantilism,* Stockholm, 1931, trans. by M. Shapiro, Vol. II, London, 1935, 2nd ed., 1955, rpt. New York, 1983.

Heimann, E., *History of Economic Doctrines,* New York, 1945. 喜多村浩訳『経済学説史』中央公論社、1950 年。

Henry, J., *The Scientific Revolution and the Origins of Modern Science,* London, 1997, 2nd ed., Hampshire, 2002. 東慎一郎訳『一七世紀科学革命』岩波書店、2005 年。

Herlitz, L., "The Concept of Mercantilism", *Scandinavian Economic History Review,* Vol. 12, 1964.

Higgs, H., "Review of H. Fitzmaurice, The Life of Sir William Petty", *Economic Journal,* Vol. 1, 1895.

——, "Review of W. L. Bevan, Sir William Petty: A Study in English Economic Literature", *Economic Journal,* Vol. 5, 1895.

——, *Bibliography of Economics,* Cambridge, 1935, rpt. 1990.

Hill, C., ed., *The English Revolution 1640,* Oxford, 1940, 3rd ed., 1955. 田村秀夫訳『イギリス革命』創文社、1956 年。

Hinton, R. W. K., *The Eastland Trade and the Common Weal in the Seventeenth Century,* Cambridge, 1959.

Hobbes, T., *Elements of Law, Natural and Politic,* London, 1640, in Sir William Molersworth, Bart, col. and ed., *The English Works of Thomas Hobbes of Malmesbury,*

Vol. IV, 1860.

―, *De Cive*, London, 1642, in Sir William Molesworth, Bart, col. and ed., *op. cit.,* Vol. II, 1861.　本田裕志『市民論』京都大学学術出版会、2008 年。

―, *Leviathan, or the Matter, Forme, & Power of a Common-Wealth Ecclesiasticall and Civill,* London, 1651, in Sir William Molesworth, Bart, col. and ed., *op. cit.,* Vol. III, London, 1839.　水田洋訳『リヴァイアサン』（一）、岩波書店、1973 年。

―, *Elements of Philosophy: The first section, Concerning Body,* London, 1655, in Sir William Molesworth, Bart, col. and ed., *op. cit.,* Vol. I, 1839.

Hollander, J. H., "The Dawn of a Science", in John M. Clark, et al. eds., *Adam Smith 1776-1926: Lectures to Commemorate the Sesquicentennial of the Publication of "The Wealth of Nations",* Chicago, 1928, rpt. New York, 1966.

Hoppit, J., "Political Arithmetic in Eighteenth-Century England", *Economic History Review,* Vol. 49, No. 3, 1996.

Houghton, W. E., Jr., "The History of Trades: Its Relation to Seventeenth-Century Thought: As Seen in Bacon, Petty, Evelyn, and Boyle", *Journal of the History of Ideas,* Vol. 2, No. 1, 1941.

Hueckel, G., "Sir William Petty on Value: a reconsideration", in W. J. Samuels, ed., *Research in the History of Economic Thought and Methodology,* Vol. 4, 1986.

Hughes, E., *Studies in Administration and Finance, 1558-1825,* Manchester, 1934. rpt. Philadelphia, 1980.

Hull, C. H., "Review of W. L. Bevan, Sir William Petty: A Study in English Economic Literature", *Political Science Quarterly,* Vol. 10, No. 2, 1895.

―, "Graunt or Petty?", *Political Science Quarterly,* Vol. 11, No. 1, 1896.

―, "Petty's Place in the History of Economic Theory", *Quarterly Journal of Economics,* Vol. 14, No. 3, 1900.

Hutchison, T. W., *On Revolutions and Progress in Economic Knowledge,* Cambridge, 1978.

―, *Before Adam Smith: The Emergence of Political Economy 1662-1776,* Oxford, 1988.

Ingram, J. K., *A History of Political Economy,* London, 1888, rpt. New York, 1967.　米山勝美訳『経済学史』早稲田大学出版部、1925 年。

James, M., *Social Problems and Policy during the Puritan Revolution 1640-1660,* London, 1930.

John, V., *Geschichte der Statistik,* Stuttgart, 1884.　足利末男訳『統計学史』有斐閣、1956 年。

Johnson, E. A. J., *The Origins of Scientific Economics,* London, 1963.

―, *Predecessors of Adam Smith: The Growth of British Economic Thought,* London, 1937, rpt. New York, 1965.

Johnson, S., *A Dictionary of the English Language,* Vol. I, London, 1827.

Jones, J. R., *Country and Court: England 1658-1714,* London, 1978.

Jonson, H. G., "Mercantilism: Past, Present and Future", *Manchester School,* Vol. 42, No. 1, 1974.

Jordan, T. E., *A Copper Farthing: Sir William Petty and his Times 1623-1687,* Sunderland, 2007.

―, ed., *Sir William Petty, 1674: Letters to John Aubrey,* New York, 2010.

Judson, M. A., *The Crisis of the Constitution: An Essay in Constitutional and Political Thought in England, 1603-1645,* New Brunswick, 1949.

Kargon, R., "William Petty's Mechanical Philosophy", *Isis,* Vol. 56, 1965.

Keir, D. L., "The Case of Ship-Money", *Law Quarterly Review,* Vol. 52, 1936.

Kennedy, W., *English Taxation 1640-1799: An Essay on Policy and Opnion,* London, 1913, new imp. 1964.

Keynes, G., *A Bibliography of Sir William Petty, F. R. S. and of Observations on the Bills of Mortality by John Graunt, F. R. S.,* Oxford, 1971.

Keynes, J. M., *The General Theory of Employment, Interest and Money,* London, 1936. 塩野谷九十九訳『雇傭・利子および貨幣の一般理論』東洋経済新報社、1970年。

Lansdowne, Marquis of., ed., *The Petty Papers, Some unpublished Writings of Sir William Petty,* Vol. I, London, 1927, rpt. New York, 1967.

―, *The Petty-Southwell Correspondence 1676-1687,* London, 1928, rpt. NewYork, 1967.

―, *Glanerought and the Petty-Fitzmaurices,* London, 1937.

Larcom, T. A., ed., *The History of the Survey of Ireland, Commonly called the Down Survey, by Doctor William Petty, A. D. 1655-6,* Dublin, 1851, rpt. New York, 1967.

Letwin, W., "Sir William Petty: Portrait of a Genius by E. Strauss", *Quarterly Journal of Economics,* Vol. 14, 1900.

―, *The Origins of Scientific Economics: English Economic Thought 1660-1776,* London, 1963, rpt. Westport, 1975.

Lipson, E., *The Economic History of England,* Vol. I, London, 1912, 5th ed., 1948.

Locke, J., *Some Consideration of the Consequences of the Lowering of Interest, and Raising the Value of Money,* London, 1692, in *The Works of John Locke,* Vol. II, London, 1714, 3rd ed., 1727. 田中正司・竹本洋訳『利子・貨幣論』東京大学出版会、1978年。

Magnusson, L., ed., *Mercantilist Economics,* Boston, Dordrecht and London, 1993.
―, *Mercantilism: The Shaping of an Economic Language,* London and New York, 1994. 熊谷次郎・大倉正雄訳『重商主義―近世ヨーロッパと経済的言語の形成―』知泉書館、2009年。
―, ed., *Mercantilism: Critical Concepts in the History of Economics,* London and New York, 1995.
―, *Mercantilist Theory and Practice: The History of British Mercantilism,* Uppsala, 2008.
Malynes, Gerrard de., *The Center of the Circle of Commerce,* London, 1623, rpt. New York, 1973.
―, *The Maintenance of Free Trade,* London, 1622, rpt. New York, 1979.
Mann, F. K., *Steuerpolitische Ideal,* Jena, 1937.
Marx, K. H., *Theorien über den Mehrwert,* Stuttgart, 1805, in *Karl Marx-Friedrich Engels Werke,* Bd. 26, Berlin, 1976. 長谷部文雄訳『剰余価値学説史―資本論第4部―』青木書店、1958年。
―, *Zur Kritik der Politischen Ökonomie,* Berlin, 1859, in *Werke,* Bd. 13, Berlin, 1978. 武田隆夫・遠藤湘吉・大内力・加藤俊彦訳『経済学批判』岩波書店、1956年。
Mathias, P., *The Transformation of England,* London, 1979.
McCormick, T. G., *Sir William Petty, Political Arithmetic and the Transmutation of the Irish, 1652-1687,* Ann Arbor, 2005.
―, "Alchemy in the Political Arithmetic of Sir William Petty (1623-1687)", *Studies in History and Philosophy of Science,* Vol. 37, No. 2, 2006.
―, *William Petty: And the Ambitions of Political Arithmetic,* Oxford, 2009.
McCulloch, J. R., *Historical Sketch of the Rise and Progress of the Science of Political Economy,* Edinburgh, 1826.
―, *The Literature of Political Economy: A Classified Catalogue of Select Publications in the Different Departments of That Science, with Historical, Critical and Biographical Notices,* London, 1845, rpt. Fairfield, 1991.
―, *A Select Collection of Early English Tracts on Commerce,* London, 1856.
McNally, D., *Political Economy and the Rise of Capitalism,* Barkeley, 1988.
McNeilly, F. S., *The Anatomy of Leviathan,* London, 1968.
Mckechnie, W. S., *Magna Carta: A Commentary on the Great Charter of King John,* Glasgow, 1905, 2nd ed., 1914. 禿氏好文訳『マグナ・カルタ―イギリス封建制度の法と歴史―』ミネルヴァ書房、1934年。

Meek, R. L., *Studies in the Labour Theory of Value,* London, 1956. 水田洋・宮本義男訳『労働価値論史研究』日本評論社、1957 年。

Minchinton, W. E., ed. *The Growth of English Overseas Trade in the 17th and 18th Centuries,* London, 1969.

Missellden, E., *Free Trade, or The Means to make Trade Florish,* London, 1622, rpt. New York, 1971.

――, *The Circle of Commerce, or The Ballance of Trade,* London, 1623, rpt. New York, 1971.

Mitchell, B. R. and Deane, P., *Abstract of British Historical Statistics,* Cambridge, 1962.

Monroe, A. E., *Monetary Theory before Adam Smith,* Cambridge, 1923.

Muller, W., *Sir William Petty als politischer Arithmetiker,* Gelnhausen, 1932.

Mullett, C. F., "Sir William Petty on the Plague", *Isis,* Vol. 28, No. 1, 1938.

Mun, T., *A Discourse of Trade from England unto the East-Indies,* London, 1621, rpt. London, 1971. 渡辺源次郎訳『イングランドの東インドとの貿易に関する一論』東京大学出版会、1965 年。

――, *England's Treasure by Forraign Trade: or, The Ballance of our Forraign Trade is the Rule of our Treasure,* London, 1664, rpt. New York, 1910. 渡辺源次郎訳『外国貿易によるイングランドの財宝』東京大学出版会、1965 年。

Musgrave, R. A., *The Theory of Public Finance: A Study in Public Economy,* New York and London, 1959. 木下和夫監修・大阪大学財政研究会訳『財政理論』(1)、有斐閣、1961 年。

Nachimson, M., *Die Staatswirtschaft: Eine Kritisch-theoretische Beleuchtung,* Leipzig, 1913. 阿部勇訳『財政学―批判的・理論的解説―』鍼塔書院、1932 年。

Naldi, N., "Land Scarcity and the Petty-Cantillon Sequence. A Note on Two Aspects of Brewer's Interpretation of Cantillon", *History of Economics Ideas,* Vol. 3, No. 3, 1995.

Nef, J. U., *The Rise of the British Coal Industry,* Vol. I, London, 1932.

――, *Industry and Government in France and England 1540-1640,* New York, 1957. 紀藤信義・隅田哲司訳『十六・七世紀の産業と政治―フランスとイギリス―』未来社、1958 年。

O'Brien, D. P., ed., *History of Taxation,* Pickering and Chatto, 1999.

O'Brien, P. K., "The political economy of British taxation 1660–1815", *Economic History Review,* 2nd ser., Vol. 41, No. 1, 1988. 玉木俊明訳「イギリス税制のポリティカル・エコノミー 1660〜1815 年」(秋田茂・玉木俊明訳『帝国主義と

工業化 1415 〜 1974 —イギリスとヨーロッパからの視点—』ミネルヴァ書房、所収)、2000 年。

——, "Inseparable Connections: Trade, Economy, Fiscal State, and the Expansion of Empire, 1668-1815", in P. J. Marshall, ed., *The Eighteenth Century: The Oxford History of the British Empire*, Vol. II, Oxford, 1998. 玉木俊明訳「不断の関係—貿易・経済・財政国家・大英帝国の拡大 (1688-1815)」(秋田茂・玉木俊明訳『帝国主義と工業化 1415 〜 1974 —イギリスとヨーロッパからの視点—』ミネルヴァ書房、所収)、2000 年。

Ogg, D., *England in the Reign of Charles II*, Vol. I, Oxford, 1934.

Orenstein, M., *The Rôle of Scientific Societies in the Seventeenth Century*, Chicago, 1913, 3rd ed., 1938.

Pasquier, M., *Sir William Petty, ses idels économiques*, Paris, 1903.

Pepys, S., *The Shorter Pepys*, ed. by R. Latham and W. Matthews, London, 1985. 臼田昭訳『サミュエル・ピープスの日記』(第 5 巻)、国文社、1989 年。

Perez-Ramos, A., *Francis Bacon's Idea of Science*, Oxford, 1988.

Petty, W., "An Explication of Trade and its Increase", in Marquis of Lansdowne, ed., *The Petty Papers, Some unpublished Writings of Sir William Petty*, Vol. I, London, 1927.

——, *A Treatise of Taxes and Contributions*, London, 1662, in C. H. Hull, ed., *The Economic Writings of Sir William Petty*, Vol. I, Cambridge, 1899. 大内兵衛・松川七郎訳『租税貢納論』岩波書店、1952 年。

——, *Political Arithmetick*, London, 1690, in C. H. Hull, ed., *op. cit.*, Vol. I. 大内兵衛・松川七郎訳『政治算術』岩波書店、1955 年。

——, *The Political Anatomy of Ireland*, London, 1691, in C. H. Hull, ed., *op. cit.*, Vol. I. 松川七郎訳『アイァランドの政治的解剖』岩波書店、1951 年。

——, *Verbum Sapienti*, London, 1691, in C. H. Hull, ed., *op. cit.*, Vol. I. 大内兵衛・松川七郎訳『賢者には一言をもって足る』岩波書店、1952 年。

——, *Quantulumcunque concerning Money*, London, 1695, in C. H. Hull, ed., *op. cit.*, Vol. II. 松川七郎訳『貨幣小論』(森戸辰男・大内兵衛編『経済学の諸問題』法政大学出版局、所収)、1958 年。

Price, W. H., *English Patents of Monopoly*, London, 1906.

Roll, E., *A History of Economic Thought*, London, 1938, 2nd ed., 1945. 隅谷三喜男訳『経済学説史』(上)、有斐閣、1951 年。

Roncaglia, A., *Petty: the Origins of Political Economy*, 1977, trans. by M. E. Sharpe, New York, 1985. 津波古充文訳『ウィリアム・ペティの経済理論』昭和堂、1988年。

――, "Petty, William (1623-1687)", in J. Eatwell, M. Milgate and P. Newman, eds., *The New Palgrave: A Dictionary of Economics*, Vol. III, London, 1987.

――, "William Petty and the Conceptual Framework for the Analysis of Economic Development", in K. J. Arrow, ed., *The Balance between Industry and Agriculture in Economic Development*, Vol. I, London, 1988.

Roscher, W., *Zur Geschichte der englischen Volkswirtschaftslehre im sechzehnten und siebzehnten Jahrhundert*, Leipzig, 1851. 杉本栄一訳『英国経済学史論――一六・一七両世紀に於ける――』同文館、1929年。

Sabine, B. E. V., *A Short History of Taxation*, Butterworths, 1980.

Schacht, H., *Der theoretische Gehalt des englischen Merkantilismus*, Berlin, 1900. 川鍋正敏訳『イギリス重商主義理論小史』未来社、1963年。

Schmoller, G., *The Mercantile System and its Historical Significance*, Jahrbuch, 1884, trans. by W. I. Ashley, New York and London, 1910. 正木一夫訳『重商主義とその歴史的意義――都市的・領域的および国家的経済政策――』伊藤書店、1944年。

Schumpeter, J. A., *Die Krise des Steuerstaates*, Graz and Leipzig, 1918. 木村元一・小谷義次訳『租税国家の危機』岩波書店、1983年。

――, *History of Economic Analysis*, London, 1954, rpt. 1976. 東畑精一訳『経済分析の歴史』(2)、岩波書店、1956年。

Scoroggs, W. O., "English Finances under the Long Parliament", *Quartery Journal of Economics*, Vol. 21, 1906.

Seligman, E. R. A., *Essays in Taxation*, London, 1895, 9th ed., 1921. 三上正毅訳『租税論』大日本文明協会、1910年。

――, *The Shifting and Incidence of Taxation*, New York, 1899, 5th ed., 1927, rpt. 1969. 井手文雄訳『租税転嫁論』(第1部)、実業之日本社、1950年。

――, *Essays in Economics*, New York, 1925.

Sewall, H. R., *The Theory of Value before Adam Smith*, New York, 1901, rpt. 1968. 加藤一夫訳『価値論前史――アダム・スミス以前――』未来社、1972年。

Sinclair, J., *The History of the Public Revenue of the British Empire*, Vol. I, London, 1785, 3rd ed., 1803.

Slatter, M. D., *Calendar of Literary and Personal Papers of Sir William Petty 1623-1687*,

London, 1980.

Smith, A., *An Inquiry into the Nature and Causes of the Wealth of Nations,* London, 1776, ed. by Edwin Cannan, Vol. II, London, 1904, 2nd ed., 1920. 大内兵衛・松川七郎訳『諸国民の富』(II)、岩波書店、1969 年。

Soos, P. E., *The Origin of Taxation of Source in England,* Amsterdam, 1997.

Steuart, J., *An Inquiry into the Principles of Political Oeconomy,* London, 1767, in *The Works, Political, Metaphisical, and Chronological, of the late Sir James Steuart of Coltness, Bart,* Vol. I, London, 1805, rpt. New York, 1967. 小林昇監訳、飯塚正朝・加藤一夫・竹本洋・渡辺邦博訳『経済の原理』名古屋大学出版会、1993、1998 年。

Stone, L., *The Causes of the English Revolution 1529-1642,* London, 1972. 紀藤信義訳『イギリス革命の原因—1529-1642 年—』未来社、1978 年。

Strauss, E., *Sir William Petty: Portrait of a Genius,* London, 1954.

Strauss, L., The *Political Philosophy of Hobbes: Its Basis and Its Genesis,* trans. by E. M. Sinclair, Chicago, 1936, rpt. 1952. 添谷育志・谷喬夫・飯島昇蔵訳『ホッブズの政治学』みすず書房、1990 年。

Studenski, P., *The Income of Nations: Theory, Measurement, and Analysis: Past and Present,* New York, 1958.

Supple, B., *Commercial Crisis and Change in England 1600-1642,* Cambridge, 1969.

Tawney, R. H. and Power. E., *Tudor Economic Documents,* Vols. I–III, London, 1924.

Thirsk, J., ed. *The Agrarian History of England and Wales 1500-1640,* Vol. IV, Cambridge, 1967.

——, *Economic Policy and Project: The Development of Consumer Society in Early Modern England,* Oxford, 1978.

Thirsk, J. and Cooper, J. P., eds. *Seventeenth-Century Economic Documents,* Oxford, 1972.

Thomas, P. J., *Mercantilism and the East India Trade,* London, 1926, rpt. 1963.

Thrush, A., *Naval Finance and the Origins and Development of Ship Money,* in M. C. Fissel, ed., *War and Government in Britain, 1598-1650,* Manchester, 1991.

Ulmer, J. H., "The Macroeconomic Thought of Sir William Petty", *Journal of the History of Economic Thought,* Vol. 26, No. 3, 2004.

Vickers, D., *Studies in the Theory of Money 1690-1776,* London, 1960.

Vocke, W., *Geschichte der Steuern des Britischen Richs,* Leipzig, 1866.

Westergaard, H., *Contributions to the History of Statistics,* New York, 1932. 森谷喜一郎訳『統計学史』栗田書店、1943 年。

Wermel, M. T., *The Evolution of the Classical Wage Theory,* New York, 1939. 米田清貴・小林昇訳『古典派賃金理論の発展』未来社、1958年。

Wiles, R., "The Development of Mercantilist Economic Thought", in Todd Lowry, ed., *Pre-Classical Economic Thought,* Boston, 1987.

Williams, P., *The Tudor Regime,* Oxford, 1979.

Williamson, J. A., *A Short History of British Expansion: The Modern Empire and Commonwealth,* London, 1922, 4th ed., 1953.

Wilson, C., *Profit and Power: A Study of England and the Dutch Wars,* London, 1957.

Wood, H., "Sir William Petty and His Kerry Estate", *Journal of the Royal Society of Antiquaries of Ireland,* No. 64, 1934.

Zagorin, P., *Francis Bacon,* Princeton, 1998.

2 日本語文献

相澤秀一「ウィリアム・ペティーの経済説」、『経済論叢』(京都大学) 第40巻第3号、1935年3月。

相見志郎「トーマス・マンの経済理論―我が国最近の重商主義論争によせて (一)―」、『経済学論叢』(同志社大学) 第5巻第1号、1953年12月。

――、「トーマス・マンの経済理論―我が国最近の重商主義論争によせて (二)―」、『経済学論叢』第5巻第2号、1954年1月。

――、『イギリス重商主義経済理論序説』ミネルヴァ書房、1960年。

――、「重金主義についての一考察―とくに重商主義との関係を中心として―」、『経済学論叢』第13巻第3・4・5号、1964年3月。

浅田実『商業革命と東インド会社』法律文化社、1984年。

阿部賢一「戦費調達法の帰趨」、『同志社論叢』(同志社大学) 第1号、1920年3月。

――、「サー・ウィリアム・ペテーの経済財政学説」、『同志社論叢』第2号、1920年6月。

――、『租税の理念と其分配原理』早稲田大学出版部、1926年。

池田浩太郎「ペティとヴォーバン―マーカンティリズムの財政思想―」、『経済研究』(成城大学) 第72・73合併号、1981年3月。

池田浩太郎・大川政三『近世財政思想の生成』千倉書房、1982年。

池田嘉男「イギリス市民革命の租税構造」、『歴史』(東北史学会) 第28輯、1964年3月。

石坂昭雄「租税制度の変革」(大塚久雄・高橋幸八郎・松田智雄編著『西洋経済史講座』(IV)、岩波書店、所収)、1960 年。
――、「イギリス名誉革命期における内国消費税 (Home Excise) の意義―重商主義的租税体系の成立をめぐって―」、『土地制度史学』第 4 巻第 1 号、1961 年 10 月。
――、「オランダ連邦共和国の租税構造＝政策―仲継貿易資本と間接消費税―」、『社会経済史学』(社会経済史学会) 第 29 巻第 3 号、1964 年 2 月。
――、『オランダ型貿易国家の経済構造』未来社、1971 年。
石原忠男「『ウィリアム・ペティ』小論―ペティ経済学の体系と性格―」、中央大学商学部『中央大学商学部五十周年記念論文集』、1960 年 12 月。
井手文雄「サー・ウィリアム・ペティの租税論」、『商学』(横浜高等商業学校) 第 33 号、1941 年 12 月。
伊藤誠一郎「政治算術の継承に関する一考察―ベイコン、ペティ、ダヴナント―」、『三田学会雑誌』(慶應義塾大学) 第 90 巻第 1 号、1997 年 4 月。
――、「政治算術とホッブズの時代」、『経済学史学会年報』第 41 号、2002 年 5 月。
井藤半彌『新版 租税原則学説の構造と生成―租税政策原理―』千倉書房、1969 年。
伊藤宏之『イギリス重商主義の政治学―ジョン・ロック研究―』蒼樹出版、1989 年。
――、『古典学派の財政論 (増訂新版)』創造社、1960 年。
稲村勲「ウイリアム・ペティの経済理論 (上) ―市民革命経済理論の形成―」、『立命館経済学』(立命館大学) 第 19 巻第 6 号、1971 年 2 月。
――、「ウイリアム・ペティの経済理論 (中) ―市民革命経済理論の形成―」、『立命館経済学』第 20 巻第 2 号、1971 年 6 月。
――、「ウイリアム・ペティの経済理論 (下の一) ―市民革命経済理論の形成―」、『立命館経済学』第 21 巻第 1 号、1972 年 4 月。
――、「ウイリアム・ペティの経済理論 (完) ―市民革命経済理論の形成―」、『立命館経済学』第 21 巻 6 号、1973 年 2 月。
今井登志喜『英国社会史 (増訂版)』(上)、東京大学出版会、1953 年。
岩下篤廣『財政経済主要理論の歴史的研究』崇文荘書店、1975 年。
岩間正光『イギリス議会改革の史的研究』御茶の水書房、1966 年。
宇治田富造『重商主義植民地体制論』(第 1 部)(第 2 部)、青木書房、1964 年、1972 年。

内田義彦『経済学の生誕』未来社、1961年。
梅谷泰夫「ホッブズ経済思想の一考察（一）—自然法とイギリス重商主義研究への序説—」、『三田学会雑誌』（慶應義塾大学）第48巻第3号、1955年3月。
浦田昌計『初期社会統計思想研究』御茶の水書房、1997年。
遠藤湘吉「ホッブズ研究序説（承前）」、『社会科学研究』（東京大学）第2巻第2号、1950年7月。
大内兵衛「ペッティーの生涯と業績」（高野岩三郎校閲、大内兵衛訳『政治算術』第一出版、所収）、1946年。
——、「ウィリアム・ペティ『租税及び貢納論』の学説史的意義」（東京大学経済学会編『古典学派の生成と展開』有斐閣、所収）、1952年。
——、「松川七郎教授の『ウィリアム・ペティ』」、『日本学士院紀要』第24巻第2号、1966年6月。
大川政三「ウイリアム・ペティの租税論」、『一橋論叢』（一橋大学）第29巻第1号、1953年1月。
——、「ペティ財政論の初期資本主義的性格」、『一橋論叢』第36巻第6号、1956年12月。
——、「重商主義における消費税の諸論拠—ジェームズ・ステュアートの所論を中心として—」、『文理学部紀要（社会科学）』（茨城大学）第9号、1959年2月。
——、「ウイリアム・ペティ—資本主義の基盤整備をめざす重商主義的財政論—」（大川政三・小林威編『財政学を築いた人々—資本主義の歩みと財政・租税思想—』ぎょうせい、所収）、1983年。
大倉正雄『イギリス財政思想史—重商主義期の戦争・国家・経済—』日本経済評論社、2000年。
——、「ウィリアム・ペティの戦費調達論—『財政・軍事国家』への序曲—」、『政治・経済・法律研究』（拓殖大学）第2巻第2号、2000年3月。
——、「経済学形成期の政策思想—『開拓の精神』から『国際的友愛』へ—」、『政治・経済・法律研究』（拓殖大学創立100周年記念特別号）第2号、2001年3月。
——、「ウィリアム・ペティの政治算術（1）—経済科学の曙—」、『政治・経済・法律研究』第5巻第2号、2002年12月。
——、「ウィリアム・ペティの政治算術（2）—経済科学の曙—」、『政治・経済・法律研究』第6巻第2号、2004年2月。
——、「ウィリアム・ペティ—経済科学の曙—」（坂本達哉『経済思想　黎明期の経

済学』日本評論社、所収)、2005 年。
———、「初期啓蒙とペティの経済科学」(田中秀夫編著『啓蒙のエピステーメーと経済学の生誕』京都大学学術出版会、所収)、2008 年。
———、「ウィリアム・ペティの租税国家論 (1)—『租税貢納論』の視界—」、『政治・経済・法律研究』第 14 巻第 1 号、2011 年 12 月。
———、「ウィリアム・ペティの租税国家論 (2)—『租税貢納論』の視界—」、『政治・経済・法律研究』第 14 巻第 2 号、2012 年 3 月。
———、「初期ウィリアム・ペティの社会・経済思想 (1)」、『政治・経済・法律研究』第 15 巻第 2 号、2013 年 3 月。
大塚久雄『近代欧州経済史序説』(上)、日本評論社、1944 年。
———、『近代資本主義の系譜』学生書房、1947 年。
———、「重商主義成立の社会的基盤—比較史的な視角からの検討—」、『経済学論集』(東京大学)第 20 巻第 6・7・8 号、1952 年。
大場四千男「チューダー朝に於ける租税制度—臨時税と救貧税との関係を中心に—」、『経済論集』(北海学園大学)第 22 巻第 4 号、1975 年 3 月。
大畑文七『社会的財政学』丁酉出版社、1930 年。
大淵利男「サー・ウィリアム・ペティの公債観」、『政治経済学』(日本大学)第 2 号、1958 年 3 月。
———、『イギリス財政思想史研究序説—イギリス重商主義財政経済論の解明—』評論社、1963 年。
———、「イギリス重商主義における租税転嫁論」、『日本法学』(日本大学)第 28 巻第 6 号、1963 年 2 月。
———、『近代自然法思想と租税の理論』評論社、1968 年。
———、「イギリスにおける初期の内国消費税論について」、『政経研究』(日本大学)第 6 巻第 3 号、1970 年 3 月。
———、「近代租税原則論と課税の公平」、『政経研究』第 7 巻第 3 号、1971 年 2 月。
———、「イギリス重商主義における租税論についての若干の考察」、『政経研究』第 32 巻第 1 号、1995 年 7 月。
大野信三『経済学史(全訂)』(上)、千倉書房、1955 年。
大野真弓編『イギリス史(新版)』山川出版社、1975 年。
大矢圭一『イギリス財政思想史』ミネルヴァ書房、1968 年。
岡野鑑記「ウィリアム・ペティの財政本質論」、『商経法論叢』(神奈川大学)第 10 巻第 3 号、1959 年 8 月。

――、「ペティとスミスの財政論」、『商経法論叢』第 11 巻第 2 号、1960 年 8 月。
――、『国家租税論』中央書房、1965 年。
奥田秋夫『イギリス貿易史の研究』広島大学政経学部政治経済研究所、1966 年。
生越利昭「ホッブスにおける人間と労働の観念―重商主義の思想的基礎―」、『星陵台論集』（神戸商科大学）第 6 巻第 1 号、1973 年 9 月。
越智保則・小野隆弘・関源太郎編『社会経済思想の展開―経済学の思想的基盤―』ミネルヴァ書房、1990 年。
鍛冶直紀「Petty の経済思想における宗教的背景について」、『大阪大学経済学』（大阪大学）第 32 巻第 4 号、1983 年 3 月。
加藤一夫『テューダー前期の社会経済思想』未来社、1966 年。
――、「ウィリアム・ペティの『ダイヤモンド談義』について」、『静岡大学教養部研究報告（人文科学篇）』（静岡大学）No.12、1976 年 3 月。
金子甫「土地と労働との関係についてのウィリアム・ペティの問題提起（上）―ペティからスミスへの労働概念の系譜―」、『龍谷大学経済経営論集』（龍谷大学）第 23 巻第 1 号、1983 年 6 月。
――、「土地と労働との関係についてのウィリアム・ペティの問題提起（中）―ペティからスミスへの労働概念の系譜―」、『龍谷大学経済経営論集』第 23 巻第 2 号、1983 年 9 月。
――、「土地と労働との関係についてのウィリアム・ペティの問題提起（下）―ペティからスミスへの労働概念の系譜―」、『龍谷大学経済経営論集』第 23 巻第 3 号、1983 年 12 月。
――、『経済学的自然観の歴史―土地と労働の学説史の分析―』文眞堂、1997 年。
川島信義『ステュアート研究―重商主義の社会・経済思想―』未来社、1972 年。
川北稔「18 世紀イギリスの経済成長― 1730 年から 70 年代まで―」、『社会経済史学』（社会経済史学会）第 33 巻第 4 号、1967 年 9 月。
――、『工業化の歴史的前提―帝国とジェントルマン―』岩波書店、1983 年。
――、「『政治算術』の世界」、『パブリック・ヒストリー』第 1 号、2004 年 2 月。
河野健二「重商主義解釈の問題― Eli F. Heckscher に関連して―」、『経済学研究』（経済学懇話会）第 3 集、1948 年 12 月。
――、『絶対主義の構造』日本評論社、1950 年。
喜多登「ペティの分業論」、『政経論叢』（明治大学）第 26 巻第 5 号、1958 年 2 月。
――、「英国財政近代化への足跡」、『政経論叢』第 27 巻第 3・4 号、1958 年 10・11 月。

――、「ペティの財政理論について」、『政経論叢』第 27 巻第 6 号、1959 年 3 月。

北野熊喜男「絶対主義と重商主義」、『国民経済雑誌』（神戸大学）第 98 巻第 5 号、1958 年 11 月。

北村正次『経済学説史新講』多磨書店、1954 年。

城戸毅『中世イギリス財政史研究』東京大学出版会、1994 年。

久保田明光『近世経済学の生成過程』理想社、1946 年。

久保芳和「重商主義と東印度貿易論争―重商主義解釈の一試論―」、『経済学論究』（関西学院大学）第 5 巻第 1 号、1951 年 6 月。

熊谷次郎「イギリス重商主義帝国形成期の経済思想―キャラコ論争における植民地市場の意義―」、『桃山学院大学経済経営論集』（桃山学院大学）第 49 巻第 1 号、2007 年 5 月。

黒田泰行「ウィリアム・ペティの価値理論について」、『商学論叢』（明治大学）第 40 巻第 2 号、1957 年 1 月。

郡菊之助『統計学論考』（統計学研究第一分冊）、同文館、1938 年。

小谷義次「ペティ経済学の方法に関する一考察」、『経済学雑誌』（大阪市立大学）第 21 巻第 1・2・3 号、1949 年 9 月。

――、「ペティに於ける自然法と経済」、『経済学雑誌』第 23 巻第 3 号、1950 年 9 月。

後藤浩子「アイルランド植民地と統括理性：W. ペティと政治経済学の開始」、『経済志林』（法政大学）第 80 巻第 1 号、2012 年 9 月。

小林通『国際分業論前史の研究―主としてイギリス重商主義諸説を中心として―』時潮社、1997 年。

小林昇「重商主義の解釈に就いて」、『商学論集』（福島高商）第 13 巻第 1 号・第 2 号、1942 年 1 月（『小林昇経済学史著作集』第 3 巻、未来社、1976 年）。

――、『フリードリッヒ・リスト序説』伊藤書店、1943 年（『著作集』第 6 巻、1978 年）。

――、『重商主義の経済理論』東洋経済新報社、1952 年。

――、「力の体系―重商主義における国家と経済―」（板垣與一編『経済学新大系第 4 巻　国家と経済』河出書房、所収）、1952 年。

――、『重商主義解体期の研究』未来社、1955 年。

――、『経済学史研究序説』未来社、1957 年。

――、『経済学の形成時代』未来社、1961 年（『著作集』第 1 巻、1976 年）。

――、『原始蓄積期の経済諸理論』未来社、1965 年（『著作集』第 1 巻）。

――、『経済学史序章』未来社、1965年。
――、『国富論体系の成立』未来社、1973年（『著作集』第1巻）。
小松芳喬『封建英国とその崩壊過程』弘文堂、1947年。
酒井重喜『近代イギリス財政史研究』ミネルヴァ書房、1989年。
――、『混合王政と租税国家―近代イギリス財政史研究―』弘文堂、1997年。
――、『チャールズ一世の船舶税』ミネルヴァ書房、2005年。
坂入長太郎『重商主義・古典学派の財政論』酒井書店、1974年。
櫻井毅『資本主義の農業的起源と経済学』社会評論社、2009年。
佐藤進「近代的租税制度としての内国消費税（Excise）の生成」、『経済学論集』（東京大学）第22巻第1号、1954年7月。
――、『近代税制の成立過程』東京大学出版会、1965年。
――、「租税思想史にみる間接税論議の視点」、『税務弘報』第35巻第8号、1987年8月。
汐見三郎『租税論』有斐閣、1948年。
篠塚信義「16〜17世紀の課税をめぐって」、『イギリス史研究』（イギリス史研究刊行会）No.32、1981年10月。
島恭彦『近世租税思想史』有斐閣、1938年（『島恭彦著作集』第1巻、1982年）。
――、「ホッブスの租税論とその周囲」、『経済論叢』（京都大学）第46巻第6号、1938年6月。
白杉庄一郎「ペティの『租税論』」、『経済論叢』（京都大学）第56巻第6号、1943年6月。
――、「ペティの経済理論（上）」、『経済論叢』第57巻第1号、1943年7月。
――、「ペティの政治算術論」、『経済論叢』第57巻第4号、1943年10月。
――、「ホッブスの経済思想」、『経済論叢』第58巻第1・2号、1944年2月。
――、「ホッブスと重商主義―ホッブスの経済思想　その二―」、『経済論叢』第58巻第3号、1944年3月。
――、「ペティの経済理論（下）」、『経済論叢』第57巻第2号、1945年8月。
――、『近世西洋経済史研究序説―重商主義政策史論―』有斐閣、1950年。
――、『経済学史概説』ミネルヴァ書房、1956年。
――、『絶対主義論』日本評論新社、1957年。
菅原修「清教徒革命の財政的構造（1）―革命準備期としてのジェームズ一世治下の財政―」、『経済学部論集』（富山大学）第9号、1956年3月。
――、「ウィリアム・ペティの累積的国内物産税論について」、『経済学部論集』第

10号、1956年6月。

菅原秀二「アイルランドから見るブリテン複合国家―ウィリアム・ペティを中心に―」（岩井淳編著『複合国家イギリスの宗教と社会―ブリテン国家の創出―』ミネルヴァ書房、所収）、2012年。

鈴木勇『イギリス重商主義と経済学説』学文社、1986年。

――、「価値および剰余理論の史的研究序説（3）― 17世紀の労働説、W・ペティ―」、『経済学研究』（獨協大学）第52号、1989年3月。

――、『経済学前史と価値論的要素』学文社、1991年。

鈴木武雄・武田隆夫編『経済学演習講座　財政学』青林書院、1956年。

隅田哲司「イギリスにおけるEXCISE（内国消費税）の生成」、『社会経済史学』（社会経済史学会）第33巻4号、1967年9月。

――、『イギリス財政史研究―近代租税制度の生成―』ミネルヴァ書房、1971年。

関口尚志「重商主義の政策論」（山中篤太郎・豊崎稔監修『経済政策講座2　経済政策の史的展開』有斐閣、所収）、1964年。

仙田左千夫「イギリス絶対王制期における財政制度の形成過程」、『彦根論叢』（滋賀大学）第129・130号（人文科学特集第22号合併）、1968年3月。

――、「イギリス絶対王制期における消費税制の先駆的展開―初期独占の財政的意義―」、『彦根論叢』第132・133号、1968年12月。

――、「イギリス・ピューリタン革命期における財政収入制度」、『彦根論叢』第144号、1970年7月。

――、「イギリス王政復古期における財政収入の構造」、『彦根論叢』第153号、1971年12月。

――、『イギリス公債制度発達史論』法律文化社、1976年。

――、『十八世紀イギリスの公債発行』啓文社、1992年。

副島京子「名誉革命体制の政治と経済」、『歴史学研究』（青木書店）第387号、1972年8月。

田添京二「『政治算術』とペティーのイングランド―従属国における国民生産力の解放について―」、『商学論集』（福島大学）第22巻第6号、1954年3月。

――、「政治算術家ペティー」（大河内一男編『経済学を築いた人々―ペティーからシュンペーターまで―』青林書院新社、所収）、1963年。

――、『欧州経済学史の群像』白桃書房、1995年。

高木壽一『近世財政思想史―資本主義財政思想の史的発展とマルクス主義財政論の特徴―』北隆館、1949年。

高木眞助「重商主義の型的考察—商業資本型経済思想の其の一—」、『山口経済学雑誌』(山口大学) 第1巻第1・2号、1950年3月。

高野岩三郎「社会科学者としてのペッティー」、『大原社会問題研究所雑誌』第2巻第2号、1942年12月。

――、『社会統計学史研究(改訂増補)』栗田書店、1942年。

高野利治「サー・ウィリアム・ペティの経済学にかんする一考察(1)—『租税貢納論』を中心として—」、『関東学院大学10周年記念論文集』、1960年。

――、「サー・ウィリアム・ペティの経済学にかんする一考察(2)—『租税貢納論』を中心として—」、『経済系』(関東学院大学) 第50輯、1961年9月。

――、「サー・ウィリアム・ペティの経済学にかんする一考察(3)—『租税貢納論』を中心として—」、『経済系』第51輯、1962年2月。

高橋真司「ホッブズの人間観に関する一考察」、『研究報告』(長崎造船大学) 第16巻第2号、1975年11月。

高橋誠一郎『経済学史研究』大鐙閣、1920年。

――、『重商主義経済学説研究』改造社、1940年。

――、『古版西洋経済書解題』慶應出版社、1943年。

竹内啓『社会科学における数と量』東京大学出版会、1976年。

竹内謙二『重商政策発達史』日本評論社、1932年。

竹本洋「王政復古期の租税と経済—『政治算術』による臨時税の経済的効果の測定—」、『経済学雑誌』(大阪市立大学) 第85巻第2・3号、1984年9月。

――、「王政復古期における公債」、『大阪経大論集』(大阪経済大学) 第166号、1985年7月。

竹本洋・大森郁夫編『重商主義再考』日本経済評論社、2002年。

田中敏弘『イギリス経済思想史研究—マンデヴィル・ヒューム・スミスとイギリス重商主義—』御茶の水書房、1984年。

田中浩「トマス・ホッブズのピューリタン革命観—リヴァイアサンにおける絶対主権論の現実的意味—」、『社会科学論集』(東京教育大学) 第2号、1955年3月。

――、『ホッブズ研究序説—近代国家論の生誕—』御茶の水書房、1982年。

田村秀夫「ホッブズ『リヴァイアサン』の性格」、『経商論纂』(中央大学) 第43号、1952年5月。

茅野泰夫「ペティー労働価値説の一考察(1)」、『三田学会雑誌』(慶應義塾大学) 54巻1号、1961年1月。

張漢裕『イギリス重商主義研究—国民主義的生産力保有体系の一類型　その基盤・

政策及び論説―』岩波書店、1954 年。

常行敏夫『市民革命前夜のイギリス社会―ピューリタニズムの社会経済史―』岩波書店、1990 年。

角山栄『資本主義の成立過程』ミネルヴァ書房、1956 年。

――、『イギリス絶対主義の構造』ミネルヴァ書房、1958 年。

――、『イギリス毛織物工業史論―初期資本主義の構造―』ミネルヴァ書房、1960 年。

鶴見卓三「一重商主義者の救貧論」、『千葉大学文理学部紀要(文化科学)』(千葉大学) 第 1 巻第 1 号、1953 年 2 月。

出口勇蔵監修『近世ヒューマニズムの経済思想―イギリス絶対主義の一政策体系―』有斐閣、1957 年。

遠山馨「トーマス・マンの貨幣・為替相場論」、『西南学院大学商学論集』(西南学院大学) 第 3 巻第 2 号、1956 年 10 月。

――、「1620 年代初期の不況」、『西南学院大学商学論集』第 8 巻第 2 号、1962 年 1 月。

――、「1620 年代初期の経済政策 (一)」、『西南学院大学商学論集』第 9 巻第 2 号、1963 年 2 月。

――、「1620 年代初期の経済政策 (二)」、『西南学院大学商学論集』第 9 巻第 3 号、1963 年 5 月。

時永淑『経済学史』(第 1 分冊)、法政大学出版局、1962 年。

中桐大有「フランシス・ベーコンの自然解析」、『文化学年報』(同志社大学) 第 5 号、1957 年 1 月。

――、「フランシス・ベーコンにおける近代科学の理念」、『理想』(理想社) 第 288 号、1957 年 5 月。

中谷武雄「『経済学の父』はだれか」、『経済』(新日本出版社) 第 241 号、1984 年 5 月。

――、『スミス経済学の国家と財政』ナカニシヤ出版、1996 年。

――、「ウィリアム・ペティ小論」(島ゼミナール恭友会編『時計の塔風雪に耐う』、所収)、1998 年。

中村英勝『イギリス議会政治史論集』東京書籍、1976 年。

中山忠行「イギリス重商主義論序説」、『富山経済』(富山経済専門学校) 創刊号、1980 年 10 月。

新村聡「初期労働価値と『不変の価値尺度』問題―ウィリアム・ペティとフランク

リン―」、『岡山大学経済学会雑誌』（岡山大学）第 17 巻第 3・4 号、1986 年 2 月。

西村孝夫『イギリス東インド会社史論』大阪府立大学経済学部、1960 年。

――、『キャリコ論争史の研究―イギリス重商主義と東インド会社―』風間書房、1967 年。

西村正幸『アダム・スミスの財政論講義―自由主義と財政―』嵯峨野書院、1981 年。

能勢哲也『近代租税論』中央経済社、1961 年。

芳賀守「ベーコンとペティ」、『商学論集』（福島大学）第 35 巻第 3 号、1966 年 12 月。

――、『イギリス革命期の社会・経済思想―教育思想を中心に―』第三出版、1980 年。

――、『イギリス社会思想史研究』有斐閣出版サービス、1986 年。

萩原明男「17 世紀〈科学革命〉におけるフランシス・ベェコンの歴史的意義について」、『科学史研究』第 49 号、1959 年 1 月。

長谷川誠一『経済思想と学説の歴史』税務経理協会、1966 年。

長谷田泰三『英国財政史研究』勁草書房、1951 年。

花田圭介「フランシス・ベイコン研究（一）―生涯について―」、『文学部紀要』（北海道大学）II、1963 年 2 月。

花戸龍蔵『財政原理学説』千倉書房、1951 年。

――責任編集、『フランシス・ベイコン研究』御茶の水書房、1993 年。

土生芳人『イギリス資本主義の発展と租税―自由主義段階から帝国主義段階へ―』東京大学出版会、1971 年。

浜林正夫「サミュエル・ハートリブの生涯と著作」、『商学討究』（小樽商科大学）第 11 巻第 3・4 合併号、1961 年 3 月。

――、『イギリス名誉革命史』（上）（下）、未来社、1981-83 年。

早川鉦二「イギリス古典学派の労働者課税論の展開（上）―W. ペティと A. スミスについて―」、『外国語学部紀要』（愛知県立大学）第 2 号、1967 年 12 月。

林達『イギリス革命の構造』学文社、1965 年。

――、『初期資本主義の構想』学文社、1966 年。

――、『重商主義と産業革命』学文社、1989 年。

平野喜一郎『社会科学の生誕―科学とヒューマニズム―』大月書店、1981 年。

藤田哲雄「重商主義期の戦争とイギリスの財政統計―近代イギリスにおける租税・

財政政策と『政治算術』―」、『経済科学研究』（広島修道大学）第9巻第2号（通巻第17号）、2006年2月。
藤本幸太郎「ペチーとグローントの生涯（上）」、『統計学雑誌』（統計学社）第617号、1937年11月。
――、「ペチーとグローントの生涯（続き）」、『統計学雑誌』第620号、1938年2月。
――、「ウィリアム・ペティ財政論の特色」、『経済論集』（北海道大学）第9号、1961年2月。
船山栄一『イギリスにおける経済構成の転換』未来社、1967年。
――、「イギリス毛織物工業の構成と海外市場の動向」（高橋幸八郎・古島敏雄編『近代化の経済的基礎』岩波書店、所収）、1968年。
北條喜代治「租税利益説の生成」、『経済論叢』（京都大学）第96巻第2号、1965年8月。
保坂英一「外国貿易の展開」（大塚久雄・高橋幸八郎・松田智雄編著『西洋経済史講座』（II）岩波書店、所収）、1960年。
堀江英一編『イギリス革命の研究』青木書店、1962年。
本田直重『租税論（全訂版）』有信堂、1966年。
舞出長五郎『経済学史概要』（上）、岩波書店、1937年。
前田達郎「フランシス・ベーコン哲学研究序説」、『新潟大学教養部研究紀要』（新潟大学）第1集、1969年3月。
――、「F.ベーコンの帰納理論と近代科学の理論―科学思想史における帰納の問題―」、『新潟大学教養部研究紀要』第9集、1979年3月。
――、「ルネサンスの科学と非科学―科学思想形成の一局面―」、『新潟大学教養部研究紀要』第13集、1982年12月。
松尾太郎「『固有の重商主義』期におけるイングランドの貿易構造とアイルランド政策」、『歴史学研究』（青木書店）第275号、1963年4月。
松川七郎「サー・ウィリアム・ペティの生涯」、『経済研究』（一橋大学）第2巻第1号、1951年1月。
――、「労働価値説の生成に関する一考察」、『経済研究』第3巻第3号、1952年7月。
――、「ペティの国富算定論について」、『経済研究』第3巻第4号、1952年10月。
――、「創始期における政治算術」、『経済研究』第6巻第2号、1955年4月。
――、「ペティの経済学的統計学的方法の社会的基盤―その測量論を中心とする一

考察―」(有澤廣巳・宇野弘蔵・向坂逸郎編『世界経済と日本経済』岩波書店、所収)、1956年。
――、「A. Yarranton と W. Petty」、『経済研究』第10巻第4号、1959年10月。
――、「イギリスにおける近代センサス論の1原型」、『経済研究』第11巻第2号、1960年4月。
――、「政治算術の再評価のために」、『経済研究』第12巻第1号、1961年1月。
――、「統計学史研究における5つの時期―政治算術・国状学の評価を中心にして―」、『経済研究』第12巻第2号、1961年4月。
――、「アファナシェフ氏のペティ研究」、『経済研究』第12巻第4号、1961年10月。
――、「ペティ労働価値説の歴史的特異性についての試論」、『経済研究』第15巻第3号、1964年7月。
――、「王政復古後における Petty の公刊諸著作概観」、『経済研究』第21巻第3号、1970年7月。
――、『ウィリアム・ペティ―その政治算術＝解剖の生成に関する一研究―(増補版)』岩波書店、1967年。
松田弘三『科学的経済学の成立過程―価値＝剰余価値論と再生産＝恐慌論史序説―』有斐閣、1959年。
松田寛「ペティ『租税貢納論』に関する覚書―第5章14をめぐって―」、『早稲田大学教育学部学術研究』(早稲田大学)第15号、1966年12月。
馬渡尚憲「W・ペティの経済学(上)」、『研究年報経済学』(東北大学)第36巻第4号、1975年3月。
――、「W・ペティの経済学(下)」、『研究年報経済学』第37巻第1号、1975年8月。
水上健造「ペティー政治算術の一考察」、『和光経済』(和光大学)第2巻第1号、1968年1月。
水田洋『近代人の形成』東京大学出版会、1954年。
――編、『イギリス革命―思想史的研究―』御茶の水書房、1958年。
三辺清一郎「ウィリアム・ペティおよびベンジャミン・フランクリンの労働価値説を繞って」、『桃山学院大学経済学論集』(桃山学院大学)第1巻第1号、1959年11月。
見野貞夫『市民革命と古典経済学―剰余価値論の一つの年代史的断面―』有信堂、1967年。

宮下幸太郎「ウィリアム・ペティ財政論の特色」、『経済論集』（北海学園大学）第9号、1961年2月。

宮田美智也「『外国為替』論争と金融構造の変化——七世紀初期イギリス信用制度に関する一視角—」、『金融経済』（金融経済研究所）第178号、1979年10月。

──、『近代的信用制度の成立—イギリスに関する研究—』有斐閣、1983年。

宮本憲一「ペティ財政学の位置—財政学の生成過程に関する一研究—」、『法文学部論集　法経篇I』（金沢大学）第1巻、1954年3月。

宮本憲一・鶴田廣巳編『所得税の理論と思想』税務経理協会、2001年。

森七郎『古典派財政思想史』白桃書房、1964年。

矢口孝次郎『イギリス政治経済史—初期王政と重商主義—』同文館出版部、1942年。

──、「重商主義概念解釈史の概要」（社会経済史学会編『社会経済史学の発達』岩波書店、所収）、1944年。

──、『資本主義成立期の研究』有斐閣、1952年。

──編、『イギリス資本主義の展開』有斐閣、1957年。

矢嶋道文『近世日本の「重商主義」思想研究』御茶の水書房、2003年。

山内峰行「イギリスのExcise生成期における貧民課税論の一特質について」、『神戸学院大学紀要』（神戸学院大学）第2巻第1号、1971年9月。

山﨑怜『《安価な政府》の基本構成』信山社出版、1994年。

──、『経済学大系と国家認識—アダム・スミスの一研究—』岡山商科大学、2000年。

山下幸夫「『高賃金の経済』論—その歴史的性格について—」（高橋幸八郎・安藤良雄・近藤晃編『市民社会の経済構造』有斐閣、所収）、1972年。

山中篤太郎・豊崎稔監修『経済政策講座2　経済政策の史的展開』有斐閣、1964年。

山根祥雄「イギリス重商主義期の貧民教育思想」、『教育科学』（大阪教育大学）第24巻第3号、1975年3月。

山之内光躬「包括的家政の解体と租税利益説」、『経済学論集』（桃山学院大学）第3巻第2号、1961年12月。

山本義隆『一六世紀文化革命』(1)(2)、みすず書房、2007年。

吉岡昭彦編『イギリス資本主義の確立』御茶の水書房、1968年。

吉田克己「ペティの公共経費理論」、『日本大学文理学部（三島）研究年報』（日本大学）第22輯、1974年1月。

──、「ペティの租税原則について」、『日本大学文理学部（三島）研究年報』第23

――、「ペティにおける地租と家屋税および特権収入論」、『日本大学文理学部（三島）研究年報』第 25 輯、1976 年 2 月。
――、「ペティにおける富の概念とその増進策」、『日本大学文理学部（三島）研究年報』第 26 輯、1977 年 2 月。
――、「ペティの地代および利子に関する理論」、『日本大学文理学部（三島）研究年報』第 27 輯、1978 年 2 月。
――、「租税と国家――ペティの現実的租税論をめぐって――」、『思想』（岩波書店）第 741 号、1986 年 3 月。
――、「イギリス重商主義の公債論（1）――W．ペティを中心として――」、『国際関係研究』（日本大学）第 12 巻 1 号、1991 年 10 月。
――、「ペティ財政経済論の評価」、『国際関係研究』第 16 巻第 2 号、1995 年 12 月。
――、「ペティ租税論の構造と特質」、『国際関係学部研究年報』（日本大学）第 8 集、1996 年 2 月。
――、「ペティ財政経済論の方法的特徴」、『政経研究』（日本大学）第 33 巻第 1 号、1996 年 4 月。
――、「ペティの租税論における方法的基礎――『政治算術』考案に対する先駆的貢献者を中心に――」、『国際関係学部研究年報』第 30 集、2009 年 2 月
――、『イギリス重商主義とウィリアム・ペティ――近代的租税論の先駆――』八千代出版、2012 年。
――、「ペティ租税論の実践的性格――国富の増進――」、『国際関係研究』第 34 号第 1 号、2013 年 10 月。
吉田啓一『近代社会・経済思想史』北隆館、1949 年。
吉田静一『市民革命と資本主義』未来社、1964 年。
四元忠博『イギリス植民地貿易史研究』時潮社、1984 年。
若原英明「クロムウェル政権の財政問題」、『史苑』（立教大学）第 29 巻第 1 号、1968 年 10 月。
和田小次郎『近代自然法学の発展』有斐閣、1951 年。
渡邊一郎「ウィリアム・ペティの経済理論（重商主義研究第一部）」、『拓殖大学論集』（拓殖大学）第 9 巻、1938 年 11 月。
渡辺源次郎「重商主義の賃銀論――賃銀・雇用理論の諸原型について――」、『商学論集』（福島大学）第 20 巻、記念特集・Ⅱ、1952 年 3 月。
――、『イギリス初期重商主義研究』未来社、1959 年。

渡辺進「W. ペティーの思想（その 1）―宗教論を中心にして―」、『研究報告』（尚絅女子学院短期大学）第 28 集、1981 年 1 月。

――、「W. ペティーの思想（その 2）―W. ペティーの社会経済思想の形成―」、『研究報告』第 34 集、1987 年 12 月。

渡辺輝雄「サー・ウィリアム・ペティーの経済学」、『東京経大学会誌』（東京経済大学）第 11 号、1954 年 6 月。

――、「ウィリアム・ペティーの価値理論」、『東京経大学会誌』第 25 号、1959 年 11 月。

――、『創設者の経済学―ペティー，カンティロン，ケネー研究―』未来社、1961 年。

――、「ペティーの"Superlucration"について―国富増進論―」、『貿易研究』（東京経済大学）第 9 号、1961 年 2 月。

渡邊與五郎『重商主義と西洋の東漸』至誠堂出版、1986 年。

渡邊渡「ウィリアム・ペティの貨幣論」、『大倉学会誌』（大倉経済専門学校）改巻第 18 号、1948 年 11 月。

人名索引

ア 行

アーバトノット（J. Arbuthnot） 150
アームストロング（Clement Armstrong） 117
相澤秀一 271
アシュトン（T. S. Ashton） 143
アレン（William Allen） 256
アングルシア卿（Lord of Anglesea） 127
アンダースン（James Anderson） 149
イーヴリン（John Evelyn） 22
イーデン（F. M. Eden） 149
池田浩太郎 172
池田嘉男 257
石坂昭雄 257
井手文雄 25, 123, 159, 271
イングラム（J. K. Ingram） 124, 271
ヴァーノン（George Vernon） 60
ヴァンダーリント（Jacob Vanderlint） 5
ウィーラー（John Wheeler） 3
ウィット（Johan de Witt） 54
ウィリアムソン（J. A. Williamson） 55
ウィルキンズ（John Willkins） 13
ウィルソン（Charles Wilson） 38, 54
ウィルソン（Thomas Wilson） 2
ウェイランド（John Weyland） 255
ウェーバー（Max Weber） 176
ヴェサリウス（Andreas Vesalius） 12
ウェストン（François Weston） 60
ウォード（Seth Ward） 27
ヴォーバン（Seigneur de Vauban） 179
ウォリス（John Wallis） 13
ウッド（A. A. Wood） 28
ウッド（William Wood） 4
エイルマー（Gerald E. Aylmer） 170
エンゲルス（Friedrich Engels） 143, 271
大内兵衛 25, 104, 142, 271, 273
大川政三 158, 271
大淵利男 172
オーモンド公（Duke of Ormond） 91-2
オールソップ（J. D. Alsop） 84
オグ（David Ogg） 89, 236
オブライエン（Patrick K. O'Brien） 263
オレンジ公ウィリアム（William the Silent） 47
オンケン（August Oncken） 8

カ 行

カーター（W. Carter） 4
カヴァリエリ（Bonaventura Cavalieri） 27
ガッサンディ（Pierre Gassendi） 27
カッシーニ（Giovanni D. Cassini） 27
カナール（N. F. Canard） 185
ガリレオ（Galileo Galilei） 27, 132-3, 139
カルペパー（Thomas Culpeper） 3
川北稔 37
カンティロン（Richard Cantillon） 5, 24, 32
木村元一 173
キャナン（Edwin Cannan） 115
キャンベル（R. Campbell） 4
ギリスピー（C. C. Gillispie） 132
ギルバート（Humphrey Gilbert） 2
キング（Charles King） 4
キング（Gregory King） 4, 149, 236
クーパー（Thomas Cooper） 150
クザーヌス（Nicolaus Cusanus） 129-30
クラーク（G. N. Clark） 138
クラーク（T. B. Clarke） 149
グラッドストーン（W. F. Gladstone） 169
グラント（John Graunt） 104, 123, 136-9
クリフトン卿（Sir Gervase Clifton） 134
クルック（George Croke） 61
クレイトン（Thomas Clayton） 13
クレーク（G. L. Craik） 23
グレシャム（Thomas Gresham） 2
クローリー（Edward Crawley） 60

グロティウス（Hugo Grotius）	50, 222	セルデン（John Selden）	50

タ 行

クロムウェル（Oliver Cromwell） 14–5, 20, 46, 53, 56, 80, 93, 241	
ケアリー（John Cary） 4, 256–7	ダーラム（W. Derham） 150
ケインズ（J. M. Keynes） 149, 158, 160	ダヴェンポート（Humphrey Davenport） 61
ケネー（François Quesnay） 3, 32	ダヴナント（Charles D'avenant） 4, 139, 149, 169, 236
ケネディ（William Kennedy） 65–6, 88, 238, 242	高野岩三郎 99
コーク（Edward Coke） 3, 43	タッカー（Josiah Tucker） 5, 249, 256
コーク（John Coke） 50	チャイルド（Josiah Child） 3, 23, 137, 256
コーク（Roger Coke） 4, 101	チャマーズ（George Chalmers） 149
コッサ（Luigi Cossa） 124, 271	ディーン（Phyllis Deane） 143
ゴブレ（Y. M. Goblet） 23	ディクソン（Peter M. Dickson） 264
ゴメス（Leonard Gomes） 261	ディグビー（Sir Kenelm Digby） 27
	ディッグズ（Dudley Digges） 3

サ 行

	テーラー（W. L. Taylor） 184
サウスウェル（Edward Southwell） 127	デカルト（René Descartes） 27, 132–4, 139
サウスウェル（Robert Southwell） 22, 139	デザルグ（Girard Desargues） 27
ジー（Joshua Gee） 4, 256	デッカー（Mathew Decker） 4
ジェームズ（Margaret James） 85	デナム（John Denham） 61
島恭彦 271	デフォー（Daniel Defoe） 4, 256–7
シャハト（Hjalmar Schacht） 124	テンプル（William Temple） 3, 56, 249, 256
シューアル（H. R. Sewall） 32	トリチェリ（Evangellista Torricelli） 27
シュンペーター（J. A. Schumpeter） 24, 83, 165, 248	トレヴァー（Thomas Trevor） 60

ナ 行

ショート（T. Short） 150	
ジョーンズ（William Jones） 60	ニューキャッスル公（Duke of Newcastle） 127
ジョンソン（E. A. J. Johnson） 124, 272	ニュートン（Issac Newton） 128, 139
ジョンソン（Samuel Johnson） 88	ネフ（J. U. Nef） 36, 248
白杉庄一郎 271	ノイ（William Noy） 50
シンクレーア（John Sinclair） 89, 149, 166	ノース（Dudley North） 4
シンプソン（W. T. Simpson） 150	ノース（Roger North） 256
ステュアート（Dugald Stewart） 142	

ハ 行

ステュアート（James Steuart） 4, 31, 124	
ストラウス（Eric Strauss） 132	ハーク（Theodore Haak） 27
スミス（Adam Smith） 24–5, 96, 119–21, 150, 182, 184–5, 201–2, 264, 266–8	バークリ（Bishop Berkeley） 256
	バークリ（George Berkeley） 5
セイ（J. B. Say） 185	バークリ（Robert Berkeley） 61
セリグマン（E. R. A. Seligman） 26, 83, 207	ハートリブ（Samuel Hartlib） 13, 27

人名索引　305

バーボン（Nicholas Barbon）	4	プライス（Richard Price）	149
バウアー（Stephan Bauer）	149	ブラムストン（John Bramston）	61
パウエル（Anthony Powell）	22	フランクリン（Benjamin Franklin）	5
ハクリュート（Richard Hakluyt）	2, 62	プリーストリ（Joseph Priestley）	149
バサースト（R. Bathurst）	28	ブレンターノ（Lujo Brentano）	271

ベイコン（Francis Bacon）　　　2, 13, 104, 130, 132, 137, 139

パスカル（Blaise Pascal）	27	ヘイル（Matthew Hale）	137
バストン（Thomas Baston）	4	ヘイルズ（John Hales）	2, 76, 124, 171
ハチスン（Francis Hutcheson）	5, 184	ベヴァン（W. L. Bevan）	124, 132, 271
パチョリ（Luca Pacioli）	129–30	ヘクシャー（E. F. Heckscher）	9
バッキンガム公（George Villiers, 1st Duke of Buckingham）	48, 51	ペッカム（George Peckham）	2
ハッキング（Ian Hacking）	145	ペット（Peter Pett）	137

ハットフィールド（Gary Hatfield）　132
ハットン（Richard Hutton）　61
ハムデン（John Hampden）　44–5

ペティ（William Petty）　6, 11–26, 35–37, 93–4, 96–101, 104–5, 111, 113–9, 121, 127–30, 132–43, 151–7, 161–9, 175–6, 178–202, 209–21, 225–36, 241–54, 261–70

早川鉦三	204, 257	ヘネー（L. H. Haney）	26, 271
バラ（John Burrough）	50	ベル（John Bell）	12, 27
ハリー（Edmund Hally）	137	ヘンリー（John Henry）	131
ハリス（Joseph Harris）	5		
ハル（Charles H. Hull）	19, 21, 123, 138, 176, 269	ボアギュベール（Pierre le Pesant de Boisguillebert）	24
パルトニ（William Palteney）	149	ホイヘンス（Christian Huygens）	27
ハンウェイ（Jonas Hanway）	256	ボイル（Robert Boyle）	13, 27
ヒックス（J. R. Hicks）	33	ボーダン（Jean Bodin）	24
ピット（William Pitt）	169, 264	ホートン（John Houghton）	137, 255
ピム（John Pym）	45, 75	ホーム（Henry Home）	184
ヒューム（David Hume）	5, 169, 184, 256, 269	ホグベン（Lancelot Hogben）	22
ファーガスン（Adam Ferguson）	5	ホッジソン（J. Hodgson）	150
ファーニス（E. S. Furniss）	256	ホッブズ（Thomas Hobbes）	12–3, 134–6, 175–9, 186, 211–2, 250
フィールディング（Henry Fielding）	256	ホランダー（J. H. Hollander）	149
フィッシャー（F. J. Fisher）	37	ポレックスフェン（John Pollexfen）	4, 256–7
フィッツモーリス（Edmond Fitzmaurice）	136, 176, 271		

フィリップス（Erasmus Philips）　4, 149

マ 行

フィンチ（Heneage Finch）	81	マートン（Henry Marton）	50
フィンチ（John Finch）	60	マイツェル（C. Meitzel）	24
フェルマ（Pierre de Fermat）	27	マカロック（John R. McCulloch）	23, 185
フォーキィー（Francis Fouquier）	256	マクネリー（F. S. McNeilly）	136
フォートリー（Samuel Fortrey）	3, 101	マクファーソン（David Macpherson）	149
フック（Andrew Hooke）	149		

マクファーランド（John Macfarland）256
マサイアス（Peter Mathias）　　　255
マッシー（Joseph Massie）　　　　149
松下周太郎　　　　　　　　　　　173
マリーンズ（Gerard de Malynes）3, 16–7
マルクス（K. H. Marx）　19, 24, 105, 271
マルサス（T. R. Multhus）　　　160, 215
マン（Thomas Mun）　　3, 23, 118, 201
マンデヴィル（Bernard Mandeville）5, 256
マンデヴィル（Stoke Mandeville）　　44
マンリー（Thomas Manley）　　3, 255–6
ミッセルデン（Edward Misselden）
　　　　　　　　　　　　　　　3, 16–7
ミッチェル（John Mitchell）　　　149
ミドルジュ（Claude Mydorge）　　27
宮本憲一　　　　　　　　　　204, 271
ミラボー（V. R. Mirabeau）　　　179
ミル（J. S. Mill）　　　　　　　169, 185
ミルズ（Thomas Milles）　　　　　　3
メイランド（W. Maitland）　　　　150
メルセンヌ（Marin Mersenne）　13, 132
モンクレティアン（Anthoyne de
　Montchrétien）　　　　　　　　　32

――――― ヤ 行 ―――――

ヤコブ（L. H. von Jakob）　　　　185
ヤラントン（Andrew Yarranton）　3, 32
ヤング（Arthur Young）　　　149, 249
ユークリッド（Eukleides）　　　　134
ユスティ（J. H. G. von Justi）　165, 184
ヨーン（V. John）　　　　　　　　150

――――― ラ 行 ―――――

ライヘンバッハ（Hans Reichenbach）131

ラウ（K. H. Rau）　　　　　　　　185
ラティーマー（Hugh Latimer）　　124
ラファン（James Laffan）　　　　149
ランズダウン（Marquis of Lansdowne）
　　　　　　　　　　　　　　15, 19, 22
リカード（David Ricardo）
　　　　　　　　　　　32, 169, 185, 235
リシュリュー（Armand Jean du Plessis de
　Richelieu）　　　　　　　　　　　55
リプソン（Ephraim Lipson）　　　　39
リルバーン（John Lilburne）　　　　46
ルーヴァー（Raymond de Roover）　35
ルソー（J. J. Rousseau）　　　　　179
ルロア・ボリュー（Paul Leroy-Beaulieu）
　　　　　　　　　　　　　　　　185
レトウィン（William Letwin）　　　25
レン（Christopher Wren）　　　　　28
ロー（John Law）　　　　　　　4, 256
ローリー（Walter Raleigh）　　　　　3
ロール（Eric Roll）　23, 142, 204, 268, 271
ロック（John Locke）　　　4, 201, 257
ロッシャー（Wilhelm Roscher）
　　　　　　　　　19, 23, 28, 104, 142, 271
ロッツ（Walter Lotz）　　　　　　185
ロバーツ（Lewis Roberts）　　　　　3
ロビンソン（Henry Robinson）　　　3
ロベルヴァル（Gilles Personne de
　Robervall）　　　　　　　　　　　27

――――― ワ 行 ―――――

渡邊一郎　　　　　　　　　　　　110

事項索引

ア 行

安価な政府（cheap government） 157
イーストランド会社（Eastland Company） 69
インデペンデント（Independent） 46
ヴァージニア会社（Virginia Company） 36
ウエストファリア条約（Peace of Westphalia） 51
ウエストミンスター条約（Treaty of Westminster） 53, 56
煙突税（Harth-money or Smoak-money） 220-1
応益課税原則（benefit taxation principle） 178, 210
王室家計 266
王室財政（royal finance） 65
王室重商主義（royal merchantilism） 18
王室費（Civil List） 116
王政復古（Restoration） 15, 47, 81, 93
応能課税原則（ablity-to-pay taxation principle） 178, 210, 233
王立為替委員会 17
王領地 162
オックスフォード理学協会（Philosophical Society of Oxford） 13
オランダ賛美論者 246
オランダ西インド会社（Nederlandsche West-Indische Compagnie） 51
オランダ東インド会社（Vereenigde Oost-Indische Compagnie） 51
オルダーマン・コケイン計画（Alderman Cockayne's Project） 35

カ 行

外国為替論争 2
家屋税（an Exsicium out of the Rent of Housing） 188, 197-8, 231
科学革命（Scientific Revolution） 130-1
確実の原則（principle of certainty） 182-3
囲い込み（enclosure） 1
家産国家（Patrimonialstaat） 166
課税協賛権 67
課税権 177, 181-2
課税対象 219
課税評価官 189
家宅検分（domiciliary） 82
カディス遠征（expedition to Cadiz） 48
貨幣改鋳 165
カメラリスト 264-5
官業収入 161, 163
官職販売（sale of offices） 164, 170
関税（Custom） 66, 68, 74, 191, 198
関税徴収請負制（form of the customs system） 68
間接税 211
官有財産収入 161
議会課税協賛の原則 65
議会的重商主義（parliamentary merchantilism） 18
救貧法（Poor Law） 246
給与債務証書（Debenture） 72
教育費 153
強制公債（forced loan） 42-3
行政・司法費 153
行政的収入 161, 164
強制労役場（workhouse college of industry） 246
共和国政府 14
共和国内国消費税（Commonwealth Excise） 80
共和政治 46
玉璽書公債（Privy Seal Loans） 70
区分的財政制度（sectional financial system） 65

軍事費	153	先取り（anticipation）	70
経済的自由主義	193	査定官（assessors）	73
経常経費	227	産業資本主義	266, 268
経常的収入（ordinary revenue）	65	産業保護主義（protectionism）	4
啓蒙主義（Enlightenment）	251	30年戦争（Thirty Year' War）	16, 41, 49
毛織物輸出貿易	36	算術的方法	148
月割税委員会（Commissioner for the Monthly Assessment）	73	残余議会（Rump Parliament）	46
		資金委員会（Committee for the Advancement of Money）	72
現実的富（actual riches）	210	自然法	176
権利章典（Bill of Rights）	47	示談委員会（Committee for Compounding）	72
権利の請願（Petition of Rights）	43		
権利の宣言（Declaration of Rights）	47	示談金（Composition）	72
航海法（Navigation Acts）	1, 39, 53-4	実験的数学主義	132
公共経費	151-4	実験哲学（experimental philosophy）	130
公共土木事業費	153	実質賃金	244, 246
公債	70	市民革命	39
——主義	235	社会契約説	179
公信用証書（Public Faith Bill）	72	社会事業費	153
公平の原則（principle of equality）	182	収益税	73
国王自活の原則	65	収益特権	70
国王大権	40	19か条の提案（the XIX Propositions）	45
国富	115	宗教費	153
国民経済的原則	185	住居制限法（Settlement Law）	246
国民総支出額	228	重金主義（bullionism）	3, 17
国民総収入額	228	自由憲章（Charter of Liberties）	40
穀物法（Corn Law）	1	15分の1税（fifteenth）	66, 242
国家債務	249	収支均衡原則	157
国庫証券（Exchequer Bill）	72	自由主義	266
古典学派（Classical School）	1, 25	——的租税原則	185
護民官政治（Protectorate）	14	重商主義（Mercantilism, mercantile system, commercial system）	1, 16
ご用金（Benevolence）	190		
サ 行		——経済思想	1
		——的商業覇権	241
財産税（levying an aliquot part of mens Estates）	193, 213	——的貿易政策	192
		重農主義（Physiocracy, Physiocrate）	1
最小徴税費の原則（principle of economy in collection）	182, 184	10分の1税（teenth）	66, 190, 242
		自由貿易論	192
財政関税	66, 75	週割税（Weekly Assessment）	73
財政再建	263	商業数学（Commercial Arithmetic）	137
財務府裁判所（Court of Exchequer）	40, 44	商店算術（Shop-Arithmetick）	137

事項索引　309

消費税単一税論	194
初期産業革命	36-8
人頭税（Poll-money）	71, 188, 231
数量的方法	140, 149
スパニッシュ・マッチ	48
スペイン会社（Spanish Company）	69
スペインの無敵艦隊（Invincible Armada）	48
生産的労働（productive labour）	119
政治算術（Political Arithmetick）	127-8, 130, 142, 251, 262
生成期資本主義	185
世襲的内国消費税（Hereditary Excise）	81
絶対主義的重商主義	18
潜在的富（potential riches）	210
戦時租税論	225, 232
専制	16
船舶税（Ship Money）	42-3, 70-1
全般的貿易差額主義（general balance of trade system）	3
全般的貿易差額論	17
総合関税徴収請負制（great form of the customs system）	68
総合的方法（synthetical method）	135
租税義務説（obligatory theory）	178
租税経済	166-7
租税原則（principles of taxation）	181, 184
租税交換説（exchange theory）	178
租税国家（Steuerstaat, Tax State）	83, 165-6, 241, 248
租税収入	161
租税主義	167, 169, 235
租税政策	185, 213, 251, 254, 262
租税制度改革	249-50
租税の国民経済的原則	185
租税の根拠	175-7, 179
租税負担能力	251-2
租税負担配分原理	178, 210
租税4原則（four maxims with regard to taxes）	182
租税利益説（benefit theory）	

	178-9, 210, 241

タ 行

第一次対オランダ戦争（First Dutch War）	53
第三次対オランダ戦争（Third Dutch War）	56, 100
対スペイン戦争	41-2
第二次対オランダ戦争（Second Dutch War）	55, 97, 168, 225
ダウン・サーヴェイ（Down Survey）	14
タックス・ミックス	235
短期議会（Short-Parliament）	44
単税制度	194-5
地租（Land Tax）	162, 186-7, 195-6
長期議会（Long-Parliament）	16, 45
徴税請負制度	79, 82
直接税	211
通行税（tolls）	66, 161, 169, 193
月割税（Monthly Assessment）	73-4, 226
低賃金の経済（economy of low wages）	246
定率税	67
転嫁	195, 200
動産税	231
統治章典（Instrument of Government）	46
ドーヴァーの密約（Secret Treaty of Dover）	56
独占	163
独占特許（patents of monopoly）	68-9
土地測量・没収地分配事業	15
特許状（Letters Patent）	70
特許貿易会社	69
特権的収入	161, 163
取引差額主義（balance of bargain system）	3
トン税・ポンド税（tonnage and poundage）	42

ナ 行

内国消費税（Excise）	73, 75, 77, 79-80,

	194, 199, 216, 231, 249, 263
——委員会（Excise Commission）	79
——中心主義	234
内乱（Civil War）	1, 45-6, 71
ニューキャッスル提案（Propositions of Newcastle）	46
入港税（dues）	66

ハ 行

罰金	164
ハムデン事件（Hampden's Case）	44
反内国消費税運動	78, 250
東インド会社（East India Company）	2, 69
非経常的収入（extraordinary revenue）	65
比例課税	182
比例税率	221
貧困の効用の原理（the doctrine of the utility of poverty）	246
貧民労働者	245-7
不生産的労働（unproductive labour）	119
普遍的富（universal wealth）	111
プレスビテリアン（Presbyterian）	46
ブレダ条約（Treaty of Breda）	55
分析的方法（analytical method）	135
ベイト事件（Bate's Case）	40
ペストの大流行（Great Plague）	55, 100
便宜の原則（principle of convenience）	182-3
貿易革命	38
貿易促進法	39, 54
冒険商人組合（merchants adventurers company）	2, 36
封建的財産収入	66
補完的租税体系	234, 263
保護関税	75
補助金（subsidy）	66-7, 242
没収委員会（Committee for Sequestrations）	72

マ 行

マーカンティリスト	264-5
マグナ・カルタ（Magna Carta）	40
マドリッド条約（Treaty of Madrid）	52
無議会政治＝親政（personal rule）	43
無産国家	166
名目賃金	244, 246
名誉革命（Glorias Revolution）	1, 263
免税点	182, 221, 244
戻税制度（draw back）	75

ヤ 行

有期的内国消費税（Temporary Excise）	81
輸出関税	198
輸出奨励金（bounties）	1
輸出税（export duty）	66
ユダヤ人特別税	161, 169, 193
輸入関税	198
羊毛の輸出禁止措置	36

ラ 行

量出制入原則	157
臨時経費	227
累進税率	221
累積的内国消費税（Accumulative Excise）	217-8, 220
レヴァント会社（Levant Company）	36, 69
レヴェラーズ（Levellers）	46, 78
労働価値説	25
労働差額主義（balance of labour）	4
ロシア会社（Russian Company）	36, 69
炉税（Hearth Tax）	82, 220-1
——反対運動	82
ロンドンの大火災（the Great Fire of London）	55, 100
ロンドン理学協会（London Philosophical Society）	13

ワ 行

割符（Tally）	70

事項索引　311

著者紹介

吉田　克己（よしだ・かつみ）

　1947年　愛知県に生まれる
　1970年　日本大学経済学部卒業
　1972年　日本大学大学院経済学研究科修士課程修了
　現　在　日本大学国際関係学部教授

【主な著書】

『英国貿易財政論』（共著、高文堂出版社、1986年）
『財政の経済学』（共著、高文堂出版社、1987年）
『現代財政の構造と理論』（八千代出版、1999年）
『現代租税論』（共著、八千代出版、2000年）
『現代財政の理論』（八千代出版、2005年）
『現代租税論の展開』（八千代出版、2005年）
『現代の財政』（共著、税務経理協会、2006年）
『現代租税論の展開』［改訂版］（八千代出版、2012年）
『イギリス重商主義とウィリアム・ペティ』（八千代出版、2012年）

ウィリアム・ペティの租税論

2014年8月11日　第1版1刷発行

　著　者──吉田克己
　発行者──森口恵美子
　印刷所──㈱誠信社
　製本所──渡邉製本㈱
　発行所──八千代出版株式会社
　　　　　〒101-0061　東京都千代田区三崎町2-2-13
　　　　　TEL　03-3262-0420
　　　　　FAX　03-3237-0723
　　　　　振替　00190-4-168060

＊定価はカバーに表示してあります。
＊落丁・乱丁本はお取替え致します。

ISBN 978-4-8429-1634-7　　　Ⓒ 2014 Printed in Japan